Franchir le seuil du millénaire

Kryeon

Tome VI

Ariane Éditions

Titre original anglais :
Passing the Marker, Understanding the new millennium energy

1155 Camino del Mar, #422, Del Mar, California 92014 USA

Ariane Éditions inc.
1209, av. Bernard O., bureau 110, Outremont, Qc, Canada H2V 1V7
Téléphone : (514) 276-2949, télécopieur : (514) 276-4121
Courrier électronique : ariane@mlink.net
Site Web : ariane.qc.ca

Traduction : Alain Chanel, Mélissa Guichonnet
Révision : Marc Vallée
Révision linguistique : Monique Riendeau, Marielle Bouchard
Graphisme : Carl Lemyre
Illustration : Daniel B. Holeman, site Internet : www.awakenvisions.com

Première impression : février 2001

ISBN : 2-920987-49-6
Dépôt légal : 1er trimestre 2001
Bibliothèque nationale du Québec
Bibliothèque nationale du Canada
Bibliothèque nationale de Paris

Diffusion
Québec : ADA Diffusion – (514) 929-0296
Site Web: www.ada-inc.com
France : D.G. Diffusion – 05.61.000.999
Belgique : Rabelais – 22.18.73.65
Suisse : Transat – 23.42.77.40

Imprimé au Canada

Table des matières

Remerciements sincères à

Luise Hansen

Lee Carroll

sera à Montréal le 28 avril 2001
et à Paris les 5 et 6 mai 2001.

Voir détails à la page 341

Préface

Quelques mots de l'auteur

Bienvenue à l'occasion de la parution du sixième tome des œuvres de Kryeon ! Comme tant d'ouvrages paraissant en ce moment, ce livre est consacré au nouveau millénaire. Son titre, *Franchir le seuil du millénaire*, désigne la description par Kryeon de notre passage dans cette nouvelle énergie de l'an 2000, sujet longuement abordé par cette entité depuis environ douze ans maintenant.

Depuis la parution en anglais, en 1989, du premier livre de Kryeon, intitulé *La graduation des temps* [1996 pour l'édition française], ses enseignements ont tous annoncé ce qui est en train de survenir en ce moment et ce qui se passera dans les douze prochaines années (soit jusqu'en 2012). Bien que, normalement, je ne publie pas de livre de Kryeon chaque année, les informations que contient cet ouvrage sont profondément différentes et exigent d'être publiées aujourd'hui.

Ce volume est imprégné de joie ! Si Kryeon et ses *channelings* ne vous sont pas familiers, il est possible que les informations contenues dans ce livre vous semblent moins étranges que vous ne l'imaginiez. Le channeling devient beaucoup plus *humain* alors que nous commençons à nous fondre dans ce que Kryeon appelle notre « Moi divin » ou notre « divinité intérieure ». Je pense que cela signifie qu'au fur et à mesure que nous nous rapprochons de notre Moi divin, nous nous mettons littéralement à *ressentir* les informations en provenance de l'autre côté. Elles donnent l'impression d'être plus proches – plus familières – et ressemblent davantage à une sorte d'appel téléphonique qu'à une visite surnaturelle dont l'origine est l'au-delà.

La joie, l'honneur et les félicitations que vous ressentirez peut-être à la lecture de ce livre sont dus au fait que nous avons maintenant pénétré au sein d'une énergie qui représentait le message principal de Kryeon en 1989. Il y a douze ans, il nous déclarait qu'il n'était pas indispensable que les prophéties catastrophistes se réalisent. Il nous déclarait aussi que nous nous trouvions à l'aube d'une évolution importante de l'humanité et que nous en constaterions les effets dans notre vie quotidienne – dans les médias, les climats et en nous-mêmes.

Voici un article que je rédigeai en 1999 pour un magazine. Sous le titre « Avez-vous remarqué ? », il raconte une histoire porteuse d'un important message.

Avez-vous remarqué ?

Je me rappelle avec précision les sentiments qui m'envahirent au début de ma conférence de 1995. Ceux qui s'étaient réunis dans la salle n° 7 du comité des Nations unies s'attendaient à entendre un message. Mais celui que j'étais sur le point de leur délivrer était probablement très différent de ce qu'ils imaginaient. Comment mon message porteur d'un espoir nouveau serait-il reçu par les membres de cette organisation prestigieuse, mais perturbée par une agitation permanente provoquée par des conflits non solutionnés ? Que pouvait bien faire un *channel* californien spécialisé en métaphysique parmi des diplomates auxquels il devait parler de l'état du monde ?

J'entamai mon exposé en leur disant : « Au Moyen-Orient, là où selon les prophéties, le sable serait rougi par le sang, nous voyons aujourd'hui, au contraire, deux anciens ennemis discuter ensemble de la répartition de leurs ressources en eau ! » Je poursuivis en leur déclarant que les « prophètes de malheur » ont peut-être la faveur des habitués des ondes radiophoniques populaires et sont les vedettes des reportages de la semaine, mais qu'en réalité, l'état du monde actuel était beaucoup plus riche d'espoir et évoluait vers une nouvelle direction. Il est beaucoup plus rentable de dramatiser les choses et d'effrayer que de rassurer, et les spécialistes de marketing nous donnaient simplement les informations qu'ils pensaient être susceptibles de nous faire peur.

Il y a à peine dix ans retentissaient au Moyen-Orient les cris de « revanche » et des phrases du genre « récupérons notre terre ». Aujourd'hui, les anciens ennemis se mettent d'accord sur le partage des terres, sur les zones dans lesquelles chacun se retirera et se demandent ensemble : « Comment allons-nous faire pour concrétiser tout cela ? » Avez-vous remarqué ?

Là où il y a à peine dix ans régnait la guerre froide qui faisait naître en nous des inquiétudes permanentes concernant l'avenir de nos enfants, nous expédions aujourd'hui 1,5 milliard de tonnes de blé à une Russie secouée – là où régnait « l'empire du mal », l'ancien ennemi. Avez-vous remarqué ?

Au Guatemala où, il y a à peine dix ans, une guerre civile ravageait le pays depuis trente ans, faisant ainsi plus de cinquante mille victimes, règne aujourd'hui la paix. Ces gens ont mis fin à leur guerre en 1997. Avez-vous remarqué ?

En Irlande, il y a à peine dix ans, n'existaient que la haine et la mort entre deux religions chrétiennes, sans aucune lueur d'espoir. Aujourd'hui, les deux camps essaient toujours de proclamer que la paix vaut mieux que la guerre et s'efforcent de modifier la façon d'accepter leurs différences. Avez-vous remarqué ?

Il y a dix ans existaient de vastes armées et d'immenses stocks d'armes. Aujourd'hui, les effectifs de ces armées ont diminué des deux tiers et on se demande comment se débarrasser d'un stock d'armes rouillées et inutilisables. Les sujets de préoccupations ne sont plus les mêmes, passant de « Comment acquérir des armes encore plus puissantes ? » à « Comment détruire les anciennes ? ». Avez-vous remarqué ?

Là où il y a à peine dix ans nous frémissions en découvrant les horrible prédictions ayant trait au nouveau millénaire délivrées par les anciens et les nouveaux prophètes, nous constatons aujourd'hui qu'aucune de ces prédictions ne s'est réalisée, contrairement aux annonces faites. Avez-vous remarqué ?

Quelque chose est en train de se passer. La conscience de l'humanité se transforme petit à petit, lentement mais sûrement. Toutes les preuves sont là, si vous regardez attentivement autour de vous. Le sujet à l'ordre du jour n'est plus « Qui a raison, qui a tort ? » mais bien la paix. Les peuples ont exigé la presque totale disparition du communisme et, aujourd'hui, la plupart des troubles existant dans le monde sont d'ordre tribal. La plupart des efforts consentis afin de ramener des camps opposés à la table de négociations ont abouti. Avez-vous remarqué ?

J'ai été invité à deux autres reprises aux Nations unies, la dernière fois datant de fin 1998. Aujourd'hui, les membres de cette organisation s'attendent à entendre de bonnes nouvelles et la salle est fréquemment remplie de personnes au visage souriant. Celles-ci se sont aussi rendu compte de la situation globale actuelle. À l'intérieur de cet édifice new-yorkais, où accord et résolution ne semblent jamais régner, ces personnes constatent une modification de la conscience. Les humains commencent à ressentir moins de haine et à aimer davantage. Il y a également plus de patience, d'espoir et de compassion. Leurs désirs et leurs passions sont en train de se transformer. S'ils pensaient auparavant : « Que pouvons-nous obtenir ? » ils pensent aujourd'hui : « À quel compromis devons-nous aboutir pour que tout le monde gagne ? »

Oh, bien sûr, la vieille garde tente toujours de revenir au passé, avec des voitures piégées et des actes terroristes désespérés, mais les chefs continuent de revenir à la table de négociations afin de fumer encore une fois le calumet de la paix. Oh, bien sûr, les spécialistes de marketing des milieux de la télévision et du cinéma continuent à nous offrir des émissions diverses et des films catastrophistes afin de nous inciter à nous demander si nous survivrons, mais leurs scénarios sont aujourd'hui dépassés et banaux comparativement aux véritables miracles qui s'offrent à nous.

D'anciens prisonniers politiques sont aujourd'hui chefs d'État. Des despotes et des tyrans ont été chassés par leurs propres populations après de longues années de règne. Le peuple actuel prêche le pardon et aborde soudain certains sujets qui n'avaient jamais été traités auparavant par l'Église catholique. Des êtres dotés d'un seuil de conscience élevé se réunissent et travaillent ensemble au sein d'un Conseil des anciens, formé de sages en provenance des peuples autochtones du monde entier – un de ces conseils qui pourrait montrer la voie aux Nations unies ! L'avez-vous remarqué ?

J'ai vérifié la définition du mot millénium dans le dictionnaire [utilisé dans le sous-titre en anglais]. Ce terme a deux sens : une durée de mille ans ou une période espérée de joie, de sérénité, de prospérité et de justice. Le saviez-vous ?

En décembre 1999, un certain nombre d'entre nous se réunirent afin de vivre ensemble le moment où le monde pénétrerait dans le nouveau millénaire. Contrairement à ceux qui choisirent de se faire du souci, nous adoptâmes la sérénité, plaçant notre confiance dans une force beaucoup plus puissante que la crainte. Nous choisîmes délibérément de faire confiance au Dieu en nous, cette étincelle de grandeur qui préférera toujours l'amour à la haine, la paix à la guerre, le pardon à la revanche. Nous accordâmes notre confiance à un nouveau genre d'être humain que nous voyons actuellement partout dans le monde et qui représente une véritable évolution de l'Esprit humain.

Que trouverez-vous dans ces pages...

Une fois encore, l'essentiel de ce livre correspond à la transcription de channelings réalisés dans le monde entier. Cette fois-ci, pourtant, il existe une différence : ils sont actualisés à votre intention et désignent une suite d'énergies séquentielles. En d'autres termes, vous lirez les textes au fur et à mesure qu'ils approchent du nouveau millénaire, durant le passage de ce nouveau millénaire et au sein de la nouvelle énergie.

De même, et comme toujours, je souhaite apporter une remarque sur le style de Kryeon. Très fréquemment, il offre, au cours des dix premières minutes de chaque transmission, un message d'amour et de félicitations, ce qui en augmente l'intensité. Certains de ces messages sont chaque fois destinés à de nouvelles oreilles, mais ils deviendraient répétitifs s'ils étaient repris systématiquement dans ces pages. Comme d'habitude, j'ai supprimé certains des commentaires similaires afin de gagner de la place. Parfois, certaines informations spirituelles fondamentales sont répétées de ville en ville. Dans ce cas, j'ai décidé de conserver certaines de ces répétitions, car nous avons besoin de les entendre régulièrement.

Le chapitre 1 propose une description et une explication de certains problèmes déroutants et complexes mais auxquels Kryeon se référera tout au long de cet ouvrage. Les notions de réalité, de temps et les problèmes multidimensionnels sont des concepts difficiles. Cependant, il est indispensable de les analyser avant que ne commence le channeling. Ne négligez pas ce chapitre important, car il s'agit d'un traité nécessaire qui tente de simplifier certains concepts de base non abordés généralement.

Tout en intégrant l'énergie du nouveau millénaire, nous allons devoir admettre le fait que ce que nous considérions comme notre ancienne réalité est en train de se transformer en quelque chose de différent. De quelle façon ? Comment le temps peut-il être pris comme une variable ? Ce chapitre est une sorte de tentative d'explication personnelle de certains faits inexplicables qui possèdent des attributs que nous allons utiliser quotidiennement.

Les chapitres 2 à 5 présentent les communications qui datent d'avant le changement de millénaire.

Les chapitres 6 à 10 présentent, quant à eux, les channelings réalisés après le passage au nouveau millénaire, jusqu'en juin 2000.

Le chapitre 11 expose deux concepts détaillés par Jan Tober (coauteure de l'ouvrage *Les enfants indigo* et partenaire active de l'œuvre de Kryeon). De nombreuses personnes ont entendu parler du Fantôme de la mort (Kryeon aborde ce concept dans le tome V sous les termes de « la fin des ténèbres ») et Jan explique ce phénomène à partir d'une expérience personnelle. Vous y trouverez également une interview remarquable de Rick Martin du magazine *The Spectrum*, de Las Vegas, dans laquelle Jan nous offre certaines informations complémentaires concernant les enfants indigo, l'un de nos sujets les plus populaires.

Le chapitre 12 propose les écrits de trois personnes qui apportent un suivi extrêmement judicieux des informations que Kryeon dévoila au cours du channeling aux Nations unies en 1998.

Nous parlons ici de Marc Vallée, et de Woody et Catie Vaspra. Au cours de cette communication, Kryeon avait évoqué la création d'un Conseil des anciens de la planète, une assemblée de chefs des peuples autochtones susceptibles de faire profiter notre monde actuel de leur sagesse – dont nous avons grand besoin actuellement.

Parfois, les gens se demandent si les bonnes idées ont une chance de se concrétiser. Eh bien, dans ce chapitre, vous apprendrez que des gens sont en train de réaliser ce que Kryeon avait suggéré. Il est tout à fait étonnant de penser que de nombreux chefs autochtones du monde entier attendent que nous les contactions. Pourquoi le font-ils ? Parce que cela est écrit dans leurs prophéties.

Le chapitre 13 est une mise à jour scientifique de quelques-uns des problèmes soulevés par Kryeon dans ses livres précédents et dans celui-ci. Il s'agit, en général, de concepts fournis au cours de transmissions et qui ont été confirmés par la science depuis le dernier ouvrage de Kryeon. Ce chapitre contient également un exposé sur mes recherches permanentes en vue de découvrir la preuve des propriétés magnétiques de l'ADN... Un concept qui est en passe de se transformer en possibilités réelles. Il est toujours plaisant de suivre les confirmations de la science officielle concernant certaines pseudo-révélations par channelings considérées jusqu'ici comme troublantes, et c'est ce que nous faisons dans ce chapitre !

Alors que j'entreprends la rédaction de cette préface, Jan Tober et moi-même rentrons tout juste d'une tournée au Canada français et en Europe (mai 2000) en compagnie de Robert Coxon (compositeur *New Age* de renom au Canada) et de Gregg Braden (géologue, conférencier et écrivain). En dix jours, nous avons donné des conférences devant plus de 5300 personnes (à Montréal, à Bruxelles et à Paris). L'énergie de ces réunions fut stupéfiante et nous fûmes tous submergés par l'amour qui nous fut adressé.

Pendant des années, je m'étais demandé qui d'autre se trouvait en possession du message de Kryeon – celui qui affirmait que nous étions en mesure de modifier notre futur grâce à la compassion et à la conscience humaine, que le véritable pouvoir humain se trouve en nous. Aujourd'hui, un cadeau précieux m'a été offert : les recherches intensives et les informations inspirées de Gregg Braden montrent que le message divin que j'ai reçu au cours des douze dernières années se trouve également au sein des textes anciens perdus et que l'on vient à peine de redécouvrir !

L'effet Isaïe (Accéder à la science perdue de la prière et de la prophétie véritable, Éd. Ariane), écrit par Gregg Braden, est l'un des meilleurs ouvrages spirituels publiés au cours de l'année 2000. Dans ces pages se trouve la preuve que les informations offertes par Kryeon – et qui nous ont permis de transformer notre réalité – se présentent également depuis très longtemps dans les écrits prophétiques. Dans le volume de Gregg, vous découvrirez la preuve confondante que la compassion d'un être humain peut modifier la réalité de la Terre – et qu'il s'agit là d'un message sacré oublié !

Lorsque Gregg, Jan et moi-même nous rencontrâmes pour la première fois, nous fûmes aussitôt conscients de proposer exactement le même message, quoiqu'à partir de perspectives différentes. Gregg, le géologue et le programmeur de systèmes informatiques, et Jan et moi-même, spiritualistes et channels, nous proposions tous une vérité profonde – celle qui déclare que *vous* êtes tout-puissants et que de nombreuses choses relatives à ce sujet ont été dissimulées. Nous sommes ici afin de découvrir l'amour et la compassion dont le siège se trouve dans l'étincelle divine de l'humanisme – quelque chose qui a été complètement occulté et qui faisait pourtant partie intégrante de notre test.

Chers lecteurs, je suis rempli de joie à la pensée d'être à nouveau capable de vous offrir ce qui est devenu aujourd'hui mon contrat sur terre – c'est-à-dire de tenter de transmettre à vos yeux et à vos cœurs les informations empreintes d'amour et de compassion en provenance d'un ange merveilleux appelé Kryeon.

Lee Carroll

CHAPITRE UN

Quelques concepts ardus

Par Lee Carroll

Je découvre que ma vie de channel est essentiellement consacrée à la traduction. La traduction de ce que Kryeon a appelé le « troisième langage » est la transcription de la voix de l'esprit en langage humain. Dans mon cas, il s'agit de l'anglais. Je sais que certains d'entre vous lisent cet ouvrage dans l'une des onze langues dans lesquelles on a donné l'autorisation de traduction. Aussi êtes-vous en train de lire la traduction d'une traduction !

Au cours de ces dernières années, Kryeon a poursuivi sans cesse la transmission de concepts difficiles à appréhender, dans quelque langue que ce soit. J'ai souhaité commencer ce livre en vous fournissant ma version et mes explications personnelles concernant certains des concepts les plus difficiles que Kryeon ait jamais délivrés. Ainsi, j'espère rendre certaines des communications qui vont suivre plus claires et plus aisées à comprendre.

Je vais maintenant parler de plusieurs concepts et d'une métaphore que Kryeon a présentés à diverses reprises. Au cours de cet exposé, je vais aborder les idées suivantes, telles qu'elles ont été énoncées par Kryeon au cours de ses channelings : 1. le temps « du moment présent » (et temps variable) ; 2. la réalité humaine ; 3. la dimensionnalité et la métaphore du train ; 4. l'âme humaine éternelle – tous des sujets légers et anodins, n'est-ce pas ?

Le temps « du moment présent »

Bon, d'accord, le temps c'est le temps. Je jette un regard à une horloge et elle fonctionne toujours à la même vitesse. En outre, les scientifiques dont l'occupation consiste à mesurer le temps nous ont offert des horloges atomiques – parfaitement réglées et variant de moins d'une seconde en mille ans. Ainsi, on pourrait dire que le temps est absolu et que la science l'a démontré, n'est-ce pas ?

En réalité, c'est l'inverse qui est vrai. Le temps est variable et la science l'a également prouvé. Kryeon déclare que nous vivons dans un monde à quatre dimensions. Les scientifiques qualifient ce monde de « trois-plus-un », mais j'aborde là le sujet de la dimensionnalité que nous traiterons plus tard. Je dois vous apprendre, au cours de cet exposé, que Kryeon considère le temps comme l'une des quatre dimensions que nous autres, humains, voyons comme notre réalité. Les scientifiques viennent de l'admettre récemment. Toujours selon Kryeon, chacune de ces quatre dimensions est variable et conceptuelle par nature : longueur, largeur, hauteur et temps. Il y en a quatre. Notez également qu'aucune d'entre elles ne définit les *choses* – elles ne sont que des concepts. Mais nous en dirons davantage à ce sujet plus tard.

Bien que nos horloges avancent à une vitesse bien précise et apparemment dans une seule direction (en avant), l'un de nos plus grands scientifiques a pensé autrement. En 1905, Albert Einstein découvrit la théorie de la relativité expliquant la relativité du temps. Bien entendu, je ne vais pas essayer de vous expliquer $E = mc^2$ dans ces pages. Je suis le channel, pas le scientifique (n'êtes-vous pas contents ?). Mais j'aimerais vous faire connaître le point essentiel qu'Einstein mit à l'époque en évidence.

Il déclara que le temps est une variable (ou relatif) selon la vitesse à laquelle vous vous déplacez. Il nous fournit, à cet égard, le paradoxe de l'horloge. Il s'agit là d'un exemple fictif amusant concernant les voyageurs de l'espace quittant la Terre et voyageant à une vitesse presque égale à celle de la lumière en direction d'un lieu extrêmement lointain, puis revenant sur la Terre. À leur retour, tous ceux qu'ils avaient laissés derrière eux avaient considérablement vieilli ! Apparemment, le temps s'était écoulé beaucoup plus rapidement sur la Terre ou bien alors s'était écoulé plus lentement pour les voyageurs. Cependant, dans chaque cas, leurs horloges respectives semblaient être restées constantes ! Selon Einstein, l'explication réside dans le fait que la variable de la vitesse a pu altérer le cours du temps. Donc, le temps est en relation étroite avec la vitesse. Cette théorie parut sensée aux scientifiques mais ne put être prouvée jusqu'au jour où l'accélération d'une petite particule révéla qu'Einstein avait raison. À peu près à la même époque, les astronomes démontrèrent également que la théorie d'Einstein selon laquelle la gravité infléchissait le cours de la lumière était exacte. Nous savons donc, grâce à un grand scientifique, que le temps est, en fait, une variable.

Je vous propose une autre métaphore à ce sujet ; elle est reliée au train de la réalité dont nous discuterons plus tard. Deux trains quittent une gare au même instant. L'un va plus vite que l'autre et arrive donc à destination le premier. Les horloges, dans chacun des trains, indiquent exactement la même heure, mais l'un des trains arrive plus tôt. Vous pourriez penser : « C'est évident. » Cependant, la réalité de notre train humain ne perçoit que le temps exprimé par l'horloge. Nous n'avons pas conscience d'une dimension qui permet un autre genre de temps, par exemple un temps de nature interdimensionnel. Dans le cas de notre analogie, celui-ci correspondra à la vitesse du train sur lequel nous nous trouvons.

Pourquoi raconter cette histoire ? Afin de faciliter la compréhension de concepts tels que le TEMPS PRÉSENT et la RÉALITÉ. Ce temps a été maintes fois mentionné dans les travaux de Kryeon. Depuis le début, Kryeon nous répète que nous nous trouvions situés dans une dimension temporelle erronée appelée le TEMPS LINÉAIRE. Le cadre temporel décidé par Dieu est celui du TEMPS PRÉSENT. Pour nous, il est linéaire. Ce temps linéaire peut bien être « erroné » selon Kryeon, il n'empêche que, à mon avis, c'est ainsi que les choses fonctionnent. Pour moi, toute chose se meut le long d'une voie toute droite. En parcourant cette voie, une ligne temporelle est créée représentant ce que j'ai fait hier (le passé), ce que j'accomplis aujourd'hui (le présent) et ce que j'ai prévu de faire demain (le futur). Peut-il exister quelque chose de plus banal et simple à comprendre ? Cependant, Kryeon appelle ceci un attribut manufacturé pour notre existence à quatre dimensions. En outre, il évoque (au cours de ses channelings scientifiques) différentes dimensions temporelles situées dans d'autres parties de notre univers « visible ».

Ce qui est le plus drôle, dit-il, c'est que nous sommes d'ores et déjà dans le maintenant, mais que notre perception linéaire est quelque chose qui a été « rajouté » par-dessus afin de nous rendre plus à l'aise par rapport à tout cela. Il pose la question suivante : *Comment appelez-vous le présent ?* Bien entendu, la réponse est que nous l'appelons aujourd'hui ou maintenant. Il poursuit en nous interrogeant : *Lorsque vous serez rendus à demain, comment l'appellerez-vous ?* La réponse est à nouveau aujourd'hui ou maintenant. Puis, il nous demande : *Et demain (devenu votre aujourd'hui), lorsque vous regardez en arrière, comment nommez-vous le passé pendant que vous y vivez ?* La réponse est encore aujourd'hui ou maintenant. Kryeon met l'accent sur ces points précis et déclare que quelle que soit la façon dont les humains considèrent le passé ou le futur, il s'agit toujours d'aujourd'hui ou de maintenant au moment où il se déroule. Donc, le maintenant représente toujours votre réalité et la mienne, et le passé et le futur ne sont que de simples concepts. Ainsi, vous êtes constamment dans le maintenant.

J'ai conscience que tout ceci peut vous sembler quelque peu ésotérique, mais c'est également assez drôle ! Cela signifie que la seule réalité qui est la nôtre est le moment présent et que hier et aujourd'hui ne sont que de fausses suppositions. Selon Kryeon, nous devrions nous pencher sur cette question, car elle est en soi la base spirituelle du temps présent. Cette discussion ne se situe pas sur un plan scientifique mais spirituel, car le temps présent est indispensable pour qu'un humain puisse s'asseoir dans le « Fauteuil doré » dont parle Kryeon. Il est partie intégrante de l'énergie du nouveau millénaire et implique que les humains s'y intègrent. Permettez-moi de vous expliquer ce que Kryeon entend par la différence existant entre la réalité du temps présent et l'illusion qu'est le temps linéaire. Je vais faire de mon mieux, mais n'oubliez pas que l'ensemble de ce concept est interdimensionnel. Partant, il est quelque peu difficile pour un esprit linéaire de bien le comprendre (spécialement un esprit comme le mien).

Le temps du moment présent est circulaire. Tout ce qui fut ou sera jamais est ici, présent sous une forme ou une autre. Nous sommes placés au centre du cercle temporel. Tout ce que nous avons accompli est toujours avec nous maintenant. (Possédez-vous des photos de ce que vous avez fait il y a quelque temps ? Et que dire de vos souvenirs ?) Tout ce que vous avez réalisé dans le passé est avec vous en cet instant précis et compose votre réalité. Le futur, bien que non manifesté dans votre réalité présente, existe en qualité de « manifestation potentielle » dans votre cercle du moment présent. Il est donc lui aussi présent avec vous maintenant. Ce cercle subit une distorsion par une énergie que l'on appelle notre réalité, réalité constituée de notre présent, de notre passé et des potentialités de notre futur. Kryeon ajoute qu'en manifestant (ou non) ces potentialités, la distorsion de la boîte de notre réalité varie.

En modifiant les potentialités de cet amalgame composant le moment présent, vous modifiez également votre réalité actuelle. Kryeon nous apprend que le travailleur de la lumière est un « modificateur de réalité » capable de transformer l'humanité et notre planète en altérant le maintenant. Il s'agit là, bien sûr, d'un thème récurrent de Kryeon depuis 1989. Lorsque notre réalité change, les caractéristiques temporelles tendent également à le faire, bien que, semblables aux voyageurs temporels d'Einstein, nous ne nous en rendions pas compte, car tout, autour de nous, se transforme simultanément.

Le temps linéaire correspond à ce à quoi vous êtes habitués. HIER représente ce qui s'est passé et qui ne se reproduira plus. AUJOURD'HUI représente ce qui est en train de survenir en ce moment – votre réalité. DEMAIN renvoie à l'inconnu et n'est qu'un concept d'espérance. Mais les concepts prennent la forme d'une série infinie d'instants présents. Vous avez fini de lire cela, n'est-ce pas ? Eh bien… cela se passait dans votre « maintenant », et lorsque dans un instant vous lirez le paragraphe suivant, il s'agira également de votre « maintenant ». Où se situe donc votre « maintenant » réel ? Il se trouve là où vous vous trouvez vous-mêmes !

Dans le présent, votre existence est un instantané complet de l'énergie de votre passé réel, de votre présent réel et des potentialités réelles que vous avez créées pour votre futur. En définitive, il s'agit d'une photo complète et équilibrée de ce que vous êtes et de ce que vous pouvez devenir. Il s'agit également d'une photo de maîtrise, de capacité et de sagesse. Cette existence *actuelle* engendre un être humain apte à assumer son passé avec le regard de celui qui sait le *pourquoi* des choses et qui assume également sereinement son présent avec le regard de celui qui connaît les *potentialités* de son futur. Il s'agit d'un humain qui comprend que le cercle temporel est suffisamment petit pour être appréhendé et que ce qui le constitue – passé, présent et futur – n'est compréhensible que d'une façon interdimensionnelle. Cet être humain comprend également que son cercle du moment présent lui appartient en propre. Cette compréhension lui procure sagesse et sérénité. Chacun contrôle et est responsable de ce qu'il a créé. La réalité n'est pas quelque chose qui « fait quelque chose pour vous ».

Contrairement à l'être humain linéaire qui regrette le passé et tente de l'assumer tout en essayant de vivre un présent équilibré et en craignant l'avenir, l'être humain qui vit dans le maintenant intègre sereinement le concept suivant : « Tout ce que je fus ou serai jamais est contenu dans une énergie qui m'est propre, en cet instant présent. De ce fait, je dispose de tous les outils et de l'équipement nécessaires pour pénétrer toute potentialité que j'ai générée ou que je générerai. » Le futur linéaire peut sembler inconnu dans sa manifestation, mais son énergie ne nous est pas du tout inconnue. Celle-ci donne lieu à un sentiment de « déjà-vu » pour les êtres humains éclairés – même si l'événement en cours ne leur semble pas encore tout à fait « familier ». C'est un peu comme dans un film : on vous a raconté la fin de l'histoire mais vous en ignorez encore tous les détails.

Avez-vous jamais rencontré une personne apparemment sereine au sujet de l'avenir ? Je veux dire quelqu'un de véritablement serein – et non pas une personne qui se réfugie dans le concept selon lequel « Dieu prendra soin de moi ». Si c'est le cas, vous avez rencontré quelqu'un qui comprend la divinité présente dans le maintenant. Cette personne est convaincue que tout événement survenant dans le cadre de ses compétences est positif, car elle a, en quelque sorte, créé la réalité de cet événement. Que pensez-vous d'un tel concept interdimensionnel ?

Le plus drôle, c'est que, d'après Kryeon, nous pouvons tous parvenir à cela, mais que nous devons, au préalable, « désapprendre » ce que la dualité humaine nous propose. En effet, ceci fait partie du test auquel nous participons – et qui consiste à nous extraire de notre petite boîte à quatre dimensions et à prendre en main notre propre existence.

Inutile de préciser qu'il ne s'agit pas d'abandonner notre pouvoir entre les mains d'un autre être humain ou d'une autre entité de l'univers. Il s'agit d'autohabilitation, d'autodiscernement, d'autoresponsabilité et de développement du sentiment de sa propre valeur. Voilà, mes amis, en quoi consiste le Nouvel âge.

Exemple – Réalité A : Robert. Cet homme ressasse constamment un passé qui l'a façonné d'une manière qu'il n'aime pas. Ainsi, il se retrouve dans le maintenant, détestant ce qu'il voit. En outre, cet homme appréhende le futur, en raison de ses expériences passées. De ce fait, il a créé un maintenant faussé par la peur, la culpabilité et le manque de confiance en soi.

Réalité B : Robert. Ce même homme commence à comprendre la manière dont fonctionnent les choses. Il examine son passé et en revendique la responsabilité. Ainsi, ce passé assumé volontairement lui offre les bénéfices offerts dans le cadre de son expérience présente. Il se sent beaucoup mieux dans sa peau et est désormais tout à fait persuadé que le futur est rempli de promesses spirituelles. Cet homme (le même que précédemment) a créé un maintenant qui tend vers l'amour, la compréhension, la responsabilité et l'espoir. Alors... le véritable Robert peut-il se lever ? Kryeon déclare que Robert a changé sa réalité. Il ne s'est pas contenté de modifier son apparence ou ses projections – ni de penser positivement. Robert a transformé sa compréhension intérieure et même son cadre temporel. Car ce dont Robert dispose à ce jour est beaucoup plus en harmonie avec son ange intérieur.

Réalité humaine

Si la discussion précédente concernant le temps et la notion du moment présent vous a parue complexe, ce qui va suivre va l'être encore davantage. Aussi serai-je bref. La réalité – tout ce qui représente votre environnement actuel, qu'il s'agisse de la chaise, de la lumière, de l'odeur de l'air –, c'est-à-dire tout ceci, vous paraît stable et constitue ce que vous pouvez appeler votre réalité. Que signifient les théories portant sur les multiples réalités ou sur les modifications de votre réalité ? Que signifient-elles réellement ? Personnellement, je n'ai jamais véritablement observé la transformation des choses qui m'entourent en quelque chose d'autre. Cependant, Robert a réussi à transformer sa réalité. Pourtant, il ne semblait pas disposer de multiples réalités... ou bien, au contraire, en disposait-il ? Je tiens ici à souligner quelque chose à propos de Robert : même submergé par la peur, il conservait sa propre estime. Bien qu'évoluant dans une seule réalité, il avait le choix entre plusieurs d'entre elles !

Énoncé simplement, cela veut dire que la Terre et nous-mêmes disposons de multiples réalités, mais que *nous n'en vivons qu'une à la fois*. Pour illustrer cela, imaginez un placard vertical doté de différentes tablettes. Nous nous trouvons sur l'une d'entre elles appelée *notre réalité*, mais il en existe également d'autres tout à fait réelles, situées au-dessus et au-dessous de celle-ci, et elles nous appartiennent également. Rappelez-vous, c'est notre cabinet ! En manifestant nos potentialités dans le temps présent, nous pouvons changer de tablette – choisir celle du haut ou du bas. Lorsque vous prendrez connaissance de la métaphore du train, qui vous sera présentée bientôt, tout ceci deviendra beaucoup plus intelligible.

En somme, tout ce qui vous entoure et vous semble réel l'est effectivement. Simplement, votre environnement possède de nombreuses potentialités et vous ne pouvez, comme tout être humain, n'en vivre qu'une seule à la fois. Comme par rapport aux multiples émissions diffusées par les stations radiophoniques, vous ne pouvez en écouter qu'une seule à la fois, bien que plusieurs s'offrent à vous simultanément. Pour accentuer encore l'étrangeté de cet exposé, il arrive fréquemment que la réalité propre à votre situation personnelle dans la vie – vos soucis, vos préoccupations ou quoi que ce soit d'autre – ne soit pas partagée par une autre personne de votre entourage. Cela s'explique par votre propre position dans le maintenant. Rappelez-vous comment nous avons amorcé cet exposé avec la notion de temps et la façon dont ce dernier change selon les scientifiques, bien que les horloges prouvent que ce n'est pas le cas ! Je vous pose la question suivante : Dans le « paradoxe de l'horloge » d'Einstein, est-ce le temps sur la Terre ou le temps des voyageurs qui est réel ? La réponse est « les deux ». Simplement, les habitants de la Terre et les voyageurs vécurent des réalités simultanées différentes.

J'interromps cet exposé pour vous fournir un exemple vécu par moi, alors que je tapais ces lignes sur mon ordinateur portable dans un avion – l'un de mes lieux de prédilection pour écrire. Les phénomènes de synchronicité sont parfois amusants, et au sein de cette énergie du nouveau millénaire, je n'ai jamais reçu de leçons de synchronicité ni de confirmation de cette dernière avec autant de rapidité.

Nous sommes le 20 février 2000 et je suis l'un des voyageurs du vol 229 de la compagnie United Airlines en provenance de Washington D.C. et en route pour San Diego. Je retourne chez moi, après une merveilleuse série de conférences dans des villes du sud des États-Unis. Je venais juste de terminer de taper le paragraphe précédent lorsque nous ressentîmes une turbulence à l'intérieur même de notre airbus, turbulence qui ne ressemblait pas à celles que l'on éprouve généralement au cours d'un vol.

Un homme assis au douzième rang sur la droite (légèrement en arrière de l'aile) se mit à hurler qu'il y avait le feu à l'un des moteurs. Le personnel de bord se précipita pour vérifier, scrutant à travers les hublots des diverses rangées, alors que les passagers surpris s'efforçaient de leur faciliter le passage. En effet, il y avait bien le feu ! Les membres du personnel se ruèrent à l'arrière dans les allées, et, quelques instants plus tard, un certain nombre de choses se produisirent. D'abord, on interrompit la projection du film qui était en train de passer sur les écrans de l'appareil (j'avais vraiment envie de le voir !). Ensuite, les membres du personnel se départirent de leur sourire professionnel et se transformèrent en l'équipe d'instructeurs la plus efficace qu'il m'ait été donné de voir à l'œuvre. Debout dans les allées, ils attendirent que le pilote nous informe que nous avions perdu un moteur (nous nous en doutions) et que nous allions atterrir au premier aéroport (qui se révéla être Saint Louis). Notre descente fut très rapide (je ressentis cela par l'effet de décompression dans mes oreilles, car il faisait sombre à l'extérieur et nous ne pouvions rien distinguer… à l'exception des flammes à hauteur du moteur).

La demi-heure qui suivit s'écoula en vol circulaire d'attente au-dessus de Saint Louis, pendant que le pilote et le copilote effectuaient les vérifications standards pour les cas d'urgence comme celui-ci, vidaient les réservoirs de kérosène afin de réduire le poids de l'appareil (pour nous permettre d'atterrir en sécurité) et que le personnel allumait les lumières et nous demandait de boucler nos ceintures. (J'aurais vraiment préféré voir la fin du film.)

De nombreux passagers étaient paniqués. L'homme qui avait aperçu l'incendie était blême. Il était collé contre la fenêtre, s'attendant à voir davantage de flammes, bien que le moteur ait été coupé et refroidi (d'après ce que l'on nous avait dit). D'autres commençaient à s'agiter et l'on pouvait véritablement ressentir la peur émanant du groupe de passagers au sein de ce petit tube pressurisé et vibrant qui descendait rapidement, passant de 10 000 mètres à moins de 1500 mètres. D'autres sons nous parvenaient, que, généralement, nous n'entendons pas au cours d'un vol normal, et qui étaient provoqués par les vérifications des différents systèmes effectués par les pilotes, ainsi que le bruit des pompes continuant à vider les réservoirs. Tout le monde était effrayé. Et ces nouveaux sons qui arrivaient jusqu'à nous n'y étaient pas pour rien.

Je fermai mon portable et regardai autour de moi. Tout cela était réel ! En fait, rien ne ressemble à l'impression que l'on ressent lorsque notre réalité devient moins rassurante. On nous demanda alors de prendre la position d'urgence.

Arrêtons maintenant cette histoire…

Pourquoi étais-je là-bas ? Quelle était la leçon à retenir ? Kryeon entra en contact avec moi (comme il le fait tout le temps) et me demanda : « Lee, as-tu peur ? » C'est étrange, mais la réponse fut non. Tout me semblait dans l'ordre des choses. Kryeon me dit que je me trouvais au bon endroit au bon moment et que je devrais examiner les diverses réalités qui se présentaient à bord de cet avion.

Certains passagers se remémoraient le récent écrasement de l'appareil de la compagnie West Coast Alaska, en ressentant les secousses de l'avion qui décrivait des cercles concentriques plus petits que les cercles normaux au-dessus de l'aéroport de Saint Louis. Ce phénomène leur faisait très peur. Certains commençaient à paniquer véritablement. L'homme assis à la rangée douze *s'attendait* à voir davantage de flammes, mais le personnel de bord qui se rendait compte de ce qui se passait nous rassura par l'intermédiaire des haut-parleurs. L'hôtesse en chef nous déclara qu'elle avait déjà vécu une situation semblable. (S'était-elle aussi écrasée ?) Ses paroles en rassurèrent certains, mais d'autres se mirent à douter. Leur disait-on vraiment la vérité ? L'avion ne semblait pas en bon état. L'inconnu crée la peur. La peur crée le doute et les théories de conspiration – tout cela ressemble beaucoup à la vie réelle, non ?

Le personnel de bord nous annonça également que l'avion pouvait parfaitement voler avec un seul moteur. (Alors pourquoi l'avoir construit avec deux ? demanda la foule en chœur.) En d'autres termes, quelles que soient les paroles de réconfort dispensées, les passagers de l'avion vivaient une réalité constituée de ce qu'ils avaient vécu, de ce qu'ils étaient en train de vivre et de ce à quoi ils s'attendaient. Eh bien, quelle belle leçon…

Ma réalité ? Je me visualisais au terminal de Saint Louis, tapant ce message et buvant un coca-cola (ce qui arriva, bien entendu). Mais, pour beaucoup, la réalité fut composée de peur, de panique et d'angoisse face à cette très réelle situation qui survenait. Je dois admettre que je me suis beaucoup entraîné à vivre pleinement le moment présent. Cela a tempéré ma réalité et je savais, au cours de ces événements, que tout irait bien. Je n'avais aucun moyen de faire partager cette conviction à qui que ce soit dans l'appareil, mais je me sentais responsable de ce que j'avais créé et, en fait, je n'avais certainement pas créé une catastrophe ce jour-là, en compagnie de toutes ces personnes. Il y eut de nombreuses réalités au cours de cette demi-heure, à bord de cet appareil. Je dus les observer et je compris pourquoi j'étais là.

Suite de l'histoire...

Nous entamâmes notre approche vers l'aéroport et j'étais conscient des difficultés que pouvait rencontrer le pilote. L'appareil fit une embardée au cours de notre approche finale. Cela signifiait qu'il était vraisemblable que l'appareil n'arrivait pas à conserver sa direction. Il suivait une direction toute droite, mais se déplaçait vers la gauche, puis vers la droite, selon la puissance envoyée à l'unique moteur en service. Du fait de ce seul moteur disponible pour aborder la délicate manœuvre d'atterrissage, l'appareil se comportait bien autrement, et ceux qui avaient l'habitude de voler fréquemment s'en rendaient parfaitement compte... comme le pilote à mon avis !

À environ cent quatre-vingts mètres du sol, le pilote se saisit du micro intérieur et prononça, d'un ton impérieux, les mots « accrochez-vous, accrochez-vous ». Tous les passagers posèrent leur tête sur leurs genoux et étreignirent leurs chevilles avec leurs mains. Vous savez, comme sur cette plaquette d'urgence glissée dans la pochette qui vous fait face lorsque vous êtes assis sur votre siège ? Eh bien, nous suivîmes ses instructions. Je fis comme les autres et me retrouvai en train d'examiner très attentivement mes genoux !

Appliquant un scénario bien rodé, le personnel de bord répétait en chœur : « Restez inclinés, ne vous relevez pas ; restez inclinés, ne vous relevez pas », alors que l'appareil approchait de la piste. Tout cela était très intéressant, mais j'étais serein. Nous eûmes l'impression, au dernier moment, que l'appareil flottait sur la piste et stabilisait sa trajectoire. Notre atterrissage sembla tout à fait normal. La cabine de l'appareil résonna sous les applaudissements alors que nous ralentissions après avoir touché le sol. Toutes ces personnes étrangères les unes aux autres qui avaient partagé des réalités variées et différentes auparavant se mirent à n'en partager qu'une seule en cet instant : celle de la célébration !

Nous nous dirigeâmes vers une porte de secours du terminal de Saint Louis qui appartenait à une autre compagnie aérienne, suivis par au moins huit camions de dépannage transportant de nombreux pompiers scrutant avec attention le moteur droit de l'appareil qui avait pris feu et qui avait dû être arrêté. Nous souhaitions tous féliciter les pilotes, mais ils s'étaient éclipsés rapidement, probablement pour rédiger leur important rapport et rendre compte de tout ce qui s'était passé avant d'en oublier les détails. J'ai appris que les cassettes de la « boîte noire » (qui est, en réalité, orange) avaient été également récupérées afin d'être étudiées par le comité de sécurité du FAA (Federal Aviation Administration).

En cet instant précis, ma réalité est celle que je vécus tout au long de ces événements : je suis à Saint Louis, au sol, en train de vous écrire ces lignes. Kryeon m'offrit une synchronicité, non pas pour vérifier ma capacité à m'asseoir dans le *fauteuil doré* (que certains d'entre vous connaissent pour avoir lu mes livres précédents), mais afin de constater combien la réalité diverge d'un individu à l'autre, même pour ceux qui partagent ensemble la même situation.

Ami, comment considères-tu ta vie ? Quels sont les défis de ton existence ? Peux-tu t'asseoir sereinement et modifier ta réalité au cours des pires moments ? Si la réponse est oui, alors tu possèdes une compréhension parfaite de ta divinité. Tu es capable de t'asseoir dans le fauteuil doré (Kryeon, *Le retour*).

La métaphore du train (et le concept de dimensionnalité)

Kryeon fait allusion à cette métaphore à diverses reprises dans ce livre, mais je vais vous fournir de plus amples explications afin que vous la compreniez mieux lorsque vous lirez ce qui s'y rapporte dans les chapitres ultérieurs. Cette métaphore porte sur trois choses : 1. Une explication du concept de dimensionnalité ; 2. la façon dont les prophètes voient le futur ; 3. un exemple, sous forme de métaphore, de ce qui est survenu à la réalité de cette planète au cours des vingt dernières années.

Kryeon déclare que nous adorons compartimenter presque toutes les choses. Nous aimons également classer et mettre une étiquette sur tout – y compris sur les concepts. Kryeon nous a aussi dévoilé que sa famille était celle de l'archange Michaël. J'ai tout de suite voulu savoir comment tout cela s'articulait. À quoi ressemblait l'organisation angélique ? Quel était l'ange disposant du commandement et assumant les responsabilités ? C'est alors que Kryeon me communiqua qu'une telle organisation n'existait pas. En fait, il n'y avait ni hiérarchie ni structure pyramidale ! Je me demandai comment cela pouvait être possible. J'étais habitué à une structure de gestion pyramidale, avec un patron et ses subordonnés. Autrement, comment pouvait-on savoir qui faisait quoi ? Kryeon m'apprit que la famille de l'Esprit est de structure horizontale, interdimensionnelle ! Pouvez-vous concevoir ce que *cela* signifie ?

Imaginez que vous êtes membre d'une entreprise au sein de laquelle vous travaillez avec vos collègues et où il n'y a aucun directeur – où tous les employés prennent ensemble, en quelque sorte, les décisions concernant la direction de l'équipe. Une telle organisation nécessiterait une sorte de conscience globale et des connaissances communes pour arriver à fonctionner. Selon Kryeon, c'est exactement ainsi que procède la famille spirituelle !

Kryeon affirme par ailleurs que les humains se trompent en voulant dénombrer et numéroter les dimensions. Voici ce qu'il nous dit à propos de la dimensionnalité : 1. Les dimensions sont toutes reliées les unes aux autres, chacune intégrant certains éléments propres à toutes les autres. Comment donc pouvons-nous les différencier ? Une dimension « supérieure » est souvent la combinaison des dimensions inférieures et d'une autre, supérieure, mais nous voulons à tout prix la numéroter et lui donner un ordre d'importance. 2. Les dimensions ne sont que des concepts et non pas des éléments concrets. Il vous est donc impossible de les définir sans, d'une façon ou d'une autre, inclure la chose qu'elles affectent (elles sont relatives aux choses qu'elles décrivent).

Par exemple, Kryeon nous dit que nous vivons dans un univers à quatre dimensions (il répugne même à affirmer cela !), mais en ce qui nous regarde, il proclame que nous sommes des « 4D ». Comme je l'ai déjà mentionné, les dimensions correspondent à la longueur, à la largeur, à la hauteur et au temps. Chacune de ces notions représente un concept et il est difficile d'en parler avec logique, à moins de les décrire par rapport à quelque chose qu'elles affectent, comme prétendre que vous avez une boîte carrée sur vos genoux. (Si vous lisez ceci debout, alors asseyez-vous.) La boîte possède une longueur, une largeur et une hauteur, et elle se trouve dans votre dimension temporelle. Elle existe donc bien avec vous, en quatre dimensions. Maintenant, survient l'un de vos amis qui s'en saisit, la retourne un certain nombre de fois et la replace sur vos genoux. Oups ! Du fait que votre ami vient de manipuler cette boîte, la longueur est devenue la hauteur ! *Où se trouve la hauteur de cette boîte ?* Cela dépend du *moment* où vous la regardez !

Comprenez-vous que toutes les dimensions – même vos simples quatre dimensions – ne sont que des concepts qui attendent de se manifester concrètement grâce à votre examen attentif ? En outre, elles semblent toutes reliées les unes aux autres pour n'en former qu'une seule. Ensemble, elles créent une totalité que nous pouvons définir comme *notre* réalité. Et celle-ci, comme la boîte, peut se modifier selon les circonstances que nous provoquons.

Kryeon me déclare que la dimensionnalité de notre existence est semblable à un gâteau. Lorsque vous le découpez (je vais avoir faim si je continue à traiter d'un tel sujet), aucune étiquette ne précise : « Voici le numéro un, le sucre ; le numéro deux, le sel ; le numéro trois, la farine. » Non. Il s'agit là des ingrédients constituant le gâteau. Lorsque vous regardez un gâteau ou le goûtez, vous en ignorez ses composants. Cependant, vous l'appréciez dans son intégralité. Cette image traduit avec justesse comment les dimensions sont reliées les unes aux autres.

Nous sommes tous des aliments constitutifs d'un gâteau à quatre dimensions appelé *humanisme* et qui n'est qu'un mélange. (Il n'est pas étonnant que Kryeon n'aime pas numéroter ces éléments.) En outre, ce mélange à quatre dimensions trouve sa place dans un bol dimensionnel infini – que nous ne pouvons voir mais qui contient les ingrédients pouvant être ajoutés à ce gâteau afin de le rendre plus savoureux. Il suffit pour cela que le pâtissier (nous) décide des ingrédients supplémentaires qu'il désire ajouter. Semblables au poste de radio qui n'est pas branché sur la fréquence d'une station, à moins que nous ne nous « branchions » sur les autres ingrédients, nous ne saurons même pas qu'ils existent. Au dire de Kryeon, c'est ce « réglage » qui permet la modification de notre réalité.

Le train : Kryeon nous apprend que notre réalité humaine à quatre dimensions inscrites dans un cadre temporel linéaire est similaire à un train appelé *humanité*. Ce train suit une voie. Vous êtes conscients du mouvement du train, que vous appelez le passage du temps. La voie suivie représente votre réalité. Au fur et à mesure de l'avance du train, vous traversez votre passé, votre présent et votre futur (que nous considérons comme présent). La voie suivie symbolise tout ce qui fut jamais (apparemment derrière nous) et tout ce qui sera jamais (apparemment devant nous). Avant de vous apprendre l'attribut secret de la voie, je vais vous faire pénétrer dans certaines dimensions additionnelles.

Je répète que ce train humain est à quatre dimensions (ou trois-plus-une, comme les scientifiques aiment à le dire). Il possède une hauteur, une largeur, une épaisseur et une dimension temporelle. Kryeon nous informe qu'il existe un certain nombre d'autres choses sur ce train dont nous ne sommes pas conscients, tout simplement parce que nous ne nous sommes pas encore branchés sur elles. Nous trouvons donc également les dimensions cinq, six et sept (si nous devons absolument les numéroter) et d'autres, dissimulées par-ci par-là, dans l'attente d'être activées.

Bon. Kryeon, quel est le numéro cinq ? Kryeon nous apprend qu'il s'agit de la capacité à placer des *fenêtres* dans le train ! Comment ? Notre train n'a pas de *fenêtres* ? Non, répond Kryeon. Nous percevons le passage du temps, mais nous n'avons aucune idée de la vitesse à laquelle nous évoluons ou de ce qui se trouve devant le train (la capacité à identifier notre futur potentiel, ou bien l'énergie vers laquelle nous nous dirigeons). Je n'avais jamais pensé à cela. Je comprends beaucoup mieux maintenant le processus utilisé par les visionnaires dotés d'une cinquième dimension !

Voilà pourquoi Kryeon déclare que la métaphore du train permet de créer une réalité spécifique qui peut être « perçue » par ceux qui disposent d'une vision à cinq dimensions. Pour vous permettre de l'acquérir, vous aussi, je vais ici vous révéler l'attribut secret de la voie suivie par le train et mentionné auparavant.

Lorsqu'il s'est agi de penser au train de notre « réalité », vous avez peut-être visualisé une voie parfaitement rectiligne – qui disparaît à l'infini, à la fois devant et derrière vous. Si tel est le cas, vous fûtes aussi fous que je le fus moi-même. La voie n'est pas du tout rectiligne. Bien au contraire, elle s'inscrit dans un cercle ! Celui-ci peut être gigantesque, mais la piste est circulaire. Cela vous rappelle-t-il votre temps présent ? À propos, au grand amusement de la plupart des mathématiciens, Kryeon affirme par ailleurs qu'il n'existe aucune ligne droite dans l'univers.

Alors que notre « train de l'humanité » suit sa *voie de la réalité*, des paquets d'énergie sont jetés à intervalles significatifs. (Souvenez-vous, il s'agit d'une métaphore !) Ces paquets d'énergie représentent l'énergie (conscience et éveil) de l'humanité au moment où ils sont jetés à l'extérieur du train. Ils sont semblables à une capsule temporelle indiquant qui nous sommes au moment où ils sont lancés. Lorsque le train repasse au même endroit au bout d'une année, à peu près (il s'agit d'un grand cercle), un autre paquet est largué, exactement au même endroit. Si l'énergie spirituelle de l'humanité est identique (comme c'est le cas depuis des éons) aux paquets rejetés précédemment, alors l'énergie combinée de ces deux paquets s'amplifie et les potentialités sur la voie s'en trouvent augmentées.

Rapidement, tout visionnaire doté d'une vue à « cinq dimensions » peut apercevoir les paquets d'énergie jetés par les fenêtres du train. Ces paquets peuvent devenir très gros ! Métaphoriquement, ils symbolisent nos *potentialités* futures ou, encore, ce que nous *créons ensemble* pour le futur, alors que nous suivons la voie ferrée de notre train. L'énergie d'aujourd'hui représente les potentialités de demain. En outre, nous devons mentionner quelque chose d'évident. Si la voie est circulaire, alors le passé, le présent et le futur font partie intégrante de la même ligne temporelle de la voie. Donc, ce qui détermine la différence entre le passé, le présent et le futur, c'est la position relative de notre train sur la voie. Ne vous avais-je pas dit que tout ceci serait amusant ?

Les anciens prophètes, tels Nostradamus et ceux qui écrivirent les textes sacrés, ou les prophètes actuels, tel Gordon-Michael Scallion, peuvent utiliser leurs dons afin de disposer d'une fenêtre à l'avant du train. Ils peuvent observer la voie et identifier l'énergie ainsi que constater la grosseur des paquets éjectés. Ils nous fournissent fréquemment une description très précise de l'avenir que nous sommes en train de créer et sont en mesure de nous dire quelle durée s'écoulera avant que les paquets d'énergie ne se convertissent en manifestations concrètes. Tant que l'énergie de l'humanité reste la même, les prédictions deviennent de plus en plus faciles, de plus en plus précises (car les paquets grossissent à chaque passage). Finalement, nous entrons en collision avec un énorme paquet d'énergie et ce dernier se transforme… (vous l'avez deviné) en notre réalité présente.

Dans mes livres précédents, je vous ai expliqué le but que poursuit Kryeon : nous aider à comprendre comment tout ceci fonctionne afin que nous puissions prendre conscience de la façon dont nous avons modifié notre futur. Mais jusqu'à ce jour, nous avons reçu tout un ensemble de visions prophétiques crédibles concernant la fin de notre ère et qui semblaient toutes se confirmer mutuellement ! Ces informations ont effrayé quantité de gens (comme ceux qui se trouvaient à bord d'un avion dont un des moteurs était en feu). Si les hôtesses et les pilotes avaient déclaré aux passagers qu'ils allaient s'écraser, je pense que la réalité aurait été très différente. Mais réfléchissez à ceci : sur notre planète, presque toutes les autorités extérieures (celles qui disposent de la sagesse des prophéties) nous ont dit que nous étions sur le point de nous écraser ! Et pourtant, vous l'avez constaté, lorsque vint l'heure d'atterrir, le 1er janvier 2000, nous nous en sortîmes. Il n'y eut point de catastrophe.

Si, donc, vous devez procéder à une numérotation, la cinquième dimension de notre train nous fournit la possibilité de voir au-delà de ce train. En outre, afin de vous donner un excellent aperçu de la voie qui se situe devant vous, vous devez également apercevoir les arbres défiler devant vous (encore une métaphore) afin de vous rendre véritablement compte de la vitesse à laquelle vous avancez.

Vous souvenez-vous de mes propos sur la relativité du temps ? Nous ne savons pas véritablement à quelle vitesse nous nous déplaçons. Nous n'avons même pas de fenêtre ! Les horloges de notre train indiquent toutes la même heure et nous sommes conscients du temps qui passe. Mais nous déplaçons-nous plus vite sur la voie ? Plus lentement ? Ceci m'amène à ce que Kryeon appelle la sixième dimension – la vitesse du train ! Semblables au gâteau dont nous avons parlé tout à l'heure, ces dimensions doivent parfaitement s'intégrer les unes aux autres et aucune d'entre elles ne peut se distinguer des autres. Elles affectent toutes le « goût du gâteau » ou notre « réalité ». La vitesse de notre train (la sixième dimension) est donc relative aux autres dimensions qui l'entourent, y compris celle qui s'annonce. Je veux que vous vous souveniez de ceci : peu importe notre vitesse sur la voie, les horloges indiquent toutes la même heure (comme nous l'avons déjà mentionné). Le temps relatif s'écoulant à bord du train est toujours constant. Même si nous volons littéralement sur la voie, nos horloges n'en ont cure.

La septième dimension de notre train métaphorique est représentée par la *couleur* du train. Qu'est-ce que cela signifie ? En métaphysique, la couleur renvoie souvent à l'énergie d'une certaine vibration. Par conséquent, dans le cadre de cette métaphore, la *couleur* symbolise la *fréquence vibratoire* du train – ou, dans ce cas, de l'humanité. Remarquez que tout cela est étroitement lié au nombre quatre, le temps ; et au nombre six, la vitesse. Si vous trouvez tout cela quelque peu confus, souvenez-vous simplement que Kryeon nous a invités à ne pas numéroter ces dimensions ! Il souhaite plutôt que nous les testions afin d'obtenir une idée globale relative de l'ensemble.

Nous avons donc maintenant une explication des sept dimensions : la longueur, la largeur, la hauteur, le temps, l'énergie et la conscience du temps, la conscience de la vitesse et la conscience du taux vibratoire. J'aimerais à nouveau vous faire remarquer qu'il n'y a aucune signification concrète, empirique pour chacun de ces mots. Ils décrivent tous quelque chose de différent, des concepts. En définitive, tout exposé portant sur la dimensionnalité sera quelque peu difficile à saisir. (En ce qui me regarde, je suis toujours en train d'essayer de comprendre le puzzle temporel d'Einstein !)

Certains livres récents nous ont appris que nous nous dirigeons à ce jour vers notre statut ascensionnel et que ce dernier nous entraînera dans les cinquième, sixième et septième dimensions. Je suis d'accord. Examinez à nouveau la métaphore du train afin de vous rendre compte à quel point l'humanité commence à employer les nombres cinq, six et sept. Maintenant, comprenez-vous mieux ? Il y a encore d'autres choses à savoir, et peut-être même qu'une autre métaphore pourrait expliquer tout cela. À nouveau, Kryeon déclare que, telle une station de radio, chaque dimension doit être syntonisée par les ondes radio de notre structure cellulaire. Si nous ne demeurons pas syntonisés à la station, nous sommes incapables d'en saisir le sens général.

Les scientifiques ont récemment annoncé que l'intérieur d'un atome est constitué de multiples dimensions et que nous allons nous trouver dans l'obligation d'inventer un nouveau système mathématique afin de bien comprendre de quelle manière les choses fonctionnent. Pour moi, cela revient à dire : « Nous ne sommes pas encore capables d'y avoir accès. »

D'accord, nous avons dorénavant un nouveau gâteau. Nous disposons davantage d'ingrédients que les éléments de base que nous employions jusqu'alors, et maintenant, le temps est venu d'ajouter le chocolat, ou les amandes, ou la vanille (je me précipite vers la cuisine). La métaphore du train n'est pas terminée. Le meilleur est encore à venir.

Changer de voie. En métaphysique, avez-vous jamais entendu la phrase : « La seule planète du libre arbitre » ? Je me suis toujours demandé ce que cela signifiait. Il m'a toujours paru grandiose de penser que de toutes les planètes qui abritent probablement une vie intelligente, la nôtre est la seule qui nous permette de choisir de manger des œufs au petit déjeuner (par exemple). Bien sûr, il s'agit de l'esprit humain, donc pas vraiment de nourriture, de choix de vêtements ou de direction à prendre. Il s'agit de choix spirituel.

Si vous lisez le cinquième volume de Kryeon, *Messages de notre famille*, vous y découvrirez un channeling intitulé « Le sens de la vie ». Il a trait à notre but dans l'univers. Je ne vais pas y revenir encore, mais je tiens à souligner ce texte, pour vous aider à mieux comprendre le sens de la phrase « la seule planète du libre arbitre ». L'humanité a procédé à un certain choix spirituel la concernant, et ce choix a transformé l'univers.

Kryeon nous appelle des anges qui font semblant d'être humains. Depuis 1989 et son apparition dans ma vie, ceci a été son message à notre intention. Vous souvenez-vous du sujet du premier volume, *La graduation des temps* ? Dans ce livre, Kryeon spécifiait que notre futur a été modifié et qu'aucune des prophéties catastrophistes n'aura lieu. Eh bien... nous avons aujourd'hui la preuve de tout cela. La plupart des dates annoncées pour ces catastrophes sont passées. Kryeon nous dit également dans ce livre que nous sommes tous membres d'une famille spirituelle qui « toujours exista » et « toujours existera ». (Nous développerons ce thème plus tard.) De toute évidence, cette famille spirituelle que l'on appelle humanité a procédé à un certain choix l'amenant à passer du stade où elle se trouvait à celui où elle pourrait être. Ainsi, l'aptitude à effectuer ce choix fut toujours présente mais mise en application seulement récemment. Cette planète Terre est peuplée d'une famille spirituelle qui peut transformer la dimensionnalité. Nous pouvons changer notre réalité !

Revenons à notre train : le train de notre humanité poursuit son parcours circulaire depuis des éons. Plus nous avons utilisé la même voie, plus nous avons éjecté de paquets d'énergie. Plus les paquets étaient imprégnés d'énergie, plus il était évident qu'à la fin du test que nous avions planifié, un certain futur se manifesterait. Et puis le temps passa. Les anciens prophètes examinèrent la voie suivie et nous dirent ce qui allait se produire. C'est ce que firent les peuples autochtones de la Terre et, plus impressionnant encore, beaucoup de nos « voyants » contemporains.

Mais que se passa-t-il ? Les quatrains de Nostradamus relatent une histoire qui ne s'est pas réalisée. Les meilleurs spécialistes bibliques qui interprétèrent les dates des événements contenus dans le Livre des révélations se sont-ils tous trompés ? De nombreux peuples autochtones de notre planète, séparés par des milliers d'années et des dizaines de milliers de kilomètres, nous racontèrent tous une histoire synchrone... Cette histoire était-elle fausse également ? Regardez. Ne vous contentez pas de lire cet ouvrage étrange, de hocher la tête. C'est évident : quelque chose s'est déroulé !

Kryeon nous rapporte qu'entre 1963 et 1987, le « train de

l'humanité » a décidé de *changer de voie* ! J'ignore la date exacte à laquelle cela est arrivé. Mais selon certains channelings récents, l'énergie de la planète est mesurée (et non pas testée) tous les vingt-cinq ans. Vous rappelez-vous l'énergie du début des années soixante ? Une mesure spirituelle eut lieu en 1963. Des émeutes raciales se déroulaient en Amérique, le communisme était menaçant, la guerre faisait rage en Asie et de nombreux leaders mondiaux furent assassinés. Nous évoluions alors sur l'ancienne voie et nous dirigions vers les paquets d'énergie que tous les prophètes avaient clairement aperçus.

Lorsqu'eut lieu la mesure spirituelle de la Terre en 1987 (la Convergence harmonique), l'énergie s'était considérablement modifiée. Plus important encore, Kryeon nous apprend que, au cours de cette période, nous utilisâmes notre libre arbitre pour changer de voie. Bien que cette idée ne correspond pas exactement à notre métaphore, il me plaît d'imaginer que nous sommes passés sur une voie plus élevée, laissant derrière nous l'ancienne voie et ses prédictions imprégnées de vieille énergie.

Ce qui est advenu depuis, outre l'énergie dans laquelle nous baignons actuellement, c'est l'apparition d'une vision d'ensemble qui devrait s'appliquer à vous tous. Le communisme s'est écroulé – annulant les anciennes prophéties en éliminant l'un des principaux protagonistes. Le virus informatique de l'an 2000 et son cortège d'attributs négatifs effrayants ne sont pas survenus (une autre métaphore spirituelle offerte par Dieu en rapport avec des éléments périmés de la programmation de cette fin de siècle). La célébration du 1er janvier du nouveau millénaire ne fut gâchée par aucune prédiction de la vieille énergie et nous voici dorénavant sur une voie totalement nouvelle. En Israël, la fin des temps prophétisée par la plupart des prophéties ne se produisit pas.

Il y a dix ou quinze ans, certains des problèmes auxquels nous sommes confrontés aujourd'hui n'auraient même pas été considérés comme tels. Sur le plan politique, les Américains furent sur le point de destituer un président coupable d'avoir agi comme les présidents et les membres du Congrès l'avaient fait sans ambages jusqu'alors. Les questions de moralité sont devenues essentielles dans notre société. Cherchez quels sont les membres du Congrès qui ont démissionné durant tous ces événements afin d'éviter d'être soumis à une enquête. (Vous découvrirez certains visages extrêmement connus.)

Aujourd'hui, le but essentiel de l'astronomie (selon le magazine *Discover*) consiste à trouver d'autres formes de vie dans l'univers. Pouvez-vous imaginer ? Il y a quelques années, on aurait ouvert des « yeux ronds » en entendant de pareils propos. De nos jours, cet objectif est devenu banal. Chacune des sondes que l'on envoie sur Mars contiendra, dorénavant, un système sophistiqué permettant de détecter la vie. De nombreux astronomes sont convaincus qu'une des lunes de Jupiter possède un océan sous sa couche de glace et que la vie existe également là-bas !

Les conflits généralisés sont désormais remplacés par des conflits tribaux (comme Kryeon nous l'annonça au cours du channeling des Nations unies en 1996). Les conflits majeurs que nous connaissons mettent en cause d'anciennes rivalités. Le problème moral primordial sur la Terre est celui du génocide – le droit des gouvernements de tuer leurs propres peuples. Nous connaissons ce problème depuis toujours, mais maintenant, il revêt une importance particulière. Considérez le Kosovo et la coalition invraisemblable des gouvernements qui tentèrent de mettre fin au chaos provoqué par un dictateur. (À propos, à la page 30 du premier livre de Kryeon, *La graduation des temps*, écrit en 1989 en anglais, vous trouvez la description exacte de ce problème.) Cet événement s'est reproduit dans le Timor oriental. Il existe finalement un consensus terrestre selon lequel les peuples de cette planète ne se contentent plus de s'asseoir et d'examiner passivement les événements. Ceci est totalement nouveau.

Aujourd'hui, l'essentiel des informations porte sur la révélation d'erreurs passées et soulève des responsabilités ! Avez-vous noté la mise en accusation de certains services de police pour leur « activité de routine » au cours de la dernière décennie ? Avez-vous remarqué les enquêtes déclenchées à propos d'anciens dictateurs ou de la responsabilité des actes commis par des gouvernements anciens ? Les scandales impliquant des institutions respectables comme des banques ou des compagnies d'assurances ? Appelez cela comme vous le voulez, mais il n'en est pas moins vrai que nous assistons à un nettoyage en profondeur et que cela sous-entend un changement de conscience.

À une époque où « chacun peut s'adresser à n'importe qui » grâce au réseau Internet, il devient de plus en plus difficile pour les gouvernements de conspirer contre leurs propres citoyens (y compris les USA). Au moment où j'écris ces lignes, les grands titres des informations du jour nous apprennent que le pape actuel a enfin exprimé ses regrets par rapport à l'Inquisition espagnole ! (À mon avis, cette démarche n'est que justice, car l'an dernier il présenta également ses excuses aux descendants de Galilée pour l'incarcération dont ce dernier avait été victime en déclarant que la Terre n'était pas le centre de l'univers.) Le pape se rend aussi également en Israël et ne craint pas de prononcer le nom de ce pays ! Le dernier pape à s'y rendre dans les années soixante n'y demeura que quelques heures et ne prononça jamais le mot Israël. Ce pape célèbre les commémorations avec les Juifs. Il a officiellement demandé pardon pour la position de l'Église par rapport au problème de l'Holocauste. Les choses changent !

Avez-vous constaté dernièrement des réactions envers l'intolérance ? De nombreuses organisations chrétiennes fondamentalistes estiment que de plus en plus de gens se retournent contre elles. Elles se sentent attaquées. En fait, le problème concerne l'intolérance humaine et non pas les doctrines ou autres systèmes de croyances. Alors que presque tout le monde connaît l'admonestation du Christ « Aimez-vous les uns les autres », on demande à certains pratiquants la raison pour laquelle ils n'appliquent pas ces principes. C'est une excellente question. Ce problème de l'intolérance est assez drôle en fait. Soudainement, nous recevons un message de la conscience humaine proclamant : « Nous ne tolérerons pas l'intolérance ! » Kryeon a expliqué à de multiples reprises qu'il s'agissait là de potentialités nécessaires à un changement terrestre.

En d'autres termes, nous constatons que notre Terre est devenue totalement différente. Les problèmes annoncés ne sont pas ceux auxquels nous sommes confrontés. Que ce soit sur les plans personnel, national, international, scientifique et médical, les difficultés que nous affrontons ne sont pas du tout celles qui nous furent annoncées. Au contraire, nous sommes face à des questions de moralité, d'arrêt des génocides, de sens de responsabilité, de plus grande tolérance, de conflits davantage intertribaux qu'internationaux et à une prise de conscience de nombreux secrets de l'histoire. S'agit-il de l'aube d'un âge d'honnêteté et d'intégrité ? Nous ne pouvons que nous interroger à ce sujet.

Voyez également ce qui est en train de se passer quant à la suggestion de Kryeon aux Nations unies, en 1996, à propos de la création d'un Conseil des anciens – une assemblée consultative constituée de sages chefs des tribus autochtones du monde entier souhaitant être consultés au sujet de certains problèmes considérés comme importants par les Nations unies. Le chapitre 12 de ce livre approfondit cette question. Tout cela est sur le point de se réaliser !

En définitive, avons-nous réellement changé de voie ? Si tel est le cas, ceux qui disposent d'une vision à cinq dimensions ne devraient découvrir *aucun* paquet d'énergie. Analysons cela. Il y a quelques années, Gordon-Michael Scallion nous proposa une vision effrayante montrant que plusieurs régions côtières fortement peuplées de différents pays du monde seraient submergées par les eaux. J'ai évoqué cette question dans mes autres livres. Au cours de sa première description, il fournit des dates précises ayant trait à certains événements et publia ce qu'il avait « vu ». Du fait qu'*aucune* des catastrophes prévues par lui ne survint et que toutes les dates qu'il avait précisées sont dépassées, on pourrait affirmer qu'il s'est trompé. Je dis non ! Il faut beaucoup de courage pour annoncer et dater de tels événements comme devant arriver au cours de sa propre vie. Je pense que M. Scallion a réellement vu tout cela. Tout ce qu'il observait lui paraissait réel, car c'est notre réalité collective qu'il vit alors. Il scruta les fenêtres à l'avant du train, aperçut les paquets d'énergie et calcula intuitivement la durée nécessaire pour que se manifeste ce que notre train créait depuis des éons. Parfaitement conscient du fait qu'il serait ridiculisé si les choses qu'il prédisait ne se réalisaient pas, il n'en publia pas moins ses découvertes. Je salue son courage.

Voyant qu'aucun accident ne se produisit à ces dates, M. Scallion reconsidéra ses visions. Apparemment, quelque chose avait changé, car il se remit au travail et publia une nouvelle carte des événements avec une nouvelle datation ! D'une certaine façon, il comprit que nous avions retardé l'inévitable.

Lorsque certaines de ces nouvelles échéances passèrent sans incident, il recourut une nouvelle fois à son don de voyance et décida de nous fournir un autre aperçu de la voie qui s'étendait devant nous. Ce qu'il nous offre aujourd'hui est une troisième carte – sans aucune date ! En outre, il a ajouté une sorte « d'avertissement » qui vide de son sens le contenu de la carte ! Le voici : *La conscience humaine peut modifier tout ce qui est annoncé ici.*

Finalement, nous nous trouvons en présence d'un visionnaire catastrophiste contemporain qui, non seulement a observé une altération de sa vision, mais accepte également le fait que les choses ont changé et que *nous* avons quelque chose à y voir.

Qu'y a-t-il donc sur la voie qui se trouve devant nous ? Permettez-moi de vous dire ce qu'annonce Kryeon : *Il n'y a rien !* Kryeon ajoute même que nous construisons la voie au fur et à mesure que nous avançons et qu'il s'agit alors de cocréation au plus haut degré. Ne s'agit-il pas là d'interdimensionnalité ? Je tiens à répéter ce que Kryeon nous a déclaré il y a longtemps : *aucune entité, de part et d'autre du voile, ne peut prédire votre futur* ! Vous avez découvert que vous pouvez modifier ce dernier grâce à la conscience et à l'intention, et le monde ne sera jamais plus le même. L'énergie de ce jour n'est pas celle de demain. Il s'agit en somme de l'attribut d'une planète Terre éclairée – un attribut qui en a transformé la réalité.

Quelle est l'importance de cette différence ? Quelle est la ligne temporelle aujourd'hui ? Quelles sont les potentialités ? Voilà les questions auxquelles tend à répondre cet ouvrage en vous offrant des channelings de l'année écoulée, les communications ayant eu lieu juste avant et après avoir « franchi le seuil », le portail ouvert sur un nouveau millénaire.

L'âme humaine éternelle

Je ne puis terminer cet exposé sans vous rappeler que, selon le contenu de mes channelings, nous sommes éternels. Certains d'entre vous ont l'impression d'être les « cobayes » de Dieu. Je le sais, car j'ai personnellement parlé, au fil des années, à des milliers d'entre vous. Si vous comprenez enfin que vous avez participé à l'élaboration de tout ceci, à son exécution et que, chaque fois, vous aviez hâte de revenir, cela vous aidera à prendre conscience que vous êtes les *organisateurs* du test, et non pas ses sujets. Comme Kryeon vous l'a rappelé dans son dernier livre, le test en cours renvoie à l'énergie et non à *nous-mêmes*. Nous sommes les expérimentateurs, et la mesure de l'énergie est le résultat.

Je considère le concept de notre éternité comme difficile à appréhender. Selon Kryeon, nous sommes « éternels dans les deux directions ». Ouah ! Cela signifie que nous n'avons pas eu de commencement et que nous n'aurons pas de fin. Mon esprit ne peut aller jusque-là. Toute chose doit avoir un début, n'est-ce pas ? Les scientifiques ont passé leur existence entière à s'interroger sur la création de l'univers – sur le commencement des temps. Vous et moi avons vécu une naissance et constatons que tout ce qui nous entoure possède un début et une fin. Rechercher l'origine de toute chose est inhérent à notre dualité.

Kryeon déclare que tout ceci est une illusion du temps linéaire à l'intention de l'être humain. Notre exposé de la notion de MOMENT PRÉSENT dans ce chapitre montre que nous sommes inscrits dans une dimension circulaire. Kryeon nous informe que notre incapacité à apercevoir ce cercle est la manifestation typique de notre dualité.

Je tiens à vous faire part d'une chose amusante concernant ce sujet – l'incapacité de la nature humaine en général à percevoir sa véritable essence spirituelle – simplement parce que l'expression *sans commencement* ne convient pas !

L'année dernière, alors que nous approchions du nouveau millénaire, le magazine *Time*, qui figure parmi mes sources d'information favorites en ce qui a trait à l'actualité mondiale, publia plusieurs numéros sur la religion. Le traitement répété de cette question était relié à la grande influence exercée par les anciennes prophéties sur les craintes et les attentes des gens. Dans l'un de ces articles, et selon les recherches effectuées, 85 % des habitants de la Terre croyaient au concept de « la vie après la mort ».

Eh bien ! Quand vous rencontrez ce genre de consensus planétaire, je pense que c'est là plus qu'un simple vœu. Ce consensus s'étendait à toutes les religions et les cultures et même aux tribus de la jungle de Nouvelle-Guinée qui n'avaient jamais rencontré un Européen jusqu'à il y a trois ans. Tous croyaient également à la vie après la mort. Lorsqu'un tel phénomène se produit, je pense qu'il s'agit d'une intuition cellulaire également partagée par tous les systèmes de croyances ébauchés autour du concept de Dieu.

Voici maintenant l'aspect amusant de cette question. Selon la croyance générale de l'humanité (85 %), nous ne mourons pas et continuons à exister, mais d'une autre façon. Nous possédons tous une âme interdimensionnelle. Toutefois, selon la plupart des religions, rien de tout cela ne peut être tant que nous ne sommes pas nés biologiquement sur la Terre ! Voyez-vous, bien que la plupart des habitants de notre planète croient en une vie après celle-ci, cette même majorité ne croit pas à une vie antérieure ! Ainsi, vous pourriez être éternels, mais avant de venir sur la Terre, vous n'existiez pas ! Voilà, véritablement, un concept amusant et, en ce qui me concerne, il n'a aucun sens sur le plan spirituel. Ainsi, notre naissance biologique nous doterait d'une âme éternelle ? Dans ce cas, d'où vient-elle ? Je qualifie ce raisonnement d'exemple typique de notre dualité. Il s'agit d'un concept totalement illogique mais accepté comme une croyance de base.

La métaphysique n'est pas la seule branche de la philosophie postulant que l'âme préexistait à notre incarnation actuelle. Néanmoins, notre croyance affichée en la notion de vies antérieures fait de nous la risée du monde occidental. Lorsque vous prenez un certain recul et examinez ce problème sous l'angle spirituel, il vous paraît totalement sensé que si vous possédez une âme, celle-ci existait avant votre naissance sur la Terre. La compréhension de ce simple fait ouvre la porte à la possibilité que, peut-être, et seulement peut-être, nous sommes déjà venus sur cette planète à diverses reprises – dans le cercle du maintenant – et que les membres de notre famille suivent la voie circulaire de notre train.

En espérant que vous apprécierez ce sixième tome de Kryeon.

Lee Carroll

CHAPITRE DEUX

Se préparer au nouveau millénaire

Portland, Oregon
Août 1999

Salutations, très chers. Je suis Kryeon, du Service magnétique. L'énergie qui se répand dans cette salle en compagnie de notre cortège est maintenue précieuse, car vous avez demandé qu'il en soit ainsi. Cette énergie ne peut être ressentie que grâce à l'intention émise par les êtres humains au cours d'instants comme celui-ci. Un flot d'amour se déverse dans votre organisme. Toutefois, il ne peut être ressenti que grâce à l'intention pure de l'être humain.

Certains doutent qu'une telle chose soit possible. Ils doutent aussi qu'une entité qui ne vit pas sur terre puisse faire entendre sa voix par l'intermédiaire d'un humain. Que la preuve de la réalité de tout ceci soit trouvée dans l'amour qui inonde cette salle en cet instant précis. Peu importe que vous entendiez cette voix ou lisiez ces paroles maintenant, car il s'agit de la même dimension temporelle, vous trouverez cette preuve dans l'amour présent dans cette salle. Amour que plusieurs peuvent ressentir.

Il s'agit de l'énergie que vous attendiez. En effet, ici se trouve une entité aimante avec son cortège qui, en cet instant précis, se disperse dans les allées, se place derrière vous, en face de vous et près du siège de ceux qui lisent ces lignes. Cet entourage savait que vous prendriez place exactement où vous êtes assis présentement et se trouvait en ce lieu depuis des jours, dans l'attente des potentialités de cet instant ! La seule raison de la présence de ce cortège ici même est de vivre cet instant, cette réunion, avec vous, du fait de l'honneur manifesté par votre intention. L'intention de l'être humain est l'énergie qui a provoqué cette réunion. Elle est « le moteur » qui permet à un événement comme celui-ci de survenir. L'intention de l'être humain représente l'énergie qui amène l'amour de Dieu à se déverser ici, à vous effleurer personnellement, à vous étreindre en vous demandant : « Vous souvenez-vous de nous ? Vous souvenez-vous de cette sensation qui rappelle votre vrai foyer ? » Voilà l'énergie qui enveloppe cette salle en cet instant.

Et puisque vous êtes nombreux à souhaiter la recevoir, qu'il en soit ainsi. À ceux d'entre vous qui sont venus ici ce soir, ou qui lisent ces lignes, dans l'espoir que cette réunion leur apportera quelque chose, à tous ceux-là, nous disons qu'ils sont, en effet, au bon endroit, au bon moment. Peut-être était-il nécessaire que vous entendiez ou lisiez ces mots ? Nous connaissons les difficultés que vous avez traversées, toutes les contrariétés et tous les changements que vous avez connus. Ne savez-vous pas que nous étions avec vous tout ce temps ? Vous voyez, rien ne peut vous arriver sans que nous ne soyons là, chers membres de notre famille. Chers êtres humains, vous faites partie d'un groupe. Votre dualité vous incite à croire que vous êtes isolés, des êtres évoluant sur une ligne droite, mais cela est faux. Vous faites partie d'un groupe, et ce groupe, comme votre vie, s'inscrit dans un cercle ; il vous accompagne toujours, et nous allons approfondir ce point maintenant.

Parmi vous, certains ne souhaitent pas en entendre davantage. La parabole suivante peut ne pas vous être destinée. Aussi sachez que d'autres choses vous seront révélées un peu plus tard qui vous satisferont plus que la parabole suivante. Il s'agit ce soir d'un channeling individuel comportant ce qu'on appelle « le Troisième langage ». Il n'est compréhensible que pour un certain nombre.

Pour les autres ? L'énergie qui se répand dans votre corps en cet instant n'est que l'énergie que vous avez réclamée, rien de plus. Pour ceux qui sont venus dans l'espoir d'une guérison, commençons maintenant. Au cours des prochains instants, faites quelque chose pour nous. Faites aussi quelque chose pour vous-mêmes : le moment est venu de placer l'intention claire d'éliminer toutes choses qui vous empêchent d'atteindre votre complète réalisation, qui entravent le parcours d'un être humain éclairé, et vous savez de quoi il s'agit. Car vous ne risquez absolument rien en les abandonnant, alors que vous vous élevez au-dessus d'elles et ressentez l'énergie de cet instant.

Notre cortège est ici présent, au grand complet. Ses membres sont assis avec vous, se tiennent près de vous et vous enlaceront au cours des quelques minutes que durera cette parabole. Qu'il soit bien clair que ce message est destiné à être transcrit. Il est donné dans le style de l'énergie du *moment présent*. Cette énergie qui imprègne le channeling de Kryeon est aussi celle des mots que lisent les *lecteurs* de cette transcription, en cet instant précis. Car, lecteurs, nous vous connaissons également. Nous connaissons toutes les potentialités des yeux qui lisent les mots prononcés en ce moment, aussi bien que celles des oreilles qui sont en train de nous écouter.

Chers membres de la famille qui entendez ces paroles, qui écoutez cette parabole, comprenez bien qu'il existe également un groupe de personnes dont les yeux sont posés sur chacun des mots que vous entendez maintenant. Car c'est cela, la réalité de l'Esprit, qui fait que toutes les potentialités de réalisation divine, de prise de conscience de la divinité en chacun de nous, sont réunies en un seul lieu. Toutes ces potentialités sont réunies au centre, et nous les percevons comme une révélation située en chacun de vous qui êtes ici ce soir, en chacun des lecteurs de ces lignes et de ceux qui découvriront ce texte plus tard. Pour nous, tout se déroule simultanément. Il s'agit en fait d'une empreinte énergétique qui rend cette Terre si différente de ce qu'elle était lorsque vous avez commencé à souhaiter sa transformation, très chers. Quand vous avez pris la décision de la transformer, nous ne pouvions pas encore vous parler ainsi. Il nous aurait été impossible de permettre à l'énergie de se répandre dans une pièce, comme ce soir ! Les choses étaient différentes, alors. Vous deviez d'abord vous réveiller.

Dans cette salle, en cet instant précis, certains d'entre vous craignent peu à peu que l'énergie soit réelle. Mais il ne doit pas y avoir de crainte ici, car c'est l'énergie de l'amour qui est ressentie, l'amour de Dieu. Il provient de votre *vrai foyer* et représente une famille qui est ici avec vous. Nous voulons vous faire savoir que même après avoir quitté l'endroit où vous vous trouvez, qu'il s'agisse de cette salle ou de la pièce dans laquelle vous lisez ces lignes, les membres de notre famille vous accompagneront. Ils seront à vos côtés aussi souvent que vous le souhaiterez, car vous êtes ceux que l'on honore.

La parabole de Wo et de la valise

Voici une autre parabole. Vous y trouverez du plaisir, mais également un enseignement. C'est pourquoi nous voulons que ces messages soient transcrits. Car ces paraboles contiennent toujours des significations dissimulées derrière d'autres significations. Nous allons vous présenter, dans cette parabole, le personnage que nous avons choisi dans le passé. Son nom est *Wo*. Il n'est ni homme ni femme. Au sein de cette parabole, nous l'appellerons *lui*. Mais, voyez-vous, en réalité, Wo est un « *wo-man** ».

Nous retrouvons Wo se tenant devant nous, avec de nombreuses valises. Il est prêt à vivre le changement de millénaire et se prépare à traverser le pont séparant l'ancienne énergie de la nouvelle. Wo est considéré comme un être humain éclairé cheminant sur sa voie ascensionnelle. Cela signifie que l'un des attributs de sa vie sur cette voie ascendante est son « intention vibrante ». Dans cet esprit, Wo se voit comme un travailleur de la lumière et, avec ses valises, se tient prêt à traverser ce pont. L'intention de Wo est de devenir un être humain sur le point de modifier son existence. Il va pénétrer au sein d'une nouvelle énergie et se transformer en quelque chose de différent de ce qu'il est actuellement. Cet être est en phase de transformation et de rajeunissement, et il en est conscient. Il est « en cours de rénovation » et ressent complètement ce phénomène !

Cependant, voyez-vous, il doit encore franchir une étape. Ses valises sont prêtes, et lui aussi, mais il souhaite rendre visite à un ange avant de traverser le pont de l'intention qui le mènera vers la nouvelle énergie qu'il désire atteindre. L'ange qu'il est sur le point

* Jeu de mots intraduisible en français, avec le nom Wo et le mot *man*, qui signifie homme. *Woman* signifiant « femme » en anglais. (NDT).

de rencontrer est magnifique, et afin de rendre la parabole plus amusante, nous dirons qu'il va se trouver en présence de « l'Ange vérificateur », c'est-à-dire celui qui inspectera ses bagages !

Wo est intelligent. C'est un être humain spirituel et il se sent prêt pour son voyage. Il a empaqueté quantité de choses dont il sait qu'il aura besoin au cours de cette période nouvelle et inconnue de sa vie. En fait, il accueille avec reconnaissance le grand « Ange vérificateur » qui va lui donner des conseils sur ce qui l'attend et lui indiquer ce qu'il doit emporter avec lui ou laisser derrière lui. Wo est absolument convaincu d'avoir tout fait correctement et que ses bagages ont été spirituellement remplis de façon adéquate. Chacune des choses qu'il emporte avec lui est justifiée. Il est prêt !

Wo accueille « l'Ange vérificateur » par une merveilleuse et affectueuse étreinte.

« Heureux de vous voir », déclare Wo au grand « Ange vérificateur ».

« Moi de même », répond l'Ange. « Vous étiez attendu. »

« Je suis prêt à partir et me trouve au dernier arrêt avant d'entamer mon statut ascensionnel. Mon intention m'amène petit à petit sur une nouvelle voie. » Wo se gonfle d'espoir. « S'il vous plaît, inspectez mes affaires. »

La valise de vêtements – préparatifs

« Regardons d'abord la première valise, Wo », déclara l'Ange avec un sourire.

Wo ouvre la première valise et en sort une quantité de vêtements ! Ils sont en vrac, pour tous les types de climats. Le grand Ange ne dit rien en constatant ce désordre.

« Wo, pourquoi tous ces vêtements ? » demande le grand Ange vérificateur.

« Je souhaite être tout à fait prêt, répond Wo, et je vais dans des endroits où même l'esprit a admis que personne ne sait ce qui va se passer. J'ignore quel temps il fera. Aussi ai-je apporté avec moi toutes les choses dont je pourrais avoir besoin. Être prêt est une vertu. » Wo sourit, mais quelques instants plus tard, il est horrifié en constatant que l'Ange vérificateur est en train de déballer tous ses vêtements et de les placer avec précaution sur le sol.

« Je ne pense pas que tu auras besoin de tout cela, Wo », déclare l'Ange vérificateur en lui faisant la leçon. « Béni soit l'être humain avisé que lorsqu'il pénètre dans la nouvelle énergie, bien qu'ignorant ce qui l'attend, il est accompagné d'un cortège au fait de ce qui va survenir. Béni soit l'être humain qui a confiance en son cortège et qui l'aime ! Les seules choses nécessaires à cet être seront les vêtements qu'il a sur le dos. » Et cette métaphore signifie que les humains sont *parfaits tels qu'ils sont*. Elle montre qu'il faut honorer l'incertitude. L'Ange poursuit : « Bénis soient les êtres humains qui comprennent que les réponses à leurs incertitudes seront apportées tout au long de leur progression sur leur voie – que leur préparation préalable et antérieure n'est plus nécessaire. Ils n'ont pas besoin d'emporter avec eux des vêtements appropriés aux futurs changements car, métaphoriquement, tous les changements seront appréciés et affrontés au fur et à mesure qu'ils se présenteront. »

Très chers, cet ange délivrait un message très profond à Wo. Comprenez bien que cet être humain, celui qui écoute ces paroles ou qui lit ces lignes en cet instant présent, s'il est animé d'une intention pure de se diriger vers la nouvelle énergie, n'a pas à se soucier ni à se préparer en vue de l'inconnu. Vous rappelez-vous ce que je vous ai dit ? Un cortège vous entoure véritablement. Vous n'êtes jamais seuls. Très chers, marchez la tête haute. Vous n'avez pas besoin de tous ces bagages. La préparation était certainement une vertu au sein de l'ancienne énergie. La connaissance et la sérénité devant l'inconnu, ainsi que la capacité à l'affronter, sont des vertus de la nouvelle énergie.

La valise de livres – référence spirituelle

L'Ange ouvre alors la valise suivante. C'est la plus lourde de toutes, car elle contient des livres. Il regarde Wo et l'interroge à nouveau.

« Que vas-tu faire de tous ces ouvrages ? »

« Eh bien, bel Ange vérificateur, il s'agit de mes *livres spirituels*. Je vais avoir besoin de m'y référer en suivant ma voie spirituelle. Comme vous pouvez le constater, chacun a trait à Dieu. Je dois les garder, car ils contiennent tous des informations spirituelles. Ils me font du bien et je ne peux les connaître tous par cœur. Aussi aurai-je besoin de les consulter et de m'y référer dans ma nouvelle vie spirituelle. » L'Ange pose un regard sur les livres, puis se tourne vers Wo et sourit – puis, il les regarde à nouveau. Une fois encore, Wo est surpris lorsque l'Ange se met à sortir les livres de la valise et à les poser sur le sol, à côté des vêtements.

« Tu n'en auras pas besoin non plus. » Wo est déçu et quelque peu troublé. L'Ange poursuit ses explications.

« Wo, prends, parmi ces livres, celui qui contient l'enseignement spirituel le plus élevé. Nous allons y jeter un coup d'œil. » Wo se penche, se saisit du volume qu'il considère comme le plus important et le tient avec respect.

« Le voici », dit-il à l'Ange. Celui-ci le reconnaît.

« Wo, il est dépassé ! Réponds à cette question : Emporterais-tu avec toi des notes scientifiques datant de cent cinquante ans ou un traité scientifique datant de plus de deux mille ans ? »

« Bien sûr que non, s'exclame Wo, puisqu'on fait sans cesse de nouvelles découvertes. »

« Exactement », répond l'Ange. « Sur le plan spirituel, la Terre change radicalement et de façon grandiose. Ce qui était impossible hier est *possible* aujourd'hui. Le paradigme spirituel d'hier n'est plus celui de demain. Ce que l'on t'a appris sur l'énergie spirituelle et qui fonctionnait hier ne fonctionnera plus demain, car l'énergie se transforme et devient de plus en plus subtile. Tu te trouves au cœur de ces changements et tu dois te laisser emporter par le flot de ces nouvelles possibilités. Le seul livre dont tu auras besoin est celui que tu écriras toi-même au cours de ton voyage. »

« Avec tout le respect que je vous dois, Ange vérificateur, que faites-vous de la phrase : *"Hier, aujourd'hui, ou à jamais, il en sera ainsi"* ? Ne se rapporte-t-elle pas à la cohérence de Dieu ? Comment est-elle également devenue obsolète ? »

« En effet, cela est bien relié à Dieu », répond l'Ange. « Mais cette phrase renvoie aux attributs divins et non pas aux relations existant entre l'être humain et Dieu. Tous tes livres ne sont que des séries d'instructions écrites par des êtres humains sur la façon de communiquer avec Dieu, de s'en rapprocher le plus possible et de vivre le plus conformément à ses enseignements. Dieu est toujours le même. Notre famille aussi. Seul l'être humain change et ce livre concerne la relation de l'être humain avec Dieu. Par conséquent, il est obsolète. »

Maintenant, Wo comprend. Bien sûr ! Pourquoi n'a-t-il pas saisi cela plus tôt ? Il est en lui-même un fragment divin. Il possède en lui tous les messages et les enseignements. S'il a besoin d'informations, le cortège et son Moi divin les lui fourniront instantanément. En outre, Wo est tout à fait conscient que les choses se transforment magnifiquement de façon spirituelle. Après tout, c'est la raison de sa présence ici. C'est vrai, sa relation avec Dieu est très différente !

« Je n'ai pas besoin de ces livres ! » s'exclame Wo. « Qu'est-ce qu'il me prend ? Je suis si reconnaissant que vous soyez ici, cher Ange vérificateur. Merci de m'avoir ouvert les yeux. Puis-je partir, maintenant ? »

« Pas encore », lui répond l'Ange avec un clin d'œil. « Qu'est-ce que j'aperçois là-bas ? On dirait une carte. » L'Ange se saisit d'un long rouleau de parchemin dissimulé sous les livres qu'il est en train de répandre sur le sol.

La carte – directions

« Naturellement, je dois posséder une carte pour arriver à me diriger ! Cette carte me fut offerte par un chef spirituel, ce qui justifie sa présence dans ma valise spirituelle. En réalité, elle me fut donnée par un chaman de l'ordre le plus élevé. » Cela semble logique. L'Ange lui accordera certainement une carte pour partir vers une région nouvelle – particulièrement une région spirituelle.

« Nous verrons », répond l'Ange. « Jetons un coup d'œil à cette carte. »

Wo la récupère d'une manière quelque peu grandiloquente. Il

est fier de son acquisition et reste persuadé que sa requête d'emporter la carte avec lui est solidement fondée. Il la déroule sur le sol afin que l'Ange puisse en constater la splendeur. Elle est entièrement vierge ! L'Ange sourit. Wo est consterné.

« Ah oui, je crois connaître ce chaman », déclare l'Ange d'un air songeur. « C'est en effet un être très sage, mais tu peux te débarrasser de cette carte aussi, Wo, tu n'en auras pas besoin. » Ce dernier ne comprend pas.

« Pour quelle raison un chaman me donnerait-il une carte vierge, sachant que je suis sur le point de partir vers un lieu visiblement inconnu ? » se demande Wo. « Une région où seul un chaman serait capable de me guider ? »

Arrêtons-nous quelques instants. Je pense que certains d'entre vous ici présents, ou qui lisent ces lignes, connaissent déjà la réponse à cette grave question. L'enseignement à en tirer est le suivant, très chers. La carte est une métaphore de la voie que vous suivez. Visualisez-la. Comme nous l'avons dit précédemment, vous distinguez cette voie devant vous, semblable à une ligne étroite, droite et se dirigeant apparemment vers l'infini. Comme nous vous l'avons également dit auparavant, votre voie n'est pas le mystère que vous imaginez. Elle ne s'étire pas à l'infini – c'est, en réalité, une boucle, un cercle. Nous vous avons parlé des synchronicités qui se produisent tout au long de votre voie circulaire. De nombreux membres de notre famille suivent également leurs voies, avec une intention pure, selon des cercles concentriques situés à la fois au-dessus et en dessous de vous. Certains se trouvent à l'intérieur de votre cercle, et d'autres à l'extérieur – tous ces cercles tournant dans des directions différentes. Il s'agit là de la complexité que représentent la cocréation et la synchronicité. Nous vous avons expliqué que votre voie était circulaire. Nous vous avons décrit l'honneur et l'amour qui s'y trouvent et qui l'accompagnent. Voyez-vous, cette voie spirituelle est beaucoup plus courte que vous ne le pensez, et vous foulez toujours le même sol. Voilà pourquoi il commence à paraître confortable et familier à ceux qui sont illuminés par la sagesse. La voie n'est pas empreinte de mystères, et aucune carte n'est nécessaire. Car vous parcourez continuellement le même espace spirituel, mais celui-ci n'est perceptible qu'aux êtres dotés d'un seuil vibratoire élevé. C'est de cette voie qu'est issue la sérénité, comprenez-vous ? Son caractère familier vous incite à penser : *Je suis déjà venu ici. J'ai déjà fait cela et cela me semble bon et familier. Je sais comment agir.*

Mais revenons aux propos de notre personnage, Wo : « Pour quelle raison un chaman me donnerait-il une carte vierge, sachant que je suis sur le point de partir vers un lieu visiblement inconnu ? Une région où seul un chaman serait capable de me guider ? » Le nouveau chaman qui possède une carte interne parfaite, c'est Wo ! Celui-ci a raison. Seul un chaman peut le guider, et il a été béni et a reçu l'ordination par son intention pure, ce qui l'habilite à s'adresser à son Moi spirituel parfait. Maintenant, Wo est son propre conseiller. Il est sa propre carte.

La valise d'outils – peur

« Quelle est cette lourde valise de forme étrange, Wo ? » L'Ange la soulève pour l'ouvrir. « Qu'y a-t-il à l'intérieur ? »

« Cher Ange, ce sont mes outils. » Wo commence à se sentir quelque peu penaud à propos de tout ce qu'il a apporté avec lui, mais il doit aller jusqu'au bout et vérifier avec l'Ange l'ensemble de ses bagages et, de cela, il est convaincu. Il a l'impression de subir une sorte de contrôle douanier au seuil d'un pays totalement nouveau.

« Des outils ? » interroge l'Ange.

« Oui », répond Wo timidement. Dans le sac que l'Ange a ouvert résonne le cliquetis d'une énorme pelle.

« Wo, à quel usage destines-tu cette pelle ? » L'Ange attend la réponse de ce dernier, qui reprend son calme et tente de s'expliquer.

« Eh bien… » Wo sait que, avec cette valise, il va avoir quelques problèmes, mais il s'éclaircit la gorge et continue. « Je, euh... je suis au courant des profonds bouleversements que la Terre va connaître et je veux pouvoir me sortir du trou où je serai enseveli. » Il jette à l'Ange le regard d'un enfant qui vient d'être pris sur le fait. « Un grand bouleversement terrestre doit survenir la semaine prochaine (allusion à l'éclipse du 11 août 1999). J'ignore ce qui se passera, mais certains disent que notre planète va subir de graves secousses, et je dois me tenir prêt avec ma pelle et mes autres outils. Pouvez-vous blâmer quelqu'un pour cela ? Il s'agit là d'événements spirituels qui vont survenir sur la Terre. Aussi ai-je besoin de ma pelle ! »

Wo se rend compte que ses arguments ne sont pas très bien reçus, mais l'Ange se contente de hocher la tête et retire de la valise la pelle et les autres outils – le genre de matériel dont on aurait besoin pour se sortir d'une tombe. Wo ne dit rien. Il sait que l'Ange a raison. Que lui-même est envahi par la peur et que cela n'est *pas* un attribut de l'être humain sur le chemin de l'ascension.

Arrêtons-nous de nouveau quelques instants.

Très chers, parlons de ce qui va se passer la semaine prochaine et célébrons cette occasion. Une fenêtre d'opportunité s'ouvrira le 11 août 1999. Que savez-vous au sujet de la numérologie de cette date d'ouverture ? Attardons-nous un peu sur ce quoi vous n'avez peut-être pas pensé. Quelle est l'énergie de Kryeon ? Quel est le nombre qui vous fut offert il y a dix ans ? Ce sont de bonnes nouvelles, car cette énergie est celle de l'aboutissement, de l'amour et comprend un message destiné à l'humanité. C'est l'énergie qui vous a été présentée comme symbolisée par le nombre 11, qui est le « maître-nombre de Kryeon ». Elle concerne également votre 11:11 et a sa raison d'être. C'était le temps où l'on vous demandait, en votre qualité d'humains, si le moment était venu de permettre une évolution de l'ADN humain – un élément qui n'avait jamais été modifié depuis des éons. Si vous réfléchissez à cette nouvelle promesse, vous constaterez qu'elle est totalement imprégnée par les énergies du 11. C'est pourquoi mon propre nombre correspond à la permission accordée par votre 11:11.

Je veux maintenant que vous examiniez quelque chose avec attention. La fenêtre d'opportunité dont il est ici question a pour point d'origine une éclipse solaire prévue pour le 11 août 1999 en Europe. Elle possède une énergie merveilleuse qui introduit un temps d'alignement des planètes. Considérons cet alignement sur le plan numérologique. Le soleil possède un cycle de 11 années. Le saviez-vous ? Interrogez vos savants. Ce cycle de 11 années est relié au phénomène de rayonnement et de luminescence qui est à son éclat maximal en ce moment. Cette énergie culmine tous les 11 ans. C'est le premier nombre 11.

Ce phénomène aura lieu le onzième jour de ce mois. C'est le second 11. Maintenant, nous vous demandons d'appliquer la numérologie à cette date, sans oublier que lorsque vous additionnez ces divers éléments, il ne faut jamais additionner les chiffres d'un maître-nombre séparément. Additionnez 1+9+9+9 + (11) + 8, et lorsque vous réduisez le nombre obtenu (47), vous obtenez un 11 ! Nous venons d'aligner trois 11 de suite, et vous devriez vous réjouir ! Aucune pelle n'est nécessaire dorénavant. Au contraire, voici venu le temps de se réjouir !

Le moment est venu pour qu'une nouvelle énergie soit offerte à cette planète. La dernière fois que ceci s'est produit, ce fut lorsque la comète Hale-Bopp fut aperçue. Le calcul numérologique de la date de son approche de la Terre donna le chiffre sacré 7. Cependant, de nombreuses personnes eurent peur, tremblèrent et se réfugièrent dans les collines. C'est la même chose ici. Ni nous ni vous n'avons besoin de pelle ! Célébrez les découvertes de l'astronomie ! Célébrez les alignements – même ceux auxquels sont rattachées certaines prophéties effrayantes ! Les choses sont différentes de ce qu'elles paraissent être.

Et que dire de l'énergie qui doit nous être offerte le 11 août 1999 ? Il s'agira du début d'une énergie féminine dont la planète a désespérément besoin aujourd'hui pour équilibrer ses habitants et communiquer l'énergie nécessaire à ses enfants, dont la véritable nature comprend les attributs d'une évolution humaine qui sera spirituelle – attributs que vous avez acceptés grâce au 11:11.

La valise de cadeaux – programme

« Qu'y a-t-il dans la valise suivante ? » L'Ange vérificateur est maintenant sur sa lancée, si l'on peut dire. Wo aimerait bien que s'arrêtent les petites leçons qu'il reçoit en voyant tous ses objets rejetés. Cependant, cette valise est différente et il pense que tout se passera bien. Le contenu de celle-ci montre son amour pour les autres, du moins c'est ce qu'il croit.

« Cette valise est digne d'éloges. » Wo se sent justifié. « Elle contient des cadeaux pour mes amis – ceux que je rencontrerai et qui le deviendront au cours de cette dimension temporelle du moment présent dont vous m'entretenez sans cesse. Je me prépare donc à offrir quelque chose aux autres. » Wo se sent bien, mais pas pour longtemps.

« Wo », demande lentement l'Ange vérificateur. « Penses-tu que si tu offres des cadeaux aux autres ils te traiteront mieux ? » Celui-ci sent venir le poids de la culpabilité.

« Eh bien, oui », répond-il. « Cela a toujours fonctionné ainsi. Je veux dire, euh... » Wo est à court d'arguments et il le sait. « Offrir des cadeaux représente une sorte de protocole. C'est un signe de respect et les gens vous traitent mieux lorsque vous agissez ainsi. »

« Je pense préférable d'abandonner les cadeaux ici », déclare l'Ange, en augmentant encore la pile d'objets sur le sol. Wo regarde cette pile s'élever et l'Ange prend un air de plus en plus amusé.

Très chers, les cadeaux contenus dans la valise de Wo sont reliés à l'ancien programme. Vous avez vécu votre existence en vous attendant à ce que les humains réagissent d'une certaine manière. Parfois, vos partis pris culturels se présentent à vous sous la forme de propos spirituels, et vous ne pouvez faire autrement que de les adopter. Si vous leur donnez ceci, ils vous donneront cela. Voilà comment fonctionne le programme. Bénis sont les êtres humains ascensionnés qui comprennent que les dons les plus précieux qu'ils devraient emporter partout avec eux sont l'honnêteté, l'intégrité et le maintien à tout prix de leur lumière spirituelle ! Il n'existe aucun cadeau plus important à s'offrir mutuellement les uns aux autres. Sans programme établi – sans cadeau matériel –, l'humain éclairé offre le don le plus précieux de tous : l'amour inconditionnel. Wo n'a pas besoin de sa valise de colifichets, car là où il va, il s'y rend la tête haute. Il possède en lui une divinité bénie – une étincelle divine qui renferme une fantastique lumière. C'est cela, son cadeau, et il n'a pas besoin de le transporter dans une valise.

La petite valise technique – sécurité

L'Ange parvient maintenant aux dernières valises et Wo est content. L'Ange vérificateur se saisit d'une toute petite mallette et dit : « Wo, celle-ci est très petite et contient quelque chose de technique. De quoi s'agit-il ? »

« C'est mon téléphone. » Un nuage passe alors que l'Ange regarde Wo avec beaucoup d'attention et que ce dernier baisse les yeux. Une minute entière s'écoule, puis l'Ange ne peut retenir davantage son hilarité. Comme il aime cet humain qui se trouve devant lui !

« Wo, pourquoi as-tu besoin d'un téléphone ? » demande-t-il, plein d'affection et de gentillesse. Wo sait que son explication va paraître bizarre, mais il se lance, néanmoins.

« Vous savez que, parfois, des incidents surviennent sur la route. Vous avez vous-même déclaré que dans le royaume spirituel, toutes les choses ne seront pas merveilleuses. J'aurai à résoudre certains problèmes, n'est-il pas vrai ? » Wo s'assoit, tout heureux d'obliger, pour une fois, l'Ange à répondre.

« Oui, tu as raison, Wo », répond celui-ci. Un silence embarrassé s'installe.

« C'est vrai, lorsque la nécessité s'en fait sentir, j'ai besoin de mon téléphone pour appeler certaines personnes à mon secours ! Me refuseriez-vous la possibilité d'obtenir de l'aide si j'en ai besoin ? » L'Ange sort doucement de la valise le petit appareil et le place avec les vêtements, les livres, la carte, les outils et les cadeaux. Wo comprend qu'il doit dire adieu à sa fausse sécurité. Considérant Wo avec grand sérieux, l'Ange lui dit : « Le moment est venu de te débarrasser de ton téléphone, et voilà pourquoi. Béni soit l'être humain sur la voie de l'ascension, poursuit l'Ange, car il sait qu'il n'est jamais seul. » Puis, il fait une pose afin de vérifier si Wo saisit, *véritablement*, le sens de ses paroles. « L'être humain doté d'un taux vibratoire élevé possède la sécurité d'une armée – une légion d'anges appelée *la famille*. Cette famille est plus utile qu'un téléphone, car elle est toujours à sa portée, jamais isolée dans un coin perdu, ne nécessite pas de numéro pour être contactée et est toujours éveillée, même lorsque l'être humain ne l'est pas. Et en plus, il s'agit de *ta* famille. Cela signifie que ses membres *t'*aiment, Wo ! »

Ce dernier commence à se sentir mieux. Il a appris encore certaines choses de l'Ange vérificateur et sait que ce n'est pas terminé. L'Ange se dirige vers la valise suivante. Elle est au milieu des bagages rejetés et des objets personnels que Wo va abandonner. Celui-ci se demande si elle trouvera grâce aux yeux de l'Ange.

La valise de vitamines – santé

« Qu'y a-t-il dans cette valise qui cliquette lorsque je la secoue ? » demande l'Ange.

« Cher Ange vérificateur, ce sont mes vitamines et mes potions. J'ai besoin d'elles pour rester en bonne santé et conserver une forme parfaite pour mon voyage au sein de la nouvelle énergie. Parfois, je me sens un peu faible, et puisque vous connaissez tout sur moi, vous savez que je suis sensible à certains produits et aliments. Voilà pourquoi j'ai besoin de ces potions et de ces vitamines pour me soutenir et me donner la force d'accomplir ce voyage. »

Wo est persuadé que, dans ce cas, il s'est présenté à son avantage et il ressent une certaine nervosité à la pensée que l'Ange se débarrassera de ces produits également. Il est convaincu d'en avoir besoin. Une pause s'établit.

« Allez-vous également vous défaire de mes vitamines et de mes potions ? » demande Wo en regardant l'Ange d'un air de chiot peiné.

« Non, je ne vais pas les jeter », répond l'Ange. « *Toi* seul finiras par le faire. Au fur et à mesure de ta progression, tu prendras conscience du potentiel d'un être humain ascensionné et tu comprendras progressivement que ton ADN est en train de se transformer. Ton système immunitaire est influencé et soutenu par l'énergie des étoiles. Messages et instructions seront délivrés à tes cellules à partir de la structure cristalline de la Terre et tu comprendras parfaitement que ces suppléments, bien qu'utiles à ta santé aujourd'hui, perdront tout intérêt à mesure que ton bien-être augmentera. Aucune énergie terrestre, aucun attribut, quel qu'il soit, ne sera en mesure de t'épuiser. Aucune substance, aucune nourriture ne t'affectera de la même façon. L'illumination, loin de te rendre plus fragile aux éléments extérieurs, va, au contraire, dynamiser ton organisme de façon telle que rien ne pourra atteindre la lumière en toi. Peu à peu, tu seras capable de te libérer de toute dépendance, quelle qu'elle soit, vis-à-vis des produits chimiques avec lesquels tu voyages. Au lieu de cela, tu découvriras de nouveaux suppléments, de nouvelles énergies, d'autres éléments positifs et d'autres moyens de combler les besoins de ton organisme. Ne sois pas surpris le jour où tu constateras que ton *nouveau* corps et ton *nouvel* organisme auront besoin d'un équilibre *nouveau.* Non, Wo, tu peux garder tes vitamines et tes potions, mais le jour viendra où ton corps n'en voudra plus. Alors, tu te souviendras de ce que je t'ai dit. »

Il s'agit là d'une victoire pour Wo. Non seulement parvient-il enfin à conserver quelque chose par-devers lui, mais il s'agit également de la dernière valise. Il est heureux et prêt à franchir la porte pour se diriger vers un nouveau monde – un monde où la vie se situe davantage dans le maintenant –, vers une existence qui lui permettra de transporter sa lumière et qui signifiera quelque chose d'important pour l'humanité qui l'entoure et pour la Terre. Il est très excité.

« Cher Ange, merci de ton aide », déclare-t-il en fermant la valise.

« Nous n'avons pas terminé, Wo », répond l'Ange en ouvrant à nouveau la valise.

« Que voulez-vous dire ? » questionne Wo nerveusement. L'Ange plonge sa main dans la valise et la remue un peu. Wo comprend ce qu'il est en train de faire.

« Il y a quelque chose de caché ici, Wo. » En effet, il en sort une trousse noire fermée par une fermeture éclair. Elle avait été intelligemment dissimulée parmi les vitamines.

Le compartiment secret – drame

Wo tremble. Il baisse les yeux. Il ne veut pas rester là et ne souhaite pas non plus que soit découvert ce qui se trouve dans la trousse fermée. L'Ange respecte son désir et se tient simplement debout, le petit sac noir dans sa main immense. Il attend que Wo se décide à parler.

« S'il vous plaît, non ! » implore Wo.

« Je ne l'ouvrirai pas, répond l'Ange, parce que je t'aime et que je ne t'embarrasserai jamais volontairement... Mais tu ne peux emporter ceci avec toi, et tu le sais. »

Alors, très chers, que pensez-vous que contient la petite trousse noire ? Nous interrompons à nouveau cette histoire afin de bien vous expliquer cette métaphore. Je vais vous poser la question suivante et vous demander à vous tous, membres de l'auditoire et lecteurs, de me répondre mentalement : *Quelle est la personne à laquelle vous n'adressez pas la parole ? À qui, chers candidats à l'ascension, ne pardonnerez-vous pas au cours de votre vie ? Avec qui avez-vous de graves problèmes ? Qui ne pourrez-vous plus aimer à nouveau ? Qui vous a trahis ? Qui avez-vous mis à l'index dans votre esprit humain ?*

Voilà l'énergie qui se trouve dans le petit sac noir que tient l'Ange dans sa main. C'est laid. Cela ne peut accompagner une vibration élevée. Cette énergie ne peut se fondre avec l'intention pure d'un individu sur le point de s'engager sur la voie d'une vibration plus élevée et elle ne peut rester secrète. Nous développerons ce sujet après avoir franchi le seuil.

Tout ceci vous convient-il ? Dans ce cas, permettez-moi de vous offrir le contenu d'un autre compartiment secret appelé l'âme divine. Il s'agit du pouvoir et de la force de dépasser les drames qui se déroulent dans les sombres tréfonds de votre esprit. Il s'agit de la lumière qui peut briller dans n'importe quelle situation. C'est l'essence même du pardon, de la maturité et de la sagesse. Elle personnifie la bénédiction de l'humain nouveau. C'est la prise de conscience que chacun de vous est un fragment divin. Que la famille qui vous entoure, elle-même composée de fragments divins, a accompli sa tâche. Quels qu'ils soient, quoi qu'ils aient accompli et où qu'ils se trouvent (même après la mort), ils sont aujourd'hui considérés comme des acteurs d'importance égale dans la grandiose représentation que vous avez tous contribué à créer. Pouvez-vous distinguer ce plan d'ensemble ? Comprenez-vous pourquoi il a fallu être deux pour créer l'énergie contenue dans le sac noir ? Pouvez-vous leur pardonner et les aimer ? Vous le pouvez ! C'est le miracle de la conscience évoluée du nouvel être humain qui répond pour vous. Il s'agit du pouvoir de l'être humain ascensionné !

« S'il vous plaît, prenez ce sac », déclare Wo, les yeux remplis de larmes. « Placez-le parmi les autres objets sur le sol ; c'est là que se trouve sa place. »

« Quel sac ? » demande l'Ange ravi. « Il a disparu il y a quelques instants, lorsque tu as manifesté ton désir de pardon, grâce à la sagesse qui t'accompagne dorénavant, mon être humain aimé. Je te félicite pour ta compréhension. Pour ta graduation. Je te félicite, Wo, pour ton niveau vibratoire plus élevé. »

Wo fait ses adieux à l'Ange et l'enlace à nouveau. Porteur d'un seul petit sac, il franchit la porte qui, métaphoriquement, symbolise l'être humain désireux d'accéder à un lieu où rien n'est semblable à ce qu'il connaissait auparavant – une contrée pleine de promesses, d'amour et de défis grandioses. Il parvient à une contrée peuplée de travailleurs de la lumière qui maintiennent l'énergie de la genèse d'une nouvelle Terre.

Wo se sent éclairé, serein et profondément aimé alors qu'il disparaît au loin.

Très chers, cette parabole *vous* concerne. Comment ressentez-vous le fait d'élever votre seuil vibratoire et d'être mus par une énergie ascensionnelle ? Est-ce quelque chose que vous faites entre vos courses et l'heure des repas ? Si c'est le cas, vous ne comprenez pas de quoi il en retourne. Il ne s'agit pas de quelque chose que vous *faites*. Il est plutôt question de quelque chose que vous *vivez*.

Ce qui vous attend, c'est l'énergie spirituelle la plus profonde et la plus émancipatrice qu'ait jamais connue l'humanité. C'est votre capacité à transformer l'essence même de votre vie – à mener une existence plus longue, plus paisible et plus accomplie, et à disposer du pouvoir de transformer la Terre qui se trouve sous vos pieds. Au cours de ce processus, vous aurez à apprendre, encore et toujours. De même, vous serez aimés démesurément et ressentirez peu à peu la présence de la *famille* – car celle-ci se trouvera spirituellement plus près de vous que jamais auparavant. Il ne s'agit pas ici de la fin du monde. Il s'agit, au contraire, d'un nouveau commencement.

Les membres d'une famille se tiennent à côté de votre siège, et au sein de cette famille se trouve Kryeon, dont l'existence, depuis des éons, a été consacrée à vous aimer et à vous informer... sans rien demander en retour... sans programme établi... sans aucune exigence. Je demeure votre ami et votre parent. Je suis rempli d'amour, vous regardant accomplir une chose à laquelle personne ne s'attendait : la modification de l'univers lui-même. Je reste sur la Terre jusqu'à ce que tout soit accompli. Et soyez convaincus, chers membres de ma famille, que tout cela durera encore longtemps.

Nous nous séparons baignés du même amour que lorsque nous avons pénétré dans cette salle et, en fait, nous reviendrons. Que chaque membre de l'auditoire et chaque lecteur soit convaincu qu'aujourd'hui, il est profondément aimé !

Que la nouvelle Terre commence avec ceux qui s'éveillent à leur pouvoir – ceux-là qui entendent et lisent ces mots. Vous.

Avec amour.

Kryeon

Le paradis et l'enfer existent-ils vraiment ?

En ce qui concerne le paradis

Écrit par le pape Jean-Paul II – Juillet 1999

« Dans le contexte de la révélation, nous savons que le "paradis" où nous nous retrouverons n'est ni une abstraction ni un lieu physique situé dans les nuages, mais une relation personnelle vivante avec la Sainte Trinité. Il s'agit de notre rencontre avec notre Père qui se produit au sein du Christ ressuscité grâce à la communion du Saint-Esprit. Il est toujours nécessaire de conserver une certaine modération en décrivant ces "réalités ultimes", car ces représentations sont toujours quelque peu décevantes. Le langage personnalisé d'aujourd'hui est mieux adapté pour dépeindre l'état de bonheur et de sérénité dont nous bénéficierons dans notre communion définitive avec Dieu[1]. »

À propos de l'enfer

Écrit par le pape Jean-Paul II – Août 1999

« Les images de l'enfer que les Saintes Écritures nous offrent doivent être correctement interprétées. Elles montrent la frustration et la vacuité totale d'une vie sans Dieu... Davantage qu'un lieu précis, l'enfer indique l'état dans lequel se trouvent ceux qui se sont séparés de Dieu volontairement et définitivement. L'enfer n'équivaut pas au châtiment imposé physiquement par Dieu, mais à la condition résultant des attitudes et des actions que les êtres adoptent au cours de cette vie. Les Écritures utilisent de nombreuses images pour décrire la douleur, la frustration et le vide qu'entraîne une vie sans Dieu. Davantage qu'un lieu physique, l'enfer représente la situation dans laquelle se trouvent ceux qui volontairement et définitivement se sont séparés de Dieu, source de toute vie et de toute joie. Ainsi, la damnation éternelle n'est pas l'œuvre de Dieu, mais en réalité la conséquence de nos actes[1]. »

1. *L'Osservatore Romano :* Editorial and Management Offices; Via del Pellegrino, 00120, Vatican City; le 28 juillet 1999 et août de la même année.

CHAPITRE TROIS

Cinq transformations de l'énergie spirituelle dans le nouveau millénaire

Cleveland, Ohio et Singapour Octobre 1999

Salutations, très chers. Je suis Kryeon, du Service magnétique. Ces instants sont précieux pour nous, alors que notre cortège pénètre dans cette salle. Ô, très chers, ces instants très particuliers sont possibles grâce à ce que le groupe, que nous appelons la *famille*, a accompli sur cette planète et en faveur de l'univers. En fait, vous êtes beaucoup plus nombreux à vous éveiller que vous ne le pensez. Si ceci vous convient, membres de l'auditoire ou lecteurs, le moment est maintenant venu pour vous de ressentir ce que vous apportera le nouveau millénaire.

Restez détendus sur votre siège jusqu'à ce que l'énergie vous submerge. Car cette réunion, très chers, concerne l'amour de la famille... pour ses membres. Elle concerne également le fait que tant d'entre vous, chers anges, êtes des fragments de Dieu déguisés en êtres humains. Vous apparaissez et disparaissez si rapidement, et vous nous manquez tant ! Ces moments particulièrement précieux que vous avez réclamés nous permettent de franchir le voile pour nous rendre de votre côté. Nous n'attendrons pas un instant de plus ! Nous emplissons cette salle, pressant contre vous l'amour de l'esprit et de la famille.

Nous nous répandons dans les allées – à côté de vos sièges – en prenant le temps de considérer que pour chaque membre du cortège assigné à un être humain, quelle que soit sa place dans cette salle, nous sommes emplis de la profonde conviction que nous sommes frères ou sœurs de ceux qui sont assis ici ou qui lisent ces lignes. Ces membres prennent tous le temps de baigner vos pieds affectueusement et agissent ainsi pour une seule raison : parce que cette réunion est réelle et qu'elle communique à chacun d'entre vous son caractère exceptionnel. Il y a tant de mots pour décrire la réalité de ce qui est en train de se passer en ce moment – et parmi eux : citons l'honneur, l'amour, les félicitations et la justesse.

Il reste peu de temps avant que ne se dessine un jalon – une sorte de balise qui tournera autour de votre planète. Nous nous tenons tous ici, à quelques instants du changement de votre nouveau millénaire. De nombreuses entités dans l'univers n'auraient jamais cru possible que ce groupe d'anges appelés humains puisse provoquer un tel bouleversement sur cette planète qui sert à tester l'énergie. Toutefois, alors que nous sommes tous assis ici, nous célébrons le fait que vous avez d'ores et déjà provoqué un énorme changement.

Nous attendons tous ce jalon – jusqu'à l'instant précis où la grande horloge s'arrêtera et où commencera l'énergie de l'année 2000, ainsi que la marche du nouveau millénaire vers l'année 2012. Cette période de douze années verra poindre de grands changements. En particulier, elle permettra aux enfants d'aujourd'hui de grandir, et à certains parmi eux de se transformer profondément. Par ailleurs, elle verra la quantité d'énergie croître sur cette planète d'une façon jamais imaginée auparavant.

Nous avons déjà parlé de ces choses à d'autres groupes. Il s'agit d'informations fondamentales, et nous les résumons ainsi : jamais il n'y eut, dans toute l'histoire de l'humanité, une période semblable à celle d'aujourd'hui, où l'énergie va submerger la planète, tel que cela est prévu actuellement! Jamais, au cours de l'histoire de l'humanité, l'homme n'a atteint un tel degré d'éveil qu'aujourd'hui ! Et nous vous déclarons, à vous, membres de la famille : « Soyez unis, vous êtes tous des chamans qui ont choisi une fois encore de revenir sur terre et de participer à cette période précise et irrévocable du plan terrestre. » Certains d'entre vous feront peut-être ce choix pour la dernière fois. Vous tous qui êtes présents dans cette salle avez été saisis d'une passion irrésistible sur le plan spirituel afin d'être certains que ce test sera mené à terme – et vous êtes tous présents ce soir dans ce but.

Je me tiens devant ceux qui furent à l'origine de tout ! Qui ont aidé Kryeon, avant même que l'humanité n'existât, définissant l'énergie de la grille pour accueillir l'humanité et ses attributs spirituels, afin que la dualité soit très forte. Au cours de ces dernières années, vous avez modifié tout cela.

Certains d'entre vous ont déclaré : « Oh, cher Kryeon, s'il est vrai que vous saviez où nous serions assis et que vous connaissiez nos noms, alors quels sont-ils ? Peut-être allez-vous nous donner nos noms spirituels en cette période temporelle si spéciale ? »

Je vais vous dire la vérité. L'entité appelée Kryeon ne peut faire cela. Il est impossible d'exprimer la splendeur de votre véritable nom à partir des ressources limitées dont dispose le langage humain. Peut-être comprendrez-vous mieux quand je vous aurai expliqué ce qui arrive lorsque nous « ressentons » vos noms de l'autre côté du voile. Car, très chers, un jour viendra où nous nous reverrons. Et à l'instant où nous nous reconnaîtrons mutuellement de mon côté du voile, vous vous approcherez à nouveau de moi et me chanterez votre nom lumineusement ! Comment pourrais-je vous communiquer ce nom alors que vous êtes assis en face de moi sous votre forme humaine – chacun d'entre vous représentant un fragment de Dieu ? Comment pourrais-je vous faire partager cette glorieuse expérience au sein de votre dimensionnalité actuelle ? Je ne le puis.

Il est temps que votre pensée englobe la réalité de votre véritable nature, car vous tous qui écoutez ou lisez ce message ayant trait aux jours qui s'annoncent, vous êtes les précurseurs. Ceux qui s'éveillent aujourd'hui créeront une différence sur cette planète. Chers membres de la famille, nous attendons impatiemment votre retour ! Nous sommes désireux de vous délivrer le message suivant : « Non seulement avez-vous habité la Terre depuis des éons, mais encore avez-vous aussi changé la texture même de l'univers ! L'énergie de la réalité située de mon côté du voile a été épurée grâce à ce que vous avez accompli sur terre. Le saviez-vous ? Et vous vous demandez pour quelle raison le cortège vous aime tant ? Pour quelle raison nous vous accueillons avec un tel sens profond de la famille ? Pourquoi nous souhaitons passer du temps en votre compagnie maintenant ? Ô très chers, certains d'entre vous sont venus ici ce soir afin d'entreprendre une guérison attendue depuis longtemps. Vous lisez ces lignes ou écoutez ces paroles et peut-être ignorez-vous que nous savons qui vous êtes ? Nous connaissons ceux qui sont assis devant nous ; nous connaissons votre nom et votre éternité. Vous êtes des sœurs. Vous êtes des frères. Et nous vous déclarons, au sein de l'énergie qui se tient ici parmi nous : “Que la guérison commence.” »

Nous disons à ceux d'entre vous qui se tiennent ici au sein de cette énergie d'amour : « Que les changements lumineux prennent naissance et que se répande sur vous tous, dans ce groupe, la conscience de votre propre valeur que tant d'entre vous sont venus chercher ici. » Sachez que lorsque cette séance sera terminée, vous tous, membres de la famille, quitterez cette salle dans un état d'esprit différent de celui de votre arrivée. Et cette différence s'expliquera par le traitement spirituel que vous allez recevoir !

Le passage au nouveau millénaire provoquera de nombreux changements sur votre planète. Le portail que vous franchirez au cours de l'an 2000 en sera un « d'autorisation ». Quantités de choses déjà différées attendent d'être autorisées à se manifester, si vous franchissez cette étape… et vous allez y parvenir. Ce rapport a été voulu, car les énergies sont correctes et adéquates, de même que les calculs astronomiques qui établissent que cette planète peut passer de l'ancienne énergie à la nouvelle. Maintenant, il faut savoir que vous serez très nombreux à ne rien constater – ou du moins, à ne pas voir de grands changements –, mais l'étape aura tout de même été parcourue. Semblables à un train qui franchit le signal vert qui ne s'était jamais trouvé là auparavant, les énergies se déverseront sur cette planète au cours des douze prochaines années afin d'éveiller la conscience de l'humanité. Cette énergie entrera en contact avec la race humaine d'une façon à laquelle vous n'auriez jamais pensé, et vous vous demandez pourquoi nous sommes excités !

Les cinq transformations de l'énergie spirituelle dans le nouveau millénaire

Nous aimerions aborder quelques questions portant sur les énergies du millénaire à venir. Nous aimerions aussi vous fournir cinq attributs des énergies du nouveau millénaire, certains représentant des informations fondamentales et d'autres n'ayant jamais été divulgués auparavant. Commençons par l'attribut le plus fondamental : les modifications de l'ADN chez l'être humain.

L'ADN

Certains diront : « *Kryeon, on nous a répété depuis longtemps que l'ADN change chez l'être humain. Serons-nous un jour aptes à vérifier ce phénomène ?* » Très chers, au cours des deux prochaines générations, des scientifiques seront capables d'apercevoir, grâce à leurs microscopes, des différences cellulaires entre les êtres humains anciens et les nouveaux. Nous voulons parler des deux filaments – comme nous les appelons – de l'ADN physique, responsable du nom chimique qui lui a été attribué, soit les filaments que vous pouvez observer et étudier. L'une des révélations de l'étude en cours sur le génome humain est que celui-ci se transforme ! Il n'existera pas de meilleur système de mesure de l'évolution humaine que cette étude lorsqu'elle sera terminée, car on sera alors capables de comparer l'intégralité du code lui-même (qu'il soit compris ou non) au code des enfants qui naîtront durant les deux prochaines générations. On vous l'a déjà dit : plus vos connaissances scientifiques s'accroîtront, plus vous découvrirez et verrez confirmés les étranges attributs que nous vous avons présentés et qui ont trait à l'existence humaine. Nous réaffirmons que plusieurs étrangetés du Nouvel âge composeront la science de demain.

Cependant, il n'y aura pas que votre ADN qui changera. La chimie du corps humain également. En effet, le système immunitaire sera le premier à se transformer, ce qui est normal, mais ce ne sera pas tout. Au niveau cellulaire, vous découvrirez des anomalies – des forces – que vous n'aviez jamais constatées auparavant. Même les cellules se diviseront autrement. L'être humain sera autre, et la « conscience cellulaire » aussi. De nombreuses personnes se demanderont si ces changements existaient auparavant, mais ce n'est pas le cas, car ce que vous finirez par percevoir comme un nouveau type biologique se développera sur toute la planète. Certains appelleront ce phénomène la naissance des « cellules intelligentes ». Certains biologistes chercheront à savoir pourquoi ils n'ont jamais constaté ces processus intelligents qui se révéleront subitement à eux au niveau cellulaire. Certains comprendront que ce sont là des phénomènes nouveaux, et d'autres se demanderont comment ces processus ont pu se modifier de la sorte avec essentiellement les mêmes éléments chimiques qu'au départ. Ce que de nombreux scientifiques ne découvriront pas est ce que nous appelons l'ADN amélioré et qui constitue la prochaine étape de l'évolution humaine.

Je vais vous dire où commence cette évolution. De nombreuses personnes pensent qu'elle débute avec les enfants indigo qui naissent en ce moment. Vous pouvez supposer que pour disposer de l'ADN évolué, vous devez naître en l'ayant en vous. Eh bien, ce n'est pas le cas ! La transformation cellulaire origine de l'intention spirituelle pure ! « *Kryeon, voulez-vous affirmer que grâce à l'intention, nous pouvons véritablement transformer notre structure cellulaire ?* » Oui, vous le pouvez ! Je vous le déclare à nouveau : les plus extraordinaires miracles jamais obtenus sur cette planète ont été « créés de l'intérieur ». En d'autres mots, la divinité en chaque être humain a véritablement entraîné les modifications de la structure cellulaire qui ont permis de créer la matière à partir de la conscience.

En ce moment même sur la planète, des avatars créent la matière à partir de la conscience ! Si cela est vrai, alors l'étape logique pour tout humain avancé ne consiste-t-elle pas à faire la même chose ? C'est cela, un miracle, et il peut s'accomplir dans votre corps tout comme l'avatar le fait, car les principes sont identiques. Lorsque vous comprendrez, petit à petit, qui vous êtes vraiment et distinguerez à l'intérieur de vous ce « membre de la famille spirituelle », vous changerez. Que possède un grand avatar que vous n'avez pas vous-mêmes ? La réponse à cette question est : **une totale conscience de soi.** Lorsque vous découvrirez la divinité en vous, votre ADN se modifiera afin de s'adapter à la réalité de votre découverte. Ce processus s'appelle également « créer sa propre réalité », un sujet que nous avons déjà abordé.

Votre ADN est parfait, mais vous avez accepté qu'au sein de votre organisme soient implantées des restrictions qui réduisent la durée de votre vie, qui permettent l'apparition des maladies et la création de déséquilibres. Grâce à l'intention, ces limitations sont réduites et l'ADN est autorisé à se rapprocher de sa vocation initiale. Tout ceci fut créé par vous et pour vous. Vous êtes maintenant en mesure d'amener votre ADN à réagir à votre conscience.

Nous avons également parlé d'un autre attribut de l'ADN. Il s'agit de la naissance des nouveaux enfants appelés « indigo ». Très chers, il s'agit là d'un attribut de dimension planétaire. Il n'est pas limité à une simple culture ni à un unique continent. L'arrivée de ces nouveaux enfants est le résultat direct de l'autorisation spirituelle que vous avez donnée à votre 11:11 il y a sept ans. Ces enfants sont des êtres humains qui portent en eux la semence de l'évolution humaine, et il est important que vous compreniez que cette discussion sur l'ADN concerne tous les filaments, et non pas seulement ceux que vous pouvez examiner au microscope. (Kryeon parle souvent des douze filaments de l'ADN, dont plusieurs ne sont pas de nature chimique et restent, de ce fait, invisibles.)

Comme tout cela s'harmonise parfaitement ! Le 11:11 était la fenêtre d'autorisation accordée au plus haut niveau de la conscience humaine au début des années 90. La question suivante fut alors posée à tous les humains de la planète : « Acceptez-vous que certaines modifications soient effectuées au sein de votre ADN afin que les enfants qui naîtront après vous soient dotés d'une conscience que vous ne possédez pas vous-mêmes ? » La réponse fut un OUI unanime.

Depuis le début, le message de Kryeon a été celui-ci : non seulement vous avez vécu pendant cette période où les prophéties catastrophistes semblaient assurées d'arriver, mais vous avez changé le cours de l'histoire grâce à un effort conscient. Il est important de bien saisir que Kryeon n'avait rien à voir avec la fenêtre d'autorisation ni même avec la tâche que vous avez effectuée sur cette planète. Au contraire, la bonne nouvelle se rapporte à l'ange humain qui évolue sur cette planète : VOUS ! Elle concerne une race humaine qui dispose maintenant des pleins pouvoirs. Somme toute, votre planète a peu à peu choisi de comprendre que les choses pouvaient être différentes et que l'humanité possédait la capacité de les transformer. Finalement, vous avez compris le code que nous vous avons sans cesse offert, à savoir que vous pouviez modifier le cours du temps, transformer une prophétie et créer un nouveau futur. Et c'est ce que vous avez fait !

La plus extraordinaire caractéristique du changement de l'être humain au cours du nouveau millénaire est le changement d'ADN, et seuls les composants qu'il vous est impossible de mesurer se modifieront en premier. Ces éléments sont d'ailleurs ceux qui sont influencés magnétiquement et qui sont destinés à éveiller certains éléments chimiques de votre organisme. Beaucoup d'entre vous penseront qu'il s'agit là d'un phénomène miraculeux – la capacité d'augmenter la durée de la vie, de conserver sa sérénité au milieu du tumulte, de posséder l'amour réclamé et de voir l'anxiété diminuer grandement d'intensité. Ce changement vous permet également de distinguer enfin le fragment de Dieu que vous êtes réellement. Tout ceci commence au niveau cellulaire, car au sein des cellules de l'être humain se trouve le schéma directeur d'une vie spirituelle dans un corps physique. Il montre tout ce que vous avez été et la raison de votre présence ici ; les attributs karmiques amenés du passé (ce que nous appelons la « recette » et le fonctionnement de votre vie) sont représentés dans ce schéma de votre ADN.

La voie – mouvement

En franchissant cette ligne de démarcation appelée millénaire, vous pouvez vous attendre à observer certains changements au sein du second attribut : la voie. Certains d'entre vous se sont sentis stoppés au cours de leur croissance spirituelle. Ils ont constaté une sorte de halte là où, dans le passé, ils avaient l'impression d'avancer. Aujourd'hui, même cette impression a disparu. Êtres humains, travailleurs de la lumière, guérisseurs, membres de la famille, pensez-vous vraiment avoir traversé les âges pour vous trouver « bloqués » en 1999 ? Pas mal, pour la nouvelle énergie ! (rires).

Laissez-moi vous expliquer ce qui se passe. Dans ce que vous appelez votre réalité, vous ressentez le mouvement de façon linéaire, même le mouvement spirituel. Il vous emmène d'un endroit à l'autre sur votre voie spirituelle. Aujourd'hui, il est temps de changer cette perception. Un peu plus tôt, mon partenaire (Lee) vous a décrit un train en marche suivant une voie qui représente la métaphore de votre force de vie dans l'ancienne énergie. Permettez-moi de vous poser cette question interdimensionnelle : Qu'adviendrait-il de cette métaphore du train se déplaçant en cercle si nous vous disions que *le train reste toujours à la même place et que seule la voie se déplace* ?

La question qui vous touche de près est la suivante : le train est-il toujours en mouvement ? Dans ce cas, vous avancez sans savoir où vous allez ? La réponse à ces deux interrogations est un oui interdimensionnel, mais dans vos quatre dimensions vous pouvez encore en douter. Votre système de « détection de mouvement » est désormais attiré dans la dimension temporelle du moment présent, et la raison pour laquelle vous vous sentez stoppés, c'est que fréquemment, dans le maintenant (une vibration plus élevée), vous êtes mus par un mouvement interdimensionnel qui ne ressemble en rien à ce que vous avez déjà expérimenté spirituellement. Il s'agit de quelque chose qui dépasse les quatre dimensions humaines normales. La voie se déplace et les roues tournent sans cesse. Cependant, il se peut que vous pensiez « Je suis arrêté ». En réalité, vous ne l'êtes pas. La voie continue de se dérouler sous vos pieds, la locomotive fonctionne toujours à pleine vapeur, mais votre perception est dorénavant moins linéaire. Elle dépend davantage de ce qui vous environne et c'est l'ancien paradigme de compréhension des énergies qui vous donne l'impression d'être arrêtés.

À l'intention de ceux d'entre vous qui ne comprennent pas ce qui précède, nous allons recourir à une visualisation afin de rendre plus agréable votre période de patience. Imaginez que vous soyez spirituellement au repos et que vous attendiez simplement quelque chose de merveilleux ! Le sentiment d'un mouvement spirituel ici est différent de ce qu'il était auparavant, car vous aviez l'habitude d'un mouvement suivant une certaine synchronicité. Et il y a plus, guérisseurs et travailleurs de la lumière : vous avez tendance à mesurer le mouvement et la spiritualité par la qualité du déroulement des choses, grâce à votre intervention. Savez-vous ce qui se produit dans une usine lorsqu'elle ferme ses portes pour cause de rénovation ou de restructuration ? Elle s'arrête le temps qu'il faut. Savez-vous ce que font les employés lorsqu'ils sont libres pendant deux semaines tout en étant payés ? Ils célèbrent l'événement ! (rires) Et ainsi, il nous faut vous poser la question la plus évidente : si vous êtes arrêtés dans votre cheminement, pourquoi ne pas participer aux réjouissances ? Pourquoi ceux d'entre vous qui se sont sentis bloqués pour cause de « rénovation » ne se réveilleraient-ils pas le matin remplis d'allégresse en raison de cette pause ?

Quelle est la première chose que vous accomplissez le matin à votre réveil ? Vous souvenez-vous que vous êtes sur une planète que vous avez transformée ? Vous réjouissez-vous ? Vos premières pensées ne pourraient-elles être les suivantes : *merci à vous, ma famille. Je suis reconnaissant de n'être jamais seul ; merci, ma famille, pour les défis qui me sont proposés sur cette planète du libre choix ; merci, ma famille, de me permettre de participer à cette extraordinaire expérience*. Au lieu de vous arrêter et de vous plaindre de votre existence, essayez de vous dire : « *Je vais fêter cette journée, quels qu'en soient les événements*. » Peut-être cette attitude est-elle différente de celle que vous adoptez habituellement, mais, voyez-vous, les choses ne sont pas toujours ce qu'elles semblent être.

La voie – accélération du temps

À propos de la voie spirituelle que vous suivez, vous devriez savoir qu'il existe un autre attribut de la nouvelle énergie et qu'il s'agit de « l'accélération du temps ». C'est ce que vous avez demandé au cours de la modification vibratoire, aussi bien spirituelle que matérielle. Essentiellement, par votre choix, vous avez provoqué l'accélération vibratoire de la structure atomique de cette partie spécifique de l'univers. Votre temps s'accélère ! Les événements géologiques terrestres que vous observez s'inscrivent également dans un cadre temporel en accélération. D'après les géologues, les transformations terrestres actuelles ne devaient pas survenir avant vingt ou trente ans. Pourtant, elles sont maintenant à votre porte. « *Mais, Kryeon*, allez-vous demander, *pourquoi toutes les horloges indiquent-elles la même heure si le temps s'accélère ? Ne devraient-elles pas avancer elles aussi ?* » Non, pas dans le cadre de votre science personnelle. Vous souvenez-vous du problème scientifique relié à la relativité et appelé « le paradoxe de l'horloge » ? On compare deux horloges. L'une est placée sur terre et l'autre accompagne un voyageur qui quitte la Terre et fonce dans l'espace, à grande vitesse. Dans chaque cas, on constate que l'horloge fonctionne normalement, mais lorsque le voyageur revient sur terre, il découvre que sa planète a vieilli alors que lui est resté pratiquement le même ! Pourtant, son horloge semblait avoir fonctionné correctement durant son voyage. Sa vitesse a modifié son cadre temporel, mais son horloge paraissait normale. Ce n'est qu'en la comparant à celle restée sur terre qu'il s'aperçut que le temps s'était quelque peu altéré.

Tout au long des prochaines années, vos astronomes et vos physiciens seront peut-être en mesure d'expliquer l'anomalie du temps relatif et le rôle que vous y jouez. Vous êtes en train de modifier le temps sur votre planète, mais sans disposer d'aucun autre point de comparaison. En définitive, le temps semble le même, mais au niveau cellulaire, la plupart d'entre vous sont conscients de l'accélération en cours. Bien que tout ceci puisse donner l'impression d'être incohérent, le moment viendra où la science observera l'univers qui vous entoure et déclarera qu'il « ralentit ». En réalité, vous êtes *en pleine accélération* ! Soyez-en conscients. Cela concerne la relativité du temps, cette planète et ce que vous avez accompli. Certains parmi vous ressentent déjà très bien ce phénomène. Il en est qui se réveillent de bonne heure le matin, anxieux du fait que leurs cellules ressentent ce phénomène. Vous avez eu tout à fait raison si vous vous êtes interrogés sur l'accélération du temps. Bienvenue à l'aube d'une dimensionnalité qui n'existait pas hier !

La voie – enfin, la relaxation

Pour finir, en ce qui a trait aux voies à suivre, nous vous dirons ceci : lorsque vous franchirez le seuil de ce nouveau millénaire, une promesse de relaxation vous sera faite. Cela signifie que vous vous installerez dans un état agréable. L'anxiété disparaîtra peu à peu. Au niveau cellulaire, vous commencerez à vous sentir bien, à comprendre les « cadeaux » qui vous sont offerts et à les utiliser d'une façon totalement autre. L'usine rénovée rouvrira ses portes et de nouveaux outils vous seront présentés afin que vous puissiez apprendre à vous en servir dans le cadre de votre travail. Aussi vous déclarons-nous : patience, très chers, patience, car vous êtes presque parvenus à destination.

Le défi et le nouvel outil

Le troisième attribut qui se modifiera considérablement est celui du défi. Nous voulons vous faire savoir comment fonctionne le défi, sujet que nous n'avons encore jamais abordé dans un groupe comme le vôtre. On vous a dit que ce défi consistait en une élévation du seuil vibratoire de la planète. C'est exactement de cela qu'il s'agit. Un travailleur de la lumière se sert de ce défi pour travailler à ses propres créations en temps réel. Très chers, tout ceci renvoie à l'élévation des vibrations spirituelles de la planète, selon les mesures effectuées tous les vingt-cinq ans. L'avant-dernière prise de mesures a eu lieu en 1987 et la dernière, qui complétera et terminera le test énergétique, se déroulera en 2012. À partir de cette date, votre planète ne sera plus jamais mesurée, mais elle existera alors selon un nouveau paradigme.

Car vous êtes en train de pénétrer au sein d'une nouvelle énergie – une humanité autre, un nouvel objectif terrestre – et vous avez quasiment atteint votre but. Vous pouvez une fois de plus vous demander pour quelle raison les entités présentes dans cette salle étaient si impatientes d'y pénétrer, de vous entourer et de baigner vos pieds. « La fierté de la famille » est un attribut de l'amour qui n'a rien à voir avec l'ego et, de notre côté du voile, nous ressentons cette « fierté » avec vous. Vous pensez être venus ici pour nous voir (allusion à ceux qui sont présents au séminaire) ? Nous sommes ici depuis des jours, dans l'attente de vous voir et de vous aimer une fois encore ! Ces instants passés ensemble représentent autant pour nous que pour vous.

Le défi qui vous est proposé possède un autre attribut que vous devriez connaître. Les défis de l'existence, lorsqu'ils sont résolus grâce à la sagesse de l'esprit de l'amour, laissent place à certaines choses complètement différentes en plus de la modification du taux vibratoire de la Terre. L'application de la sagesse à vos défis modifiera l'essence même de votre *dualité*. Voici ce que nous voulons vous confier : pendant des années, votre dualité vous a oppressés et a mis en doute chacun de vos mouvements spirituels. Il devait en être ainsi, car la dualité humaine est une immense force d'équilibre. Elle a permis qu'un test sincère vous soit proposé.

C'est votre dualité qui vous réveille à trois heures du matin en vous disant : « Tu sais, tu n'es rien. Tu ne mérites pas d'être ici. » C'est elle qui vous tape sur l'épaule et vous susurre : « Tout ce fatras spirituel n'a aucun sens. » C'est votre dualité qui vous réveille et vous dit : « Faisons-nous du souci ! » (rires) Certains d'entre vous luttent chaque jour avec leur dualité. Elle est responsable de tant de choses qui freinent votre progression. Mais aujourd'hui, nous avons de nouvelles informations la concernant. La dualité humaine va prendre un recul par rapport au Moi divin. Pour la première fois dans l'histoire spirituelle de l'humanité, l'équilibre établi par la dualité humaine va changer. Cela est obligatoire, afin de permettre le déclenchement du processus ascensionnel dont nous avons parlé si souvent.

La dualité humaine est une partie de vous-mêmes que vous avez choisi d'amener ici avec vous et qui est une vibration inférieure à celle de l'ange en vous. Elle est chargée de tempérer l'ensemble de votre spiritualité. Elle représente *Thomas l'incrédule*. Elle est la partie de vous-mêmes qui remet en question tout ce qui est spirituel, et cela est juste et souhaitable. Comme nous en avons parlé auparavant, la Grille magnétique terrestre aide à maintenir la dualité humaine au degré qui a été le sien depuis des éons.

Nous vous annonçons maintenant que l'équilibre de cette dualité peut changer et changera au fur et à mesure que vous avancerez en relevant votre défi. Savez-vous d'où proviennent la peur, l'angoisse et le doute ? Tout bonnement de ce que vous appelez la *dualité*. Chaque fois que vous solutionnerez les problèmes qui se présenteront à vous, la dualité sera repoussée et modifiera son équilibre au sein de votre structure spirituelle. Savez-vous ce qui se passera en l'être humain qui refusera cette dualité ? L'ascension ! Il s'agit du début d'une nouvelle ère. Savez-vous où vous l'apercevrez en premier ? Chez les enfants. Ils possèdent quelque chose de plus que vous. Ils peuvent écarter la dualité. Il s'agit de l'un des attributs spirituels avec lesquels ils sont venus sur terre, car ils naissent sur cette planète en sachant qu'ils « méritent d'être ici ». Certains d'entre eux vous confieront qui ils furent et la raison de leur présence ici ! Bien sûr, ils ne deviendront pas tous des géants spirituels et agiront encore comme des enfants, en effectuant leurs choix humains.

Cependant, il y a véritablement quelque chose de différent se rapportant à cette race humaine. Et la principale dissemblance, c'est que l'essence même de sa passion pour cette planète n'est ni le pouvoir, ni l'avidité, ni la jalousie. De ce fait, ce que beaucoup ont appelé la nature humaine fondamentale est très différente chez ces enfants. Ces petits êtres humains, dont l'univers est secoué du simple fait que leurs parents se disputent en poussant peut-être même des cris, ne quitteront pas la pièce comme on le leur demandera et n'iront pas non plus se cacher sous leur lit. Au lieu de cela, ils s'accrocheront aux jambes de leurs parents et les supplieront d'interrompre leur dispute !

Chacun de ces enfants naît sur cette planète doté d'une passion pour une existence sereine. Observez bien ce phénomène. Il est d'ores et déjà en train de se produire. Quant à leurs propres enfants, ils seront encore plus différents, et ce, de manière évidente. Et lorsque vous en serez à la troisième génération, ils exigeront la paix sur cette planète, avec une insistance jamais rencontrée auparavant. Et tout ce qui touchait le passé immédiat de cette planète se transformera en vieille histoire... et sera presque considéré comme un âge des ténèbres. Ces nouveaux humains n'auront aucun des attributs que vous connaissez. Soyez-y attentifs. Bien sûr, il faudra quelque temps pour que le nouveau supplante l'ancien, mais l'attitude de cette autre génération sera extrêmement différente. Ces êtres exigeront la tolérance dans vos relations individuelles – puis de pays à pays et d'une religion à l'autre. Ils déclareront : « *Il existe un moyen d'unifier cette planète, même si les peuples et les cultures sont très divers.* » Ils travailleront à régler certains des plus exaspérants problèmes que l'humanité n'a jamais été en mesure de résoudre. Et vous verrez surgir les solutions aux problèmes du monde, grâce à ces petits et à leurs enfants.

La rupture finale

Où nous dirigeons-nous spirituellement ? Comment évoluera la philosophie du Nouvel âge ? Nous allons vous fournir une expression concernant ceux qui resteront au sein de l'ancienne énergie après le passage au nouveau millénaire. Cette expression est la suivante : « Le train a quitté la gare. » Ceux qui restent dans l'ancienne énergie, qui ont refusé d'accepter les nouveaux dons qui leur ont été offerts et qui conservent leurs anciennes habitudes reçoivent maintenant une ultime invitation à monter à bord de ce train du nouveau millénaire. Depuis 1987, les diverses étapes à franchir ont été progressives et nombreux sont ceux qui ont pu passer lentement de l'ancienne à la nouvelle énergie, augmentant leurs connaissances et enrichissant peu à peu leur existence. Cependant, certains ont refusé d'avancer et se sont cramponnés à leurs anciennes coutumes.

Là où la transition entre l'ancien monde et le nouveau avait pu s'effectuer graduellement, il faudra désormais faire un grand bond. Aussi, des gens continueront de vivre dans la vieille énergie, s'arrogeant la qualité de travailleurs de la lumière et vous déclarant dans le tort. Ils ne comprendront pas le statut ascensionnel et ne verront pas les dons mis à leur disposition. Ils diront avoir acquis leurs connaissances grâce à leurs expériences personnelles et que vous serez dans l'impossibilité de profiter de toutes ces nouveautés sans avoir à en « payer le prix », comme ils y furent contraints. Beaucoup vous feront leurs adieux, ce qui entraînera une profonde déchirure. Mais cela fait partie de la nature humaine, n'est-ce pas ? Toutefois, il s'agit bel et bien de ce qui fut prévu et annoncé.

Les différences entre vous et eux seront évidentes pour toute personne extérieure. Ceux qui resteront dans la vieille énergie et qui se donnent le titre de « travailleurs de la lumière » seront en possession de listes des choses que tout être doit accomplir, de procédures et de programmes censés permettre à chacun d'être éclairé au sein de cette énergie. La nouvelle énergie, quant à elle, accordera à l'être humain compétence et pouvoir. Ses structures seront extrêmement légères et aucun égocentrisme n'entachera les administrateurs. La différence entre l'ancienne et la nouvelle énergie sautera aux yeux de quiconque les comparera.

Ceux qui auront choisi la nouvelle énergie disposeront d'attributs qu'il sera facile de reconnaître. Ils distingueront les « quatre attributs de l'amour » à l'œuvre (si souvent décrits dans les channelings de Kryeon). Ni leur comportement ni leur tâche ne seront déterminés par un programme. Leurs dons seront calmement acceptés et ne leur monteront pas à la tête. Ces êtres ne seront pas gonflés d'orgueil par leurs réalisations, et leurs paroles seront empreintes de sagesse. On reconnaît les travailleurs de la lumière de la nouvelle énergie parce qu'ils vivent dans le moment présent. Lorsque vous les interrogerez sur ce qui se passera demain, ils vous examineront en vous disant : « *Nul ne le sait.* » Ils seront confiants en l'avenir et empreints d'amour à son sujet – sans angoisse, car lorsque cet avenir se présentera, il sera cocréé de façon appropriée. Et cette attitude, très chers, est exactement *contraire* à la nature humaine. L'ancienne voie craint le futur et ne croit pas en la possibilité de créer la réalité ! La nouvelle voie a parfaitement conscience que le futur est très exactement ce que l'être humain en fera. On ne craint pas ce que l'on crée.

Le soutien et la livraison spéciale

Le nombre 5 symbolisera le *soutien.* Laissez-nous maintenant vous entretenir des guides et des anges qui vous entourent. Très chers, lorsque vous franchirez l'étape finale, vous vivrez certains changements spirituels. Pensez à ceci : afin de pouvoir obliger la dualité à accepter une nouvelle séparation, afin de pouvoir créer un nouvel être humain spirituel et d'être en mesure de modifier votre ADN, de constater des miracles dans votre vie, d'avoir la paix dans les domaines où vous éprouviez des ennuis auparavant, il est nécessaire qu'un cortège spirituel vous accompagne... que vous disposiez de plus de trois guides !

Il y aura des guides élevés, c'est-à-dire des âmes-guides (oversouls) de groupes d'âmes – des entités que vous avez connues mais que vous ne reconnaissez pas. Ces entités sont interdimensionnelles et difficiles à décrire, mais elles se considèrent comme partie intégrante de la famille et sont prêtes à partager cette nouvelle énergie avec vous. Certaines d'entre elles sont présentes là où vous êtes assis ! Elles n'attendent que le franchissement de cette étape du millénaire et votre *intention* pour affirmer « qu'il en soit ainsi ».

Voici une information capitale que nous vous avons déjà transmise : il existe certains êtres humains dont le grandiose contrat (ou attribut karmique) est représenté par la solitude. Certains êtres naissent dotés de ces attributs et n'en ont pas toujours la maîtrise. Cela fait partie de la leçon de cette vie présente. Longtemps après la fin de cette réunion, certains d'entre vous rentreront peut-être chez eux et s'enfermeront dans leur tour d'ivoire, désireux d'être seuls. Nous vous déclarons ceci : «Allez-y, éteignez la lumière en proclamant que tout ce que vous souhaitez, c'est être seuls… et tandis que vous prétendrez que personne dans l'univers ne sait qui vous êtes, ou ne connaît votre existence, une foule arrivera qui donnera une fête ! » Vous n'êtes jamais seuls ! Votre tour d'ivoire éclatera sous la poussée des entités qui connaissent l'attribut de la vie de chacun, son nom, son âme-guide, son contrat, ses potentialités, sa valeur, son ampleur angélique, sa mémoire et son futur potentiel ! Je sais que cela est difficile à comprendre, mais le fait est là : un groupe de soutien se tient toujours à vos côtés, et il va encore s'accroître avec votre permission !

Bénis sont les êtres humains qui se referment sur eux-mêmes, qui éteignent la lumière et participent à la fête ! (rires) Ce que nous voulons vous dire, très chers, c'est ceci : une fois l'étape du nouveau millénaire franchie, vous pourrez vous attendre à percevoir de nouvelles énergies autour de vous. Vous êtes nombreux à attendre la manifestation de ces nouvelles énergies. Soyez patients, car elles sont à portée de votre main et c'est votre nouvelle famille qui vous les offrira.

Une quantité considérable de nouvelle énergie devra être déversée sur cette planète au cours des douze prochaines années. La clé en sera certains alignements astronomiques bien précis. Souvenez-vous que votre usine spirituelle est en train de rénover ses installations. Joignez-vous aux autres et participez à cette fête jusqu'à ce que les nouvelles machines soient livrées. Le passage à l'année 2000 permettra à ces nouvelles énergies de vous être lentement offertes au fur et à mesure que vous en aurez besoin. Le nouveau millénaire possède une énergie dotée d'un potentiel très différent de ce que vous avez connu jusqu'à présent. Beaucoup de choses seront dites ou réalisées concernant le franchissement du pont séparant les millénaires. Mais, en votre qualité de groupe central, vous saurez ce que cela signifie exactement. C'est la raison de votre présence ici aujourd'hui, vous tous qui écoutez ces paroles ou lisez ces lignes.

Vous serez nombreux à craindre les alignements planétaires ou les anomalies astronomiques qui ne manqueront pas de se produire prochainement. En ce qui vous touche personnellement, souvenez-vous de ce que nous avons dit aujourd'hui. Au lieu de vous joindre à ceux qui ont peur, célébrez les alignements ! Jouissez de l'énergie de la nouvelle promesse qui est faite à cette planète et imprégnez-vous de l'équilibre qui s'annonce. Au cours des douze prochaines années, une grande quantité d'énergie féminine sera déversée sur cette planète. Il ne s'agit pas d'une question de sexe, mais bien plutôt d'un nouvel équilibre pour la Terre. L'énergie féminine déversée améliorera l'humanité dans son ensemble et fera pénétrer la Terre au sein d'une conscience plus claire, très éloignée de l'ancienne.

Nous avons attendu longtemps d'être invités dans cette salle où vous vous trouvez, écoutant ou lisant ces paroles. Ce sont les potentialités ambiantes qui permirent à ce cortège de vous aimer. Cette réunion n'aurait pu se tenir il y a dix ans. Savez-vous pourquoi ? Parce que vous n'auriez pu alors recevoir ce genre d'énergie. Voilà comment vous avez changé cette planète sur le plan spirituel.

Nous vous invitons à expérimenter l'amour au niveau cellulaire. En cet instant même, faites une pose et ressentez l'amour que déverse sur vous la famille avant de vous quitter. Une fois l'information fournie et les félicitations données, la famille s'en ira. Cependant, les bols remplis de nos larmes de joie recueillies tandis que nous baignions vos pieds seront prêts à être utilisés à nouveau lorsque vous souhaiterez raviver cet amour par l'intermédiaire de cette intention.

Il est toujours très difficile pour nous de vous quitter après avoir été autorisés à vous étreindre comme nous l'avons fait. Il n'y aura jamais plus d'autres réunions exactement semblables à celle-ci, avec une famille tout à fait identique à celle-ci, et nous sommes conscients de ce fait. Mais nous continuerons à vous rencontrer individuellement. Il n'est pas nécessaire que vous assistiez à une telle réunion pour éprouver cette expérience affective. Vous n'avez pas non plus besoin de lire d'autres communications de Kryeon pour ressentir cet amour. Que ce message vous montre que Kryeon n'a pas de programme spécifique à suivre. Vous pouvez recevoir toute l'énergie qui fut dégagée ici aujourd'hui, par vos propres moyens. Comment ? Essayez à nouveau de pénétrer dans votre placard. Cette fois-ci, joignez-vous à la réception. Vous pouvez créer toute cette énergie issue de l'amour de la famille par vous-mêmes, chaque jour, dans ce placard… Allez-y, essayez « d'être seuls ». (rires) Cette communication ne concerne pas Kryeon. Elle porte sur la famille !

Quittez cette salle, portant en vous une force vitale si puissante que chaque fois que vous le souhaiterez, grâce à votre intention, vous serez en mesure de créer ce genre d'énergie et cet amour. Tenez votre propre « réunion familiale » chaque fois que vous le désirerez. C'est ainsi. Voilà le pouvoir dont vous disposez !

Et maintenant, le cortège de Kryeon se retire de cette salle. Nous vous remercions de ce que vous avez fait pour l'univers – car vous ignorez combien vos actions nous ont tous transformés.
Et lorsque nous nous reverrons, nous pourrons tous dire :

« Que la célébration commence, que la fête soit. »

Et il en est ainsi.

Kryeon

CHAPITRE QUATRE

Franchir le seuil du millénaire

New Hampshire
Novembre 1999

Salutations, très chers. Je suis Kryeon, du Service magnétique. C'est toute notre famille qui vous accueille chaleureusement, une fois encore, dans cet endroit qui nous est si familier (référence à cette salle du New Hampshire où 400 personnes s'étaient réunies). Nous voulons parler de notre famille spirituelle et de notre cortège qui se répandent dans cette salle à l'invitation des anges ici présents et déguisés en humains.

Nous allons vous annoncer quelque chose que nous avons déjà annoncé aux cinq derniers groupes rencontrés. *Vous êtes éternels !* Vous êtes éternels dans chaque direction ! Le cercle dans lequel est inscrit votre force vitale est permanent ! Il le *fut* toujours et toujours le *sera*. Aussi loin que vous puissiez remonter dans le passé, « vous » y étiez. Si votre vision pouvait être circulaire comme la nôtre, vous arriveriez à un point en remontant le temps dit linéaire, où vous rencontreriez le futur de ce que vous êtes devenus. En d'autres termes, vous étiez le même être hier et vous serez le même demain – un fragment divin, un morceau de l'ensemble, une parcelle de Dieu. Ceux qui parmi vous ont ressenti, au plus profond de leur conscience, que Dieu est un être tout-puissant qui supervise toute chose au sein de l'univers n'ont que partiellement raison. L'expression « tout-puissant » est correcte, mais Dieu est véritablement constitué de milliards et de milliards de membres de la famille, chacun d'entre eux étant connu par son nom, chacun connaissant tous les autres. Aussi difficile à comprendre que cela puisse vous paraître, les noms de chacun d'entre vous sont connus par tous les autres membres.

Ô être béni, Ô chaman, toi qui es présent ici ce soir ou qui lis ces lignes, tu es oppressé par des existences entières pleines de religiosité. Durant des existence entières, tu as rampé sur le sol afin de suivre des rituels d'adoration, sans comprendre que c'est *toi* qui étais Dieu ! Bien que tu connaisses les mots « je suis », tu n'as jamais semblé véritablement saisir l'importance du « Je » dans ton identité réelle. Tu n'as jamais imaginé qu'il s'agissait de toi ! Finalement, juste avant de franchir le seuil du millénaire, tu commences à comprendre que *tu* es un fragment de l'ensemble et que *tu* es divin. Mais sur cette planète à quatre dimensions, il est impossible que je puisse te donner ton nom véritable. Tu ne peux entendre ou voir les choses susceptibles d'être perçues et distinguées de l'autre côté du voile. Ici (sur la Terre), aucun concept ne peut expliquer ce qu'est ton nom. Toutefois, lorsque je vous considère tous, je peux néanmoins distinguer votre incroyable grandeur. Pensez-vous que je sois venu ici avec mon cortège pour n'apercevoir qu'un simple océan de visages ? Je viens de vous dire qu'il existe des milliards de fragments divins, nous connaissons chacun de vous intimement, et nous sommes toujours reliés les uns aux autres. Nous savons qui vous êtes !

Ainsi, alors que le cortège se répand dans cette salle – avec l'énergie d'amour qui connaît votre nom véritable –, nous nous préparons à vous enlacer, à toucher vos épaules et à placer notre énergie au-dessus de vos têtes. Nous allons même baigner vos pieds ! Membres de l'auditoire, lecteurs, nous déclarons que nous « connaissons » ceux qui sont en face de nous. Si vous pensez que vous êtes venus ici pour nous voir, vous vous trompez. Nous sommes beaucoup plus nombreux que vous, ici ! Ne confondez pas quel groupe est venu rendre visite à l'autre. Il y a tant d'amour pour cette famille ici présente ! Nous vous invitons, en cet instant, à ressentir l'énergie que nous vous offrons.

Très chers, dans quelques instants, vous allez recevoir de nouvelles informations ayant trait au nouveau millénaire, et nous discuterons de science, de physique, de biologie et de beaucoup d'autres choses. Au cours des prochaines minutes, nous allons soulever le voile et indiquer les nombreuses potentialités de votre planète. Mais, tandis que nous procéderons ainsi, même si l'information vous parvient, d'autres choses encore vous attendent. Il s'agit d'une réunion avec les membres de la famille. Nous vous avons répété très souvent que vous n'aviez aucune idée de la puissance de cette année, si différente de l'année précédente. Et c'est vous qui avez permis une telle chose – en la créant véritablement avec votre intention. Vous n'avez aucune idée de ce dont vous êtes capables, et même avant que cette information ne vous soit livrée, nous vous posons la question suivante : Ne pensez-vous pas que nous savons pourquoi vous êtes ici ?

Très chers, le moment est venu. Que la guérison commence ! Célébrons-la tout de suite ensemble. Il serait merveilleux pour nous tous que vous repartiez tout à l'heure dans un état très différent de celui dans lequel vous vous trouviez en arrivant. Très chers, que le but de votre existence se réalise ce soir. Alors que le soir tombe ici, souhaitons que l'énergie se transforme et qu'un nouvel être humain apparaisse – un être très différent de celui qui a pénétré dans cette salle. Que la conscience de votre éternité monte en votre corps.

Nous pourrions nous contenter de jouir de l'énergie de cette réunion tranquillement – simplement en vous étreignant. Nous pourrions rester silencieux et vous laisser profiter de l'incroyable amour que nous espérons vous transmettre par l'intermédiaire de votre chakra cardiaque et qui baignerait votre être tout entier. Aucun d'entre vous ne manquerait de comprendre que vous avez tous été visités aujourd'hui par un groupe de frères et de sœurs qui vous est profondément attaché. Chaque fois que nous sommes invités parmi vous, nous sommes tentés de nous contenter de rester silencieux et de vous laisser ressentir pleinement ces instants.

Alors que vous franchissez le jalon de l'année 2000, très chers, il existe des potentialités que nous ne pouvons expliquer. Vous êtes très nombreux, alors que le changement de millénaire approche, à être conscients que les changements survenus au cours du dernier millénaire furent très différents des autres, qui ont eu lieu au cours des millénaires précédents. Oh, il y a toujours de l'énergie au moment du changement de millénaire. On rencontre toujours des prophètes de l'apocalypse annonçant que « c'est le dernier » ! Le plus drôle, en effet, c'est que ce millénaire allait être le dernier !

Grâce à votre intention et à votre permission, et grâce au programme élaboré par les anges que vous êtes, le calendrier de l'existence humaine fut agencé de façon que ce nouveau millénaire constitue la dernière transformation de l'humanité. Cela signifie que la plupart des prophéties concernant la fin des temps étaient correctes !

Maintenant, en 2012, la dernière série de mesures sera effectuée sur cette planète. Quel qu'en soit le résultat, ce sera la fin du test. Toutefois, nous savons d'ores et déjà que le taux vibratoire de la planète est plus élevé qu'il n'a jamais été. Le seuil est franchi en ce moment et cela va autoriser des changements sur la planète. Imaginez ce jalon comme un feu vert qu'un train dépasse en suivant une voie inconnue – presque mystérieuse. Imaginez une voie dangereuse, sans aucune certitude qu'un autre train n'arrivera pas en sens contraire ! Soudain, vous apercevez un signal qui vous procure un énorme soulagement – un signal vert émis par le contrôleur du trafic et qui signifie : « Nous savons qui vous êtes et la voie est libre. »

Vous êtes nombreux à vous être sentis coincés au cours de ces années passées. Soyez prêts à vous libérer. En effet, lorsque vous franchirez le millénaire, un voyage plus agréable vous attendra. Et vous, très chers, en votre qualité d'éclaireurs de cette époque que nous souhaitons appeler « l'âge du moment présent », vous commencerez à vous débarrasser totalement de l'ancien afin de construire le nouveau. Car ceux qui permettront la réalisation de telles choses créeront davantage de feux verts leur étant destinés. Grâce à l'intention de l'être humain, vous allez transformer la planète et la placer sur cette nouvelle voie dotée d'un feu vert. Cette voie est vierge – jamais personne ne l'a encore parcourue – jamais. Un train va apparaître, appelé humanité, qui possède le pouvoir de se développer au fur et à mesure qu'il avance. Pensez à cela – un train qui installe sa propre voie devant lui ! Partant, rien ne peut être placé sur cette voie dans le but de le faire dérailler. Aucun futur ne peut être prédit. Les potentialités n'existent finalement que dans le moment présent. Elles sont créées au fur et à mesure que le train avance, mettant en place la voie devant lui, rail par rail, petit à petit.

Il est possible que vous vous demandiez : « *Cher Kryeon, que va-t-il se passer ensuite dans ce monde ?* » Permettez-moi de vous livrer ma perception de certaines de vos potentialités. Je vais vous décrire les deux prochaines générations, soit après 2012 et ce que ce groupe d'êtres angéliques perçoit pour l'humanité (le cortège de Kryeon présent dans cette salle). La question suivante a été posée : « *Qu'allons-nous faire à propos du problème fondamental – la surpopulation de la planète ? Qu'allons-nous faire au sujet des grands problèmes qui affectent notre planète aujourd'hui ?* »

Le changement d'énergie a été placé sur votre parcours en considérant vos problèmes les plus pressants. Si les êtres humains doivent vivre une existence beaucoup plus longue, que ferez-vous avec tous les habitants de la Terre ? Comment les nourrirez-vous ? Comment allez-vous résoudre le problème du réchauffement de la planète provoqué par l'énergie que vous utilisez ? Aucune entité sur cette planète ou dans l'univers ne peut vous fournir une réponse à cela !

Mais laissez-moi vous rappeler ceci : une modification de la conscience va se produire qui vous permettra d'obtenir les réponses plus facilement et plus rapidement. Ces problèmes qui sont les vôtres depuis des décennies se verront soudainement confrontés à une plus grande sagesse et à davantage de consensus. Les problèmes graves ne seront plus ignorés. De plus, l'être humain commence à élaborer des solutions à ces problèmes simplement en les considérant globalement. Les solutions existent, elles sont là, devant vous, et la sagesse de l'humanité les élaborera bien avant l'apparition des moments critiques, à condition que vous le souhaitiez.

Dans le passé, un moteur tombait souvent en panne avant que l'on prenne conscience du problème. Soudain, nous vous annonçons qu'une certaine sagesse gagne les ingénieurs qui prennent conscience que le moteur peut être entretenu tout en fonctionnant, éliminant ainsi l'arrêt d'urgence. Ici, le mot clé est donc *sagesse*, et celle-ci est issue du « manteau de l'Esprit » que vous êtes nombreux à avoir décidé d'employer dans votre vie, grâce au statut ascensionnel et à l'intention. Lorsque vous dites à l'Esprit : « *Dieu, je comprends maintenant que je suis un fragment du Tout et je sais que je suis sur la Terre temporairement. Je sais que j'émets une extraordinaire et merveilleuse lumière destinée à la planète. Ainsi, je me tiens devant l'Esprit et déclare : "Dites-moi ce que je devrais savoir. Dites-moi ce que je devrais faire." Je me tiendrai calme et silencieux à l'écoute de vos réponses. Je respecterai et honorerai les synchronicités. Je suis un fragment de l'ensemble et* JE SUIS. »

Et cela, très chers, est différent de ce qui se passait il y a dix ans. Cela, très chers, va favoriser la création d'une race d'êtres humains étudiant les réponses à vos plus importants problèmes et y apportant des réponses efficaces, grâce à la coopération de la majorité d'entre vous. Ceci ne peut advenir que s'il y a une masse critique d'êtres humains évolués sur terre – ce qui est le cas aujourd'hui. Bien que ceci puisse vous paraître fantaisiste maintenant, soyez attentifs à l'évolution des choses.

Je souhaite aborder et expliciter pour vous neuf points au cours de l'exposé qui va suivre. Ils ont trait aux potentialités de la planète. Il y aura donc neuf sections différentes, car le nombre neuf exprime l'achèvement. Bien qu'il s'agisse de potentialités, elles se transforment en réalité lorsque les humains leur ouvrent la voie.

Les ressources énergétiques de la planète

Certains ont posé la question suivante : « *Kryeon, que penser de l'environnement de notre monde ? Que devons-nous faire sur le plan énergétique dans l'avenir, de manière à ne pas épuiser nos ressources ni perturber notre délicat équilibre écologique ?* »

Très chers, nous allons répéter ce que nous vous avons déjà dit dans le passé : il existe, à portée de votre main, des ressources énergétiques que nous vous avons demandé d'étudier à de multiples reprises au cours des dix dernières années. Vous ne l'avez pas fait, car le seuil de sagesse n'était pas encore franchi et parce qu'il ne semblait pas y avoir d'urgence immédiate. Aujourd'hui, vous commencez à comprendre la sagesse de ces paroles. Nous allons vous offrir à nouveau deux sources d'énergie ; elles représentent les réponses au problème du surcroît de production énergétique sur terre. Ces deux sources sont abondantes. Elles sont toutes deux gratuites et n'épuiseront aucune des ressources du globe. Elles sont à votre disposition depuis toujours et attendaient que vous les découvriez. Cependant, elles n'ont pas été exploitées ni utilisées, même si elles sont toutes deux évidentes et présentes parmi vous en permanence.

La première et la plus extraordinaire est offerte par la Lune et son action sur les océans. La presque totalité de la population terrestre vit à proximité des côtes des différents continents. La majorité de ces populations est groupée dans des villes situées au bord de la mer. Là où vous avez besoin de la plus grande quantité d'énergie électrique se trouvent des tonnes et des tonnes d'une énergie qui suit un programme de manifestation bien connu et régulier. Cette immense énergie est active et vous supplie de recourir à elle par conversion hydroélectrique afin de produire de l'électricité propre. De plus, elle est techniquement très simple, en comparaison de la technologie nucléaire que vous avez choisi d'utiliser.

Vous connaissez les principes pratiques d'utilisation de cette conversion depuis très longtemps. Les principes physiques fondamentaux peuvent être appliqués afin de mettre à profit le va-et-vient des vagues et des marées pour faire tourner les générateurs. Les plus gigantesques hélices de générateurs que vous pourriez concevoir peuvent être animées grâce aux tonnes de pression disponibles le long des côtes. Et cette énergie est inépuisable et peut durer jusqu'à la fin des temps ! Quelles ressources, quels développements sont à votre disposition grâce à cette énergie ! Elle est gratuite et ne s'épuisera jamais. Elle ne tarit d'ailleurs aucune ressource naturelle et se situe là où vous en avez le plus besoin. Nombreux sont ceux qui pensent que la Lune fut créée à l'usage des contemplatifs et des amoureux. (rires) Écoutez ! Vous avez eu besoin de la Lune afin de créer les marées nécessaires à un moment comme celui-ci ! Ce fut là votre intention depuis le début. Qu'apparaissent les inventions qui exploiteront ses possibilités !

Et quant à l'autre source, réfléchissez aux investissements en temps et en argent effectués sur votre planète afin de créer de la vapeur à partir de la chaleur – vapeur qui anime les générateurs électriques. Parlons maintenant de vos réalisations à partir de l'énergie nucléaire. Réfléchissez aux ressources qu'il a fallu engloutir, aux risques pris et aux problèmes qui en ont résulté. Pensez au temps nécessaire pour créer une seule de ces usines énergétiques. Pensez à leur courte durée de vie et réfléchissez à la déception d'apprendre que vous ne pourrez plus jamais utiliser ce terrain pour quoi que ce soit ! Que fabriquent ces installations ? De la chaleur pour obtenir de la vapeur. Voilà ce qu'elles font.

Si vous souhaitez produire de la vapeur – beaucoup de vapeur – il existe un moteur qui continuera à exister bien longtemps après que l'humanité aura disparu. Il s'agit d'un moteur qui produit la chaleur à l'usage de cette planète, et tout ce que vous avez à faire consiste à creuser ! Creusez suffisamment profond, et vous découvrirez cette chaleur. Car la promesse est la suivante : quel que soit l'endroit où vous creuserez sur cette Terre, si vous le faites assez profondément, vous trouverez sans conteste de la chaleur ! Pourquoi ne pas employer certaines des ressources qui ont été nécessaires pour construire les centrales atomiques et chercher plutôt les solutions aux problèmes posés par les difficultés d'extraction de la chaleur depuis les profondeurs du sol afin de les convertir en vapeur ? Cette source de chaleur durera-t-elle longtemps ? Toujours ! Et elle existe depuis que la Terre existe, et existera aussi longtemps que vivra la Terre, sans compter qu'elle reste à notre disposition.

Nous vous fournissons ces deux exemples et vous invitons à nouveau à mettre ces techniques en application. Elles représentent la réponse aux problèmes énergétiques de cette planète ! Elles permettront de n'épuiser aucune des ressources naturelles, ne modifieront pas la température de la Terre et ne rejetteront aucun déchet dans l'atmosphère. Ces énergies sont gratuites, propres, et elles vous sont offertes par votre partenaire : la planète Terre. Vous vous interrogez à propos de votre partenariat avec votre planète ? Soyez attentifs. Ces énergies attendent que vous les découvriez et que vous les exploitiez.

La politique mondiale

« *Kryeon, quels développements politiques se dérouleront sur notre planète ?* » Nous allons vous répéter ce que nous avons déclaré il y a quelques semaines à un groupe comme le vôtre, mais sur un autre continent (la Chine). Et vous, gouvernements, écoutez bien ceci. Si vous n'accordez pas la liberté de choix à vos peuples, vous disparaîtrez. La conscience nouvelle de tous les citoyens de tous les pays de la Terre est d'ores et déjà en train de se modifier, ainsi que ce que tous ces gens attendent de leurs gouvernants. Cette déclaration ne constitue aucunement une mise en garde vis-à-vis d'un gouvernement en particulier. Au contraire, elle équivaut à une invitation adressée aux gouvernements afin qu'ils changent, de façon à satisfaire les aspirations qui sont en train de naître au sein des populations. Il s'agit du besoin d'exercer des choix libres. Béni soit le gouvernement qui dirige ses citoyens avec intégrité, car il brillera au-dessus de tous les autres. Béni soit le gouvernement qui prend conscience que ses citoyens s'éveillent spirituellement et qui respecte cet attribut. Tout parlement ou siège de pouvoir est appuyé par deux piliers. Ces derniers devraient êtres séparés tout en soutenant ensemble l'édifice. Il s'agit d'une part de laisser le libre choix dans la croissance spirituelle et, d'autre part, dans celui du gouvernement. Lorsque l'un tente d'interférer avec l'autre, l'édifice s'écroule. Étudiez l'histoire et vous y trouverez la confirmation de ce propos.

« *Kryeon, la Terre verra-t-elle l'avènement d'un gouvernement mondial ?* » Très chers, il n'y aura jamais de raison pour que cela se produise. L'existence de plusieurs cultures est honorée. Cela a été voulu afin de créer la diversité. Ces diverses cultures fournissent même les possibilités d'interactions karmiques selon les contrats de chacun et elles enseignent la tolérance. Ce que nous entendons par là, c'est qu'il y a d'étonnantes potentialités à l'effet que tous les gouvernements de cette planète finiront par proposer des choix à leurs peuples. S'ils se refusent à le faire, alors les peuples les chasseront. Et s'il subsiste encore quelque doute dans votre esprit à ce sujet, alors voyez ce qui commence à se dérouler alors que certains peuples s'éveillent et chassent leurs dirigeants.

Dans l'ancienne énergie, un dictateur pouvait se dire : « *Si nous disposons du pouvoir nécessaire, nous pouvons contrôler les masses.* » Tout ceci est en train de changer et est désormais complètement différent. L'invitation à reconnaître qu'un changement au sein de l'humanité est en train de survenir est lancée à tous les plus anciens gouvernements. Ce sont les individus qui choisiront leurs gouvernants et vous le constatez petit à petit, avant même le passage de l'an 2000. Ceci, très chers, représente les potentialités de la planète pour les vingt-quatre ans à venir. Chaque tribu, l'une après l'autre, et chaque continent détermineront leur propre destin et se débarrasseront des tyrans et des dictateurs qui ne laissent aucun choix à leurs citoyens en matière de moralité, de spiritualité et de croyance individuelle.

Ah, mais il y a encore autre chose. Nous avons abordé le point numéro neuf, et pourtant, nous n'en sommes qu'à l'item deux !

Le système monétaire international

« *Kryeon, que va-t-il se passer dans le domaine monétaire ?* » Nous allons vous faire part d'un développement à venir, dont certains d'entre vous sont d'ores et déjà conscients. Nous vous avons dit auparavant que votre planète va devoir déterminer quelles sont, aux yeux de l'humanité, les choses de valeur. Un consensus se dégagera à ce sujet, parmi les nations du monde. Pour exprimer ce concept en termes monétaires, nous vous répondons ceci. Un jour viendra où les « taux de change » entre les nations disparaîtront. En outre, afin de déterminer la valeur des choses, une décision devra être prise afin de définir l'éthique du travail ainsi que la valeur de ce dernier.

Très chers, pour ceux d'entre vous qui sont familiarisés avec ces choses et qui vivent dans l'un des pays les plus riches du monde (l'Amérique), ce que nous allons vous déclarer vous paraîtra relativement compréhensible. Un jour viendra où le gouvernement qui vous dirige devra dévaluer sa propre monnaie afin d'obtenir un consensus avec le reste du monde. De façon à permettre ce processus, vous constatez déjà l'apparition de monnaies communes dans différentes parties du monde, monnaies qui s'échangent sans tenir compte du taux de change. Ce phénomène est déjà en cours sur un autre continent, où l'on assiste au regroupement de diverses nations afin de créer une seule monnaie d'échange. Ce processus ne sera pas simple à mettre en place et devra peut-être se dérouler sur deux générations, mais les potentialités montrent que c'est ce qui se passera. Cependant, cela ne sera pas simple*.

Soyez également attentifs à ceci : il se peut que se crée une monnaie provisoire utilisée uniquement par les banquiers, pour les transactions commerciales entre nations. Cette monnaie peut peut-être finir par influencer votre propre argent. Et lorsque vous analysez tout ceci, vous constatez que cela ne représente pas un gouvernement mondial. Au contraire : cela représente l'acceptation et un accord sur la valeur des marchandises des autres cultures. Très chers, je vais vous dire ce qui va se passer : la planète Terre doit subir ces transformations, car un jour viendra où vous devrez procéder à des échanges avec ceux que vous n'avez pas encore rencontrés ! Lorsque ceci surviendra, une évaluation globale des ressources planétaires sera nécessaire.

La religion mondiale

« *Kryeon, qu'adviendra-t-il dans le domaine religieux ? Qu'allons-nous faire au sujet de ces multiples problèmes de doctrines spirituelles qui sont si diverses et si nombreuses sur cette planète ? Comment allons-nous pouvoir nous mettre d'accord sur quoi que ce soit alors qu'un groupe religieux déclare qu'un autre groupe est dans l'erreur ? L'un appelle l'autre "infidèle" et celui-ci le traite de "païen" ! Quantité de groupes religieux prétendent posséder la vérité sur la vie et excluent, par conséquent, tous les*

* Au moment où ce channeling se déroulait, des manifestations violentes avaient lieu à Seattle en guise de protestation contre la World Trade Conference (Conférence du commerce mondial). C'est exactement ce que Kryeon annonçait.

autres systèmes ! Comment allons-nous faire face à ces problèmes ? »

La réponse à tout cela est déjà en cours. Il existe, aux États-Unis, un leader spirituel qui a sévèrement critiqué ceux qui sont affublés, sur cette Terre, du lourd karma qu'implique un changement de sexe – un défi planifié –, et certains d'entre vous savent de quoi je parle. Dans le passé, ce chef religieux a appelé cette catégorie d'êtres humains des « sodomites » ! Ce leader s'était levé contre quiconque vivait cette pratique sexuelle et avait déclaré que ces membres de la famille étaient « haïs de Dieu » !

Il y a peu de temps, ce chef religieux eut un entretien avec ceux qu'il avait réprimandés et ils les appela alors les « membres bien-aimés de la famille humaine ». Bien sûr, il n'accepta ni ce qu'ils représentaient ni leurs pratiques, mais quelque chose de profond attesta du fait qu'il les aimait ! Et il déclara publiquement que Dieu les aimait également !

Très chers, qu'est-ce qui provoqua le changement d'état d'esprit de cet homme ? Pourquoi aujourd'hui ? En fait, il s'agissait de l'amour de l'Esprit ! Cela s'explique par sa prise de conscience, au niveau cellulaire, qu'il devait prêcher et pratiquer la tolérance, même s'il n'était pas d'accord avec ces gens-là. Il devait rencontrer ses « ennemis » face-à-face, c'est-à-dire ceux qu'il avait appelés pécheurs et qu'il avait déclaré ne pas être dignes de faire partie de son troupeau. Bien qu'en désaccord avec eux, l'affection qu'ils se témoignèrent les uns les autres lors de ce face-à-face fut constatée par tous. Ce leader reconnut également leur droit à adorer le même Dieu que le sien. La période où se déroula cet événement vous semble-t-elle intéressante ? Vous paraît-elle profonde ?

Nous mentionnons cet événement, car il est en soi un modèle et un exemple pour ceux qui n'ont jamais pu s'accepter les uns les autres. Surveillez les changements semblables à celui-ci autour de vous. Soyez attentifs aux transformations que subiront certaines personnes que vous n'auriez jamais cru capables de changer. Soyez attentifs au changement d'attitude qui aura lieu au sein de l'immense masse islamiste qui, peu à peu, se mettra à accepter ceux qui n'ont pas les mêmes croyances qu'elle. Ne soyez pas choqués et sachez que leur doctrine enseigne également la moralité et l'amour.

« *Kryeon, le jour viendra-t-il où il n'existera qu'une seule religion sur terre ?* » Non, cela n'a pas été prévu, et il est très peu probable que cela soit. Voici quelles sont les potentialités, très chers : un jour viendra peut-être où régneront tolérance religieuse et sagesse doctrinale. Mon partenaire vient de vous parler du « mauvais pape », un sujet prophétique relatif aux manuscrits de la mer Morte et selon lequel les Esséniens appelèrent le Christ le « mauvais prêtre ». Il fut ainsi nommé parce qu'il révéla les secrets du temple et prôna le développement de la puissance spirituelle de l'être humain. Savez-vous pourquoi une telle prédiction existe et quelles sont les potentialités concernant le « méchant pape » ? Je vais vous le dire.

Cet homme ne sera peut-être plus très populaire dans son château, car il déclarera : « Voici venu le moment d'appliquer le planning familial ! (rires) Il est temps pour la femme de pouvoir être ordonnée prêtre ! » J'espère qu'il sera bien protégé. (rires) Peut-être que cela viendra du prochain pape ou du suivant, selon les contrats acceptés ou rejetés par sa hiérarchie religieuse. Vous voyez, même l'Esprit ne peut vous fournir des informations sur ce qui va se passer, car cela se rapporte à la façon dont l'humanité se développe au sein de la réalité qu'elle crée. Nous ne pouvons pas vous dire ce qui sera. Il existe également une possibilité que se déroule un pontificat très bref entre le pontificat actuel et le suivant. Nous ne pouvons vous révéler ce qui arrivera et qui sera celui qu'on appellera le « méchant pape ». Mais quand cela se produira, très chers, je veux que vous vous rappeliez où vous en avez entendu parler ! (rires)

La science – astronomie

La cinquième potentialité a trait à l'astronomie. Ses perspectives sont illimitées. La plus importante concerne l'attitude des astronomes, et des changements s'appliquant à cette dernière sont déjà en cours. Cette attitude est diamétralement opposée à celle qui était la leur il y a dix ou quinze ans. Très chers, on va admettre l'existence de la vie ailleurs dans l'univers et non plus simplement sur la planète Terre. On reconnaîtra que l'univers est destiné à abriter la vie ! Cette reconnaissance sera provoquée par une avalanche d'événements étranges en provenance de toutes les sources d'information et mettant en évidence le fait que l'univers s'associe aux potentialités qui surviennent ici même, sur la planète Terre !

Plus vos instruments d'observation s'amélioreront, plus vous découvrirez d'autres planètes présentant les caractéristiques chimiques ayant permis la création de la vie sur la Terre. Les scientifiques commenceront à comprendre que l'univers est ensemencé par la vie et finiront peut-être par admettre que les semences qui ont permis l'apparition de la vie sur la Terre provenaient d'ailleurs ! Cette notion, considérée dans le passé comme un non-sens, se révélera, demain, comme un phénomène scientifique accepté par tous.

De même, en astronomie, on prendra conscience de l'existence de ce que nous avons appelé les « différentes dimensions temporelles ». Cela est obligatoire, car on comprendra enfin que c'est la seule explication cadrant avec les « phénomènes physiques impossibles » enregistrés partout dans l'univers (voir Les lois physiques, page 109). Enfin, on finira par comprendre totalement ce phénomène méconnu appelé le « big bang ». Lorsque vous réaliserez que l'univers se crée lui-même, vous saurez qu'en fait, il émet des « bangs » en permanence ! (rires)

La santé

La sixième potentialité regarde la santé. Très chers, vous êtes à l'aube d'une révolution que l'on peut qualifier d'extension de la durée de la vie humaine. Nous vous avons parlé de ce sujet plusieurs fois, et nous avons également abondamment parlé de l'ADN humain. Laissez-moi vous dire ceci : les prochaines vingt-quatre années vous permettront de doubler la durée de votre vie. Et n'est-il pas étrange que ces éléments vous soient présentés aujourd'hui – et non pas il y a dix ou vingt ans ? La programmation est parfaite, voyez-vous, car vous seuls avez décidé de franchir cette étape et permis que de tels événements aient lieu ! Au sein de cette nouvelle énergie, la mort d'un grand nombre à cause de conditions apocalyptiques, d'une durée de vie réduite ou des attributs et des leçons de l'ancien karma sont des choses du passé. C'est la fin du vieux paradigme. Quant au nouveau, il parle de la « Nouvelle Jérusalem ». Cette métaphore sous-entend un nouveau commencement et une existence paisible. Cette nouvelle énergie nous offre la possibilité de vivre sur une planète où règne la paix. Elle implique que les humains vivront sur terre pendant très longtemps afin d'atteindre des buts différents de ceux qui étaient les leurs au cours du dernier millénaire – et ceci est la vérité. N'est-il pas étonnant qu'au lieu de la guerre nucléaire et des catastrophes prévues, vous découvriez, au seuil du nouveau millénaire, qu'au contraire, la durée de votre vie va s'allonger ?

Mais ce n'est pas tout. Certains sont en train de dresser l'inventaire précis des gènes humains. Le système génétique de l'homme est composé de milliards d'éléments qui constituent l'intégralité de l'être humain. Il s'agit là du schéma directeur de l'être humain, du moins sur le plan chimique. Et lorsque cet inventaire sera complètement terminé, que tout sera connu et observé, alors de magnifiques révélations surviendront ! Car alors, et alors seulement, la science commencera à comprendre et à avoir une vision globale de ce schéma directeur. Les scientifiques observeront « la boucle » jusque-là dissimulée. En outre, ils découvriront un système de codification qui les stupéfiera ! Ce système leur montrera de manière cinglante et évidente qu'il n'est pas le fruit du hasard.

Réfléchissez à ceci : supposons qu'en visitant une autre planète, vous y trouvez le plus gigantesque superordinateur que vous ayez jamais vu – étincelant et effectuant des calculs merveilleux. Il est intelligent et autosuffisant. Vous pourriez alors vous dire : « *C'est étonnant. Quel genre d'appareil est-ce donc ?* » La première chose que l'homme se demandera à ce moment est : « *Qui l'a fabriqué ?* » Aussitôt, l'être humain tentera de découvrir son concepteur, car il considérera que cet appareil n'aurait jamais pu se construire toute seul.

Vous n'avez jamais considéré le phénomène de la vie humaine comme la compréhension du génome humain va vous amener à le faire. Lorsque le projet sera terminé, et après de nombreuses analyses, les résultats exigeront une réponse : Qui l'a créé ? Il n'aurait jamais pu se créer lui-même, car il est beaucoup trop extraordinaire pour être simplement issu du phénomène de l'évolution sur terre. En outre, les codes génétiques racontent une histoire pleine de logique et de créativité, de même que la géométrie à base 12 à laquelle nous avons fréquemment fait allusion ! Et ce n'est pas tout. Les informations qui vous sont communiquées en ce moment sont en soi une primeur. Lorsque les scientifiques commenceront à s'émerveiller sur ce que le code génétique leur révélera, lorsqu'ils entreront ces informations dans leurs fantastiques ordinateurs et que ceux-ci leur fourniront des schémas compréhensibles, alors ils comprendront qu'ils sont en possession de quelque chose d'extraordinaire ! Non seulement découvriront-ils quelque chose qui n'a pas été créé par le processus évolutif qu'ils connaissent et qu'ils jugent absolu, mais ils découvriront aussi le code donnant accès à un grand mystère ! Tenez-vous prêts à recevoir de merveilleuses révélations sur une longévité accrue, car le code génétique expliquera comment le corps humain possède une programmation qui limite sa durée de vie et révélera le processus chimique qui annule cette restriction. Lorsque ces éléments seront assimilés et compris, alors les facteurs limitatifs pourront être supprimés. (Nous nous étendrons davantage sur ce sujet un peu plus loin.) Ce processus chimique sera également la cause de multiples incompréhensions, de beaucoup de craintes et de certaines remises en question religieuses.

La biologie

La septième caractéristique est représentée par la biologie, et bien que ce terme nous fasse immédiatement penser à la santé, nous avons un certain nombre de choses nouvelles à vous annoncer. Il y a quelque temps déjà, nous vous avons mentionné quelque chose dont nous n'avons plus jamais reparlé jusqu'à ce jour. Il s'agit de la possibilité que vous découvriez des formes de vie terrestre existant dans une autre dimension. Cela bouleversera les croyances fondamentales de ces biologistes qui, une fois pour toutes, avait défini la vérité. Ils découvriront que la vie existe également sous une autre forme apparemment intelligente et développée, semblant avoir évolué dans une dimension complètement différente – une forme de vie qu'il vous sera impossible de toucher mais que vous pourrez observer.

Il y a un an environ, nous vous avons conseillé d'effectuer des recherches en ce sens. Aujourd'hui, nous vous déclarons qu'il y a de fortes possibilités de découvrir cette nouvelle forme de vie. Et lorsque cette découverte aura lieu, je vous demande encore une fois de vous souvenir que la « famille » vous en avait parlé en premier lieu. Pourquoi vous disons-nous cela ? Afin que les événements qui se produiront ici vous soient compréhensibles – comme les guérisons que vous vivez ou le fait que quelqu'un est en train de recevoir une communication à partir de l'autre côté du voile ! Lorsque vous recevrez confirmation de ce que nous vous avons dit par les scientifiques, vous vous souviendrez d'avoir déjà entendu tout cela au cours de cette séance étonnante de channeling ! « *C'était réel !* » vous exclamerez-vous. Peut-être vos quatre dimensions s'intégreront-elles aux multiples dimensions des potentialités que vous êtes en train de créer.

Il y a encore autre chose. Vous allez peu à peu éclaircir le mystère des blocages délibérés (espérance de vie limitée) existant dans le métabolisme de l'être humain, comme nous y avons fait allusion il y a quelques instants. Vos organismes sont conçus pour se régénérer. Cependant, même si vous fûtes conçus pour vivre 950 ans, ce n'est pas encore le cas. Vous avez permis que vos durées de vie soient écourtées il y a bien des éons, et ces attributs font désormais partie d'un âge qui se termine. Lorsque les mesures finales seront effectuées, d'autres potentialités s'offriront à l'humanité et vous aurez besoin de vos connaissances scientifiques afin de les libérer. Nous vous avons déjà dit ce qui suit : Être humain, tu es conçu pour pouvoir te régénérer et, cependant, lorsque tu perds un membre, celui-ci ne repousse pas ! Que se passe-t-il avec ton métabolisme ? Comment se fait-il que les espèces vertébrées de cette planète, dont tu es supposé être issu, peuvent faire repousser un membre disparu mais que toi – au sommet de l'échelle de l'évolution – tu ne le peux pas ? Avez-vous jamais pensé à cela ?

Comment se fait-il que, lorsque des nerfs de la moelle épinière sont sectionnés, l'être humain passe le reste de son existence à vivre une leçon de vie que l'on appelle un fauteuil roulant, incapable de ressentir les différentes parties de son corps ? Pourquoi ? Comment se fait-il que, biologiquement, alors que l'être humain fut conçu pour régénérer chacun de ses éléments, cela ne soit pas le cas ? Voici un fait étonnant : il existe des inhibiteurs de croissance qui s'efforcent de bloquer le processus de guérison et la régénération des nerfs blessés ou sectionnés. Le saviez-vous ? Vous penserez peut-être que cela est bien attristant pour votre organisme, et vous aurez raison ! Mais vous en êtes responsables, parce que ceux qui sont dans des fauteuils roulants ont à comprendre les raisons qui ont provoqué cette situation. Vous recherchez une intervention spirituelle dans le cadre de l'évolution naturelle, et cela, chers êtres humains, représente l'une des choses qui sont en train de changer ! Il y a quelque temps, nous vous avons dit que les tissus nerveux de votre corps possèdent tous des « adresses » qui leur sont propres (ils sont codés par le processus chimique). Nous vous avons également dit que même si ces nerfs sont sectionnés, ils n'en continuent pas moins de « savoir » où se trouve leur place ! Vous n'avez pas encore été en mesure de percevoir le phénomène de reconnexion parce qu'il n'a pas été autorisé à se faire. Surveillez ce changement. Vous êtes sur le point de découvrir où sont dissimulés les systèmes de blocage et les inhibiteurs de guérison dans votre organisme. Lorsque vous les aurez trouvés, soyez attentifs aux miracles qui se manifesteront lorsque les nerfs de votre organisme seront reconnectés.

Lorsque vous constaterez ces manifestations, peut-être commencerez-vous également à comprendre que les miracles qui avaient lieu dans la vieille énergie étaient simplement provoqués par un *ADN éveillé* – un éveil provoqué par la puissance dissimulée dans l'homme et non par une puissance supérieure. C'est la force divine *intérieure* de l'être humain qui en est responsable, et non pas quelque mystérieuse énergie extérieure. Soyez attentifs ! Cela sera grandiose et lorsque vous y assisterez, célébrez-le, chers êtres humains. Ce miracle n'aurait jamais pu survenir avant de franchir ce seuil du millénaire, mais de l'autre côté, après l'an 2000, vous apprendrez encore beaucoup d'autres choses !

Les lois physiques

Le huitième point que nous souhaitons aborder concerne les lois physiques. Nous allons débattre cette question aussi simplement que possible et nous vous fournirons deux attributs sur lesquels vous aurez à réfléchir. Cependant, sachez qu'aucun de ces attributs ne sera compris. (rires) Il vous reste encore à mettre au point LA formule des sciences physiques*. Elle n'existe pas encore et nous allons vous indiquer ses trois caractéristiques, mais pas la formule elle-même. (Davantage de rires.) Ces caractéristiques sont liées, mais la façon dont elles le sont les unes par rapport aux autres est méconnue. Vos scientifiques commencent tout juste à en distinguer les prémisses.

La première caractéristique de cette formule est sa capacité de comprendre la densité de la matière (masse). Pour quelle raison le nuage électronique (parcours de l'électron) est-il si éloigné du noyau ? Comme nous vous l'avons déjà dit, vous pouvez modifier cette distance et, ainsi, la densité changera également dans la masse définie par les atomes modifiés. L'électron vibrera plus rapidement en se rapprochant du noyau. Dans ce cas, cela signifie que son cadre temporel se modifiera. Par conséquent, la seconde caractéristique de la formule consiste en un déplacement temporel et fonctionne en concordance avec la première. De même, sachez que l'hypothèse selon laquelle la vitesse réelle de l'électron doit toujours être la même, quelle que soit sa distance, est erronée ! Cette notion n'est pas encore bien comprise. La vitesse et le taux vibratoire ne sont pas la même chose, et cette différence est en rapport avec la définition physique du nuage d'électron.

Discriminer la masse se réfère à la capacité de contrôler sa densité. Le changement de densité sera accompagné d'un glisse-

* Ceci fait référence à une formule ou une théorie unifiant ce qui apparaît encore aujourd'hui comme différentes lois régissant la même matière. Depuis Einstein, la science se questionne sur cette formule. (NDE)

ment temporel qui sera lui-même suivi d'une troisième caractéristique que vous ne comprendrez pas du tout ! Nous appellerons cela la localisation de la réalité, c'est-à-dire le lieu où se trouve la matière... la réalité dimensionnelle dans laquelle elle est, une fois altérée. Voici maintenant un axiome : la matière affectée par le déplacement dimensionnel crée une réalité en conformité avec sa nouvelle forme. Cette réalité peut être à quelques centimètres de l'endroit où elle a été transformée ou à des kilomètres. Tout dépend de l'importance du changement effectué. Il nous est très difficile de vous expliquer un concept qui n'a pas encore été découvert... Selon ce dernier, la matière possède des points de repère et ces attributs fondamentaux sont reliés à sa localisation dans l'espace et dans le temps. En définitive, les trois attributs devant fonctionner de concert sont la densité, le cadre temporelle et la localisation.

Lorsque vous observerez l'espace sidéral et apercevrez des caractéristiques physiques en action qui vous amèneront à comprendre que vous contemplez un cadre temporel différent (ce que nous appelons les « lois physiques impossibles »), vous pourrez recevoir aussi des informations concernant la masse et la dimensionnalité (localisation) du phénomène que vous êtes en train d'observer. Cette formule particulière a des implications profondes. Il s'agit de la base de toutes les physiques universelles, bien que vous n'en ayez pas encore conscience.

Parlons maintenant des objets ne possédant pas de masse, un sujet que nous avons déjà abordé. Vos scientifiques connaissent déjà le phénomène de concentration de masse dont une seule petite cuillère peut créer quelque chose d'aussi lourd que votre planète ! De quel phénomène s'agit-il ? Quelles peuvent être les caractéristiques de cette masse ? Quelle est sa taille véritable ? Considérez la gravité qu'elle engendre ! Savez-vous que ces caractéristiques ne peuvent exister que dans certaines réalités... ou certaines parties de l'espace ? En fait, la densité et le cadre temporel déterminent exactement où elles peuvent se produire.

Et que penseriez-vous de quelque chose de gigantesque qui ne pèserait pratiquement rien ? Quelles en seraient les conséquences sur le plan de la gravité ? Les points importants ici ne sont pas la taille, mais la densité et le cadre temporel. Lorsque cette densité est modifiée, alors le cadre temporel dans lequel elle s'inscrit se transforme également. Si la science voulait appliquer à ces phénomènes ce qui se passe dans un trou noir, elle serait en mesure de comprendre les « lois physiques impossibles » qui vous entourent. Vous voulez apprendre ce qu'est l'antigravité ? Elle n'existe pas. Recherchez plutôt le secret de fabrication d'une masse variable. Et lorsque vous y serez parvenus, recherchez les deux autres variables qui les accompagnent pour impulser une formule capitale de cohésion.

Nous voulons vous présenter aussi une autre découverte possible. (Nous ne pouvons clore notre discussion ayant trait aux lois physiques sans parler du Treillis cosmique une fois encore, car les informations s'y rapportant ont été données lors de channelings au New Hampshire, deux années de suite.) Quelque chose existe que nous nommerons DPA (Déplacement phasique de l'atome). Il s'agit là d'un sigle qui référera à votre capacité à puiser une énergie illimitée dans le Treillis. Lorsque vous saurez comment procéder, vous disposerez alors d'une énergie gratuite illimitée ne nécessitant aucun forage au sein du globe terrestre et vous évitant d'avoir à capter l'énergie des marées et l'énergie atomique.

Voilà ce qui surviendra. Telle est la promesse dissimulée derrière le DPA. Nous avons parlé du Treillis cosmique auparavant, et aujourd'hui, nous souhaitons vous offrir une métaphore : imaginez une immense toile d'araignée, aussi vaste que vous pouvez la concevoir. Que se passe-t-il en n'importe quel point de cette toile géante, lorsque quelque chose se déplace en un autre point ? La vibration due à ce déplacement est perçue par l'ensemble de la toile, étant donné la structure de celle-ci. Nous sommes ici pour vous annoncer quelque chose de très important. Lorsque vous puisez de l'énergie au sein du Treillis, l'intégralité de celui-ci le ressent. Dès lors, l'énergie se précipitera pour combler le vide que vous avez créé avec le DPA, mais ce flot d'énergie sera ressenti en chaque point du Treillis.

Nous vous avons déjà fait part de certaines des caractéristiques de transmission des communications du Treillis. Nous avons discuté de la rapidité avec laquelle les communications se déroulent dans l'univers (le Treillis tout entier). Mais voici une information que vous ignoriez : peu importe le moment où vous serez capables de puiser l'énergie du Treillis grâce au DPA, quiconque est en mesure de se servir du DPA le saura ! D'autres formes de vie que vous ne pouvez même pas imaginer le sauront instantanément ! Et qu'est-ce que cela vous apprend sur les possibilités de communications au sein de l'univers ? Et au sujet des signaux modulés au sein du Treillis lui-même ? Et que penseriez-vous de communiquer avec des points de lumière que vous ne pouvez pas encore apercevoir avec vos télescopes ? Lorsque vous serez en mesure de puiser au sein du Treillis, vous pourrez communiquer avec l'ensemble. Tout ceci dépasse votre compréhension ? Oui, c'est le cas aujourd'hui. Mais lorsque tout se mettra en place, vous vous souviendrez d'avoir entendu parler de tout cela ici même, par un membre de votre famille – un membre qui connaît les potentialités incroyables de votre futur humain.

Les enfants

Ah, nous avons attendu avant de vous entretenir du neuvième élément, et nous y voici. C'est le plus important ! Celui qui renferme le potentiel le plus intéressant. Une nouvelle énergie se trouve sur cette planète – une énergie qui n'a jamais existé ici auparavant –, une potentialité de paix sur la Terre ! Et cette énergie de changement se trouve au sein de l'ange qui fait semblant d'être un humain. Il s'agit d'une modification de son ADN qui facilite l'évolution humaine. Cette nouvelle énergie modifie la conscience humaine, et ce phénomène se produit d'ores et déjà chez les enfants.

Certains d'entre vous sont quelque peu perplexes quant à la personnalité des enfants indigo. Aussi permettez-moi de vous faire part de quelques éléments complémentaires. Ces enfants représentent une nouvelle conscience humaine, c'est-à-dire les humains qui seront davantage intéressés à créer l'harmonie au sein de leur famille et la paix sur cette planète qu'à maintenir les caractéristiques de ce que vous appeliez l'ancienne « nature humaine ».

Le goût du pouvoir, l'envie, la jalousie et tous les autres attributs humains qui furent les vôtres dans l'ancienne énergie depuis des éons font partie des aspects sombres de la dualité dont les êtres humains sont encore dotés à la naissance. Mais très chers, si vous pouviez apercevoir la modification d'équilibre au sein de cette dualité actuellement, vous comprendriez. Si vous pensez que les enfants représentent quelque chose, surveillez les enfants de ces enfants ! Nous ne vous avons pas seulement parlé de leur changement de niveau de conscience. En effet, nous les avons appelés des pacificateurs ! Nous vous l'avons déjà dit, les biologistes seront capables d'observer leurs génomes et constateront que ceux-ci ont changé par rapport à ceux qu'ils viennent tout juste de découvrir ! (rires) Les scientifiques découvriront l'augmentation du pouvoir du système immunitaire de ces enfants. Ils découvriront également que les enfants de ces enfants seront à l'abri des maladies qui vous frappent si facilement actuellement, et vous chercherez à savoir d'où provient cette capacité. Je vais immédiatement répondre à cette question. Elle provient de *vous* ! Elle est issue de ce qui s'est déroulé entre 1962 et 1987 sur « votre montre ». Cela est dû à ce que vous avez réalisé et qui a permis l'apparition des potentialités dont il est aujourd'hui question. Voilà pour quelle raison vous êtes tellement aimés et pourquoi ce cortège, que nous appelons la famille, baigne vos pieds, en cet instant précis, très chers. La promesse du changement terrestre réside chez les enfants de ces enfants, mais ne vous méprenez pas : le point essentiel de leur évolution a commencé avec vous !

Kryeon et son cortège, en arrivant dans un lieu tel que celui-ci, souhaiteraient demeurer parmi vous, mais cela n'est pas possible. Alors que vous lisez ces lignes, une grande activité règne autour de vous, et nous savons que certains la ressentent. Nous souhaiterions pouvoir rester et célébrer avec vous les potentialités dont nous avons parlé. Vous n'avez aucune idée de l'amour que nous avons pour vous. Beaucoup d'entre vous pensent qu'ils se retrouveront seuls en quittant cette salle et en rentrant chez eux. Qu'en cessant de lire ces pages, l'énergie sera interrompue. Vous n'êtes pas seuls ! L'énergie vous accompagne aussi longtemps que vous le souhaitez. Essayez de vous retrouver tout seuls : vous ne le pourrez pas. Nous vous l'avons répété à maintes reprises : vous n'êtes jamais seuls. Il se peut que vous souhaitiez vous enfermer dans le placard de l'autosacrifice – celui que nous dénommons « *le placard du déni* ». Vous pouvez fermer la porte, éteindre la lumière en imaginant que vous êtes seuls et déplorer ensuite ce fait sans jamais vous rendre compte de la fête qui se déroule autour de vous ! Nous sommes pourtant si nombreux là-dedans avec vous ! (rires)

Notre invitation est la suivante : n'allumez pas la lumière de votre placard afin de vérifier si vous êtes seuls. Allumez plutôt la lumière qui est en vous et observez-vous en train de célébrer votre vie ! Allumez la lumière divine qui met en évidence l'énergie de la famille et ressentez notre amour s'insinuer en vous. Alors vous saurez que vous n'êtes jamais seuls.

Kryeon et son entourage vont maintenant se retirer et, comme chaque fois, ce moment est le plus difficile pour nous. En pénétrant dans cette salle, nous sommes emplis de joie et d'amour pour vous, alors qu'en repartant, nous sommes imprégnés de chagrin à l'idée que vous allez nous manquer. Qui souhaite terminer cette réunion ? Certainement pas nous. Toutefois, il doit en être ainsi, car, très chers, une tâche importante reste à accomplir au sein de la dualité et des existences humaines.

Nous célébrons l'énergie de la famille.
Nous célébrons le nouveau millénaire.
Nous vous célébrons.
Et il en est ainsi…

Kryeon

CHAPITRE CINQ

La fin de l'ancien... la mise en place du nouveau révélée

Buena Park, Californie
Décembre 1999

Salutations, très chers. Je suis Kryeon, du Service magnétique. Nous souhaiterions célébrer pendant quelques instants ce qui est en train de se passer dans cette pièce. Ceux d'entre vous qui peuvent ressentir l'énergie et apercevoir les couleurs, qui souhaitent connaître les entités qui leur rendent visite aujourd'hui, devraient savoir qu'un immense cortège est en train de prendre place dans cette salle. Ce cortège est aussi composé d'êtres humains qui ont été distingués et qui sont récemment décédés. Tous les membres de notre famille se répandent en ce lieu, en cet instant précis, à votre demande. Ils souhaitent se disperser dans les allées et parmi vous. Dans aucune assemblée telle que celle-ci, il ne se passa autant de choses que maintenant.

Ceux d'entre vous qui ressentent cette énergie commenceront à ressentir la présence de l'Esprit. Nous vous répétons ce que nous avons souhaité de si nombreuses fois déjà : qu'apparaisse la preuve de la réalité de ce qui se passe en cet instant précis, grâce à l'énergie qui coule en vous. Nous ne nous adressons pas ici simplement à des êtres humains ou à certaines entités étrangères aperçues depuis notre côté du voile. Non. Nous nous adressons à la famille. Et à nouveau, nous vous répétons ceci (anges dissimulés sous l'apparence d'êtres humains écoutez bien) : vous êtes exactement semblables à nous ! La seule différence qui nous distingue est celle-ci : vous êtes ici pour effectuer votre tâche et nous sommes ici pour vous soutenir.

Chers membres de la famille, tout comme nous, vous êtes éternels dans les deux directions. Votre existence n'a connu ni début et ne connaîtra nulle fin. L'étincelle divine qui brille en vous est parfaitement consciente de cela ! Un jour viendra où chacun d'entre vous, à la fin de cette incarnation, aura l'occasion d'éprouver la peur de ce qu'il appelle la mort. Toutefois, beaucoup parmi vous lui feront un clin d'œil de connivence et la reconnaîtront comme quelque chose qu'ils ont connu auparavant, depuis des éons et des éons. La mort n'est pas douloureuse. Elle n'est qu'une transmutation d'énergie. Lorsque vous la ressentirez à nouveau, vous comprendrez instantanément qu'il s'agira de votre « retour chez vous » et que vous serez les bienvenus. Nous vous faisons part de tout ceci, à vous, membres de la famille, car nous voulons que vous compreniez l'importance de votre tâche sur cette planète.

Nous vous avons fourni beaucoup d'informations au cours de ces onze dernières années et elles ont couvert de nombreux sujets. Ce soir, une fois de plus, nous ne souhaitons pas vous communiquer de simples instructions, mais célébrer sincèrement votre épanouissement. Car chacun d'entre vous, même ceux qui ne croient pas que ce message puisse provenir de l'autre côté du voile, joue un rôle important en sa qualité de membre de la famille au sein de la transformation de la conscience sur la planète Terre. Ce soir est la dernière fois que cette entité appelée Kryeon s'adresse à une assemblée telle que celle-ci, au cours de ce millénaire. Vous vous demanderez peut-être : « *Qu'est-ce que Kryeon souhaite nous dire ?* » Je vous répondrai : « Merci ! » Merci d'avoir permis à la divinité qui est en vous de croître à un degré tel que cela a permis de transformer le taux vibratoire de votre être profond. Merci, guérisseurs, d'avoir fait en sorte que l'énergie circule en vous et se répande dans l'humanité. Merci, travailleurs de la lumière, d'écouter ces mots en provenance de l'autre côté du voile et de reconnaître ainsi la famille. Merci, travailleurs de la lumière, d'avoir transmis la vérité de l'amour. Merci, anges appelés humains, d'avoir amélioré la Terre !

Certains d'entre vous diront : « *Je ne me comporte pas en guérisseur et encore moins en travailleur de la lumière. J'ignore ce que j'accomplis pour la planète.* » Je vais vous expliquer ce qu'il en est. Vous savez, vous transportez une lumière qui est si brillante que nous pouvons l'apercevoir depuis l'autre côté du voile ! Chaque être humain qui a formulé l'intention de trouver cette étincelle divine en lui a créé une lumière spirituelle. Vous pouvez parfois formuler l'intention de trouver votre lumière, puis vous asseoir et vous demander si vous l'avez trouvée. Que la meilleure preuve de ce que vous avez réclamé ne soit autre que les difficultés qui surgissent après avoir formulé votre intention ! Vous voulez savoir si cela a « marché » ? Oui, bien sûr ! (rires) Parfois, vous demanderez : « *Pour quelle raison dois-je affronter tous ces problèmes ?* » Très chers, voici quelques paroles à votre intention et nous espérons que vous comprenez l'expression « le fer aiguise le fer ». Si vous souhaitez avancer la tête haute et maintenir cette lumière, vous devrez passer par la forge. Certains d'entre vous affrontent des problèmes d'importances différentes et d'ordres différents, et chaque fois qu'ils doivent y faire face, nous leur déclarons : vous n'êtes pas seuls ! De plus, au cours de votre affrontement, vous avez élevé votre taux vibratoire.

Savez-vous l'importance de la célébration qui se déroule dans cette salle en cet instant précis ? Certains d'entre vous ressentiront la présence des membres de la famille autour d'eux au cours de cette rencontre. Lecteur, penses-tu être laissé à l'écart de ce processus ? L'intégralité de ce message concerne le moment présent de cette transcription. Par conséquent, cette célébration se déroule à l'intention de tous ceux qui entendent ces paroles et lisent ces lignes en cet instant précis.

Certains d'entre vous comprendront que leurs pieds ont été baignés avant de quitter cette salle ou avant d'arrêter cette lecture. Cette entité de groupe que vous appelez Kryeon, qui vous aime, ne suit pas de programme établi. Nous ne vous demandons pas de faire quoi que ce soit. Nous ne vous demandons que de vous asseoir et d'être appréciés. Nous voulons que vous preniez place ici afin d'être honorés. Nous voulons que vous compreniez l'intensité de notre amour pour vous et pour ce que vous avez accompli pour votre planète.

Vous savez, nous ne nous sommes jamais doutés de la façon dont les choses ont tourné. Depuis des éons, l'humanité est présente ici et les potentialités ayant trait à la fin du test semblaient déterminées par votre énergie. Aucun changement ne survenait, et la tentative de transformation de l'être humain sur la Terre semblait se diriger tout droit vers une impasse créée par vous, alors que vous suiviez la même voie année après année, à bord de votre « train de la réalité ». Mais maintenant, vous êtes ici, à quelques jours de l'an 2000, et tout a changé !

Toute l'humanité, l'Esprit et la famille dans son ensemble (que vous appelez Dieu) étaient au courant de l'existence de ce seuil du millénaire – et de l'avènement de la fin de cette ère. En fait, nous sommes presque parvenus à la conclusion du test sur cette planète, et tous vos anciens calendriers indigènes vous le montrent ! De même, vos plus grands prophètes vous l'ont également annoncé. Souhaitez-vous savoir quand devait survenir la fin des temps – quand le test était supposé se terminer ? Cela devait commencer aux environs de 1998, s'amplifier jusqu'à aujourd'hui et durer jusqu'en 2012. À partir d'aujourd'hui, les douze prochaines années auraient vu apparaître la fin de l'humanité.

Tout ceci vous paraît quelque peu grandiloquent, n'est-ce pas ? Toutefois, ce n'est pas nous qui avons fait cette annonce, très chers. Cela a été écrit clairement dans la plupart des Écritures saintes. Ces événements ont été prédits en de nombreuses langues. Ils ont été annoncés par les anciens, les autochtones, les avatars et les chamans. Tout cela vous a été annoncé à partir de nombreuses et diverses doctrines ! Pourtant, vous êtes présents, ici ce soir, en toute sérénité. Au lieu d'observer un monde *se fracturant* de toute part, vous contemplez un monde qui est sur le point de *se renforcer* de toutes parts. Et vous vous demandez pour quelle raison nous venons nous agenouiller à vos pieds ? Le seuil n'est maintenant qu'à quelques heures d'ici !

Révélation de la grande mise en place

D'ores et déjà, les potentialités de l'humanité sont étonnantes, mais pour votre gouverne, sachez qu'il est temps pour vous de vous retourner et d'examiner les grandes étapes qui vous ont permis de réaliser votre test. Nous allons vous fournir certaines potentialités concernant cette étape que vous êtes sur le point de franchir. L'information qui suit est une sorte de développement de ce dont nous avons parlé il y a quelques semaines, en présence de travailleurs de la lumière et de membres de la famille tels que vous (New Hampshire).

Il se peut que certains éléments vous aient échappé durant la magnifique organisation des choses. Certains ont dit : « *Kryeon, vous nous avez affirmé que nous sommes des êtres divins – des fragments de Dieu – et que cette existence terrestre fait partie d'un test.* » Oui, c'est vrai. « *Alors, quelle preuve pouvez-vous nous donner de ce que vous avancez ?* »

Cette preuve se trouve tout autour de vous et vous n'avez jamais cessé de la contempler ! Ce sont des faits et des réalités que vous acceptez et considérez maintenant comme allant de soi. Du fait que vous vivez au sein d'une évolution que vous avez planifiée, vous n'avez pas encore reconnu la réalité de cette grande planification. Au lieu de cela, tout vous semble normal. Cependant, lorsque vous prenez du recul, vous ne pouvez vous empêcher de vous interroger sur la raison de l'existence d'une telle création.

Les interventions passées de la biologie humaine

Pour la première fois, nous abordons cette question. Chers êtres humains qui vous situez au sommet de la chaîne de l'évolution, pourquoi n'y aurait-il qu'un seul type d'êtres humains ? À cela, vous pouvez demander : « *Kryeon, que voulez-vous dire ? Il existe des différences entre les humains.* » Écoutez : nous souhaitons que vous réfléchissiez à toutes les autres formes de vie sur cette planète. Penchez-vous sur les ordres, les espèces et les variétés. Il existe différentes sortes de mammifères, dont diverses catégories de baleines et de singes. Chacune de ces espèces possède de nombreuses variétés, sauf l'espèce humaine. Il semble y avoir une anomalie anthropologique : une seule sorte d'être humain s'est retrouvée au sommet de l'échelle.

Il y a de nombreuses cultures, mais un seul type d'être humain. Et cela, très chers, fut voulu. Il n'existe qu'un seul genre d'être humain. En effet, on remarque des différences de couleurs, de formes de visages, mais il n'y a qu'un seul genre. Portez votre attention sur les gorilles et les singes en général. Ces primates sont divisés en des dizaines d'espèces, chacune vivant séparée des autres. Que s'est-il passé au sein de l'évolution pour qu'elle ne nous fournisse qu'une seule sorte d'être humain ? Plus vos scientifiques avancent dans leur compréhension de l'évolution, plus ils sont stupéfaits en découvrant qu'il n'existe qu'une seule sorte d'être humain. Ils découvrent l'existence d'autres types d'êtres humains aujourd'hui disparus, mais toutes ces « tentatives » ont échoué à se perpétuer. Certaines espèces possédaient une queue, d'autres un système pileux très différent ; certains individus étaient très petits et d'autres, au contraire, très grands. Vous devriez vivre aujourd'hui au milieu d'autres espèces humaines, et pourtant vous êtes la seule espèce encore en vie – et cela vous semble normal.

Pensez-vous que cette singularité de l'évolution vous soit bénéfique ? Oui, en effet. Il y a quelques semaines, nous avons déclaré à un groupe semblable à celui-ci que lorsque le génome humain n'aura plus de secret pour vous, vos scientifiques auront alors le portrait général devant les yeux. Cette perspective d'ensemble les stupéfiera. Les attributs de ce plan biologique feront apparaître un dessein révélateur très différent de celui qu'ils attendaient de l'évolution. Ils comprendront alors que cette empreinte humaine n'est pas le résultat d'une évolution naturelle à partir des étapes immédiatement inférieures. Ce qu'ils trouveront sera un plan divin destiné aux êtres humains sur la Terre qui sont en train d'effectuer un test. Ce plan divin fut dessiné par vous, pour vous, afin que vous puissiez vivre dans une enveloppe humaine bien spécifique présentant une totale uniformité.

Cette standardisation fut d'une importance critique pour votre test, car vous alliez tous devoir finir par cohabiter sur cette planète. Si l'humanité avait été autorisée à évoluer normalement, de nombreux conflits auraient surgi entre les différents « types » d'êtres humains et aucun effort n'aurait été fourni afin de former un seul esprit. Toutes les espèces se considèrent toujours comme séparées des autres, et il vous aurait été impossible de vous reconnaître comme « une seule famille humaine ». Vous n'avez, pour la plupart, jamais examiné cette question, et ce sont vos scientifiques qui finiront par aborder ce sujet lorsqu'ils constateront vraiment que les humains des origines furent très différents de vous-mêmes. Soyez attentifs à tout cela. Vous avez là la preuve qu'une intervention extérieure survint afin de vous rendre identiques. (Voir p. 327)

Nous avons mentionné, au cours du dernier channeling, que vous vous situez au sommet de la chaîne évolutionniste. Pour quelle raison, alors, vous est-il impossible de faire repousser un membre que vous avez perdu ? Les créatures vertébrées, issues des océans et dont vous descendez, le peuvent, elles ! Que penser alors de l'expression « le plus adapté survit » ? Qu'en pensez-vous ? La réponse est qu'il s'agit d'une leçon karmique. Lorsqu'un événement de cette nature survient à un être humain, il est définitif. La leçon karmique prend le dessus sur l'évolution. Vous voyagez de vie en vie, mais lorsque vous perdez un membre au cours d'une de celles-ci, cela est définitif et vous accompagne jusqu'à la mort. Il s'agit là d'une révélation de la plus haute importance et d'une grande leçon de vie. C'est une anomalie de l'évolution qui attise votre curiosité, bien que la plupart d'entre vous voient cela comme quelque chose de normal.

Il existe de nombreuses anomalies comme celles-ci dans l'ensemble du système biologique de l'être humain. En voici une particulièrement spectaculaire dont nous avons déjà parlé. Certaines blessures de votre système nerveux provoquent un phénomène très curieux. Une réaction chimique inhabituelle se produit au niveau de la blessure afin d'inhiber et d'empêcher la guérison du nerf et, par conséquent, toute régénération. Le saviez-vous ? Est-ce ainsi que les choses sont supposées fonctionner au sommet de l'échelle évolutionniste ? Vous ne le pensez pas, bien que vous vous soyez habitués à cette idée et que vous ne vous posiez jamais de question à propos du caractère inhabituel de ce phénomène. Savez-vous pourquoi les dommages occasionnés au système nerveux sont bloqués dans leur guérison ? Pourquoi la colonne vertébrale, une fois endommagée, contraint l'être humain à vivre dans une chaise roulante *pour le reste de son existence* ? Il s'agit d'un schéma karmique qui fut déterminé soigneusement par vous-mêmes ! Commencez-vous à comprendre ? Laissez se manifester la preuve de votre création spirituelle par la façon inhabituelle dont l'être humain a évolué – plus faible qu'il n'aurait dû l'être, et selon une particularité qui a créé une race composée d'êtres tous semblables.

Êtes-vous prêts à accepter les transformations de certaines de ces anomalies ? Êtes-vous prêts à comprendre pourquoi ces choses surviennent ? Toutes ces connaissances sont disponibles maintenant et les potentialités qui y sont rattachées sont immenses. Voici venu le moment de célébrer le passage du seuil d'un nouveau millénaire. Travailleurs de la lumière, vous qui avez ressenti une telle angoisse au cours de ces dernières années, nous vous promettons la libération. Le moment est venu de vous mettre au travail et d'accomplir ce pour quoi vous êtes venus ici. Parmi vous ici présents dans cette salle et parmi ceux qui lisent ces lignes, certains se sont sentis coincés, bloqués, étouffés et se rendent compte aujourd'hui qu'ils sont en train de marquer le pas. Nous vous annonçons que vous étiez dans l'attente du passage des énergies à l'an 2000 ! Car, lorsque celles-ci croîtront au cours des douze années suivant ce passage, bien des choses que vous aviez déterminées pour vous-mêmes et que vous ressentez intuitivement comme vous appartenant en propre se produiront. Vous attendez quelque chose, n'est-ce pas ? Ne pensez-vous pas que nous savons qui nous écoute et qui lit ces lignes ? Lorsque vous avez franchi le voile, lors de votre dernière transition, vous étiez impatients de retourner sur cette planète !

Ô très chers, nous contemplons cette humanité et nous apercevons des anges et les membres de la famille que vous êtes en réalité. La dernière fois que nous vous avons rencontrés, de mon côté du voile, vous étiez impatients de revenir sur terre ! Et lorsque vous êtes venus au monde, vous êtes arrivés dans un univers où existaient de grandes possibilités de morts massives dans des situations apocalyptiques. Cependant, vous n'êtes pas moins revenus et étiez empressés de participer, car beaucoup d'entre vous étaient présents sur cette Terre depuis le début. Vous n'auriez voulu manquer cela à aucun prix ! Voici venue la fin du test et vous souhaitiez y prendre part. Que s'est-il donc passé ? Au lieu de voir se réaliser une prophétie catastrophiste, vous avez maintenant une promesse de paix. Au lieu de l'horreur, vous avez le bonheur. Et si vous n'avez pas encore compris que l'on baignait vos pieds, accordez-y un peu d'attention. (rires)

La tolérance religieuse dans le monde

Il y a tant de choses à célébrer ici. Permettez-moi de vous parler d'une des potentialités. Elle est si excitante que nous avons déjà commencé à la mentionner au cours du channeling précédent. Elle est excitante parce qu'elle concerne la perception humaine de la coopération avec Dieu. De nombreuses cultures et de multiples doctrines et croyances tentent de coexister sur cette planète. « *Est-ce que cela continuera toujours ? Kryeon, verrons-nous un jour l'avènement d'une religion mondiale ?* » Non, nous l'avons déjà dit auparavant. Cela n'est pas approprié et une religion mondiale ne servirait en rien les cultures de cette planète. Nous avons déjà parlé de l'aspect honorable que représente la quête de Dieu. L'originalité d'une doctrine ne pose pas de problème. Celui qui pense comme les autres n'a aucun mérite.

Vous êtes sur le point de voir se dérouler quelque chose de beaucoup plus important. De quoi s'agit-il ? Je vais vous l'expliquer. Vous allez voir peu à peu apparaître une certaine tolérance entre les différentes croyances actuelles. Vous verrez poindre la compréhension que l'autre a droit à une relation personnelle avec Dieu – tout comme vous. Vous pouvez éprouver de la tolérance les uns pour les autres. Et alors même que vous êtes présents ici, d'autres se rejoignent sur l'autre côté de la planète et poursuivent cette idée. (Allusion au Parlement des religions mondiales dont la session se déroule en Afrique, pour la troisième fois seulement en 106 ans.)

Considérez cette vision d'ensemble. Vous y découvrirez un humour cosmique. Où l'effondrement de votre civilisation était-il censé débuter ? Au Moyen-Orient. Penchez-vous sur les Saintes Écritures et sur les multiples prophéties. Israël est reconnu comme le « point chaud », n'est-ce pas ? C'est là que tout bouillonne et que l'énergie devait provoquer la disparition de cette planète. Effectivement, le Moyen-Orient est le point de focalisation d'événements que vous pouvez tous constater.

Réfléchissons à cela pendant quelques instants. Il n'y a pas de guerre importante. Bien entendu, la confusion, la frustration et même la haine existent. Mais tous les efforts tendent vers la paix ! Quels que soient les nombreux problèmes, une énergie de paix est à l'œuvre ! Cela ressemble-t-il aux prophéties ? La plaisanterie cosmique est la suivante : les peuples du Moyen-Orient vont finir par provoquer un miracle dans ce pays, là où les trois principales religions de cette planète ont leurs assises et doivent partager les mêmes lieux saints, et ils le feront dans la paix. Et comment donc ? Grâce à la tolérance et à la compréhension. Tout cela est en train de se mettre en place là-bas. Ce ne sera pas facile – mais tout cela se déroule à l'instant même où vous franchissez le jalon de l'an 2000. Soyez attentifs : quoi qu'il se passera aux douze coups de minuit, les signes avant-coureurs de l'énergie du nouveau millénaire se répandront sur le monde. Y aura-t-il des moments de confusion, des bagarres, des actes terroristes? Ou bien découvrirons-nous le bonheur, les célébrations et le sentiment d'un nouveau départ ? Je pense que vous connaissez déjà la réponse.

La nouvelle signification du 12:12

Après le franchissement de ce jalon, des potentialités existent pour l'avènement d'une nouvelle sagesse et d'une nouvelle bonté d'âme. Le précepte le plus extraordinaire de tous les temps se manifestera peu à peu : vous allez commencer à vous « aimer les uns les autres ». Quel concept ! « *Kryeon, voulez-vous dire qu'après tous ces éons, l'énergie entre toutes les religions va se transformer ?* » Oui. Ce potentiel est là. Je vais vous dire autre chose, très chers. Souhaitez-vous savoir ce qui facilitera ceci et où cela se déroulera ? Je vais vous répondre par une seule phrase : *attendez jusqu'à ce que vous constatiez ce que les enfants vont faire.* Un enfant âgé de dix ans aujourd'hui aura vingt-deux ans en 2012, lorsque les dernières mesures auront lieu. Ces enfants d'aujourd'hui, que l'on appelle les indigo, seront de jeunes adultes au moment du prochain seuil à franchir. Ils seront alors en voie de modifier la conscience de cette planète. Certains d'entre vous m'ont demandé la signification du 12:12. Il y a là une signification encore plus élevée que ce qui vous a été révélé jusqu'à aujourd'hui.

De la Convergence harmonique de 1987 jusqu'à 1999, douze années se sont écoulées. À partir d'aujourd'hui, et jusqu'en 2012, une autre série de douze années se déroulera. Considérez le 12:12. Bien qu'il symbolise une prise de pouvoir par l'humanité au cours des années 90, il représente également une métaphore de la durée des deux périodes de douze ans qui ont été accordées à l'humanité pour effectuer sa transformation. Vous venez juste de terminer la première série de 12 et ce que vous avez déjà accompli a largement dépassé toutes les potentialités qui vous furent offertes en 1987 ! En 1989, lorsque ces écrits en étaient à leur début et que mon partenaire (Lee) les transcrivait, nous n'avions pas imaginé que les potentialités de l'énergie seraient ce qu'elles sont aujourd'hui. Il est étonnant de constater tout ce qui s'est passé et la vitesse à laquelle tout s'est déroulé ! Il s'agit là d'une des raisons pour lesquelles vous êtes présents ici, membres de la famille, célébrant un événement dont vous ne soupçonnez pas la profondeur. Aucun d'entre vous ne s'est rendu compte de ce qui aurait pu se produire.

La politique mondiale

Au cours des channelings précédents, nous avons parlé de

politique mondiale et de finances. Lors du dernier channeling, il y a quelques semaines, nous avons déclaré que la Terre allait devoir décider de la « valeur des choses ». Ce processus est aujourd'hui enclenché, et vous pouvez constater l'énergie qui va s'en dégager (allusion aux bagarres à Seattle lors de la Conférence sur le commerce mondial). Observez la lutte qui se déroule entre l'ancien et le nouveau. Observez les pays du tiers-monde participant aux réunions politiques en compagnie des grandes puissances et tentant de déterminer quelles choses ont de la valeur – quel type de travail ou de transaction commerciale est intéressant. Observez. Cela fait partie du nouveau paradigme de la Terre et, bien sûr, lorsque ce genre de processus a cours, il est toujours quelque peu douloureux, mais tout se déroule comme je vous l'ai annoncé depuis deux ans. Il s'agit là du début des « douleurs de croissance » des sociétés terrestres se ralliant pour travailler ensemble. Il s'agit du début de quelque chose que nous appellerons la Nouvelle Jérusalem.

Grâce à une nouvelle vision des choses empreintes de bonté, chaque pays découvrira que le commerce est la réponse à la guerre. Que cela commence maintenant ! Ô il y a encore tant à faire, mais vous n'entrez pas en guerre avec les tribus avec lesquelles vous commercez. Souvenez-vous de ceci : ici se trouve une potentialité, une instruction pour le continent américain. Travailleurs de la lumière, le moment est venu de focaliser votre énergie sur le tiers-monde. Tant de choses vous attendent là-bas. Portez vos regards sur ce qui se déroule dans ces zones sombres que vous n'avez pas encore observées. Là-bas aussi il y a des membres de la famille – des travailleurs de la lumière – et ils ont besoin de votre énergie comme jamais auparavant. Voilà le potentiel qui s'y trouve. Souvenez-vous que nous avons abordé ce sujet, car l'équilibre de la Terre en dépend.

La science

Il a été question de science à de multiples reprises. Nous avons parlé de physique, de chimie et d'ADN. Dans ces domaines particuliers, nous verrons de nombreuses « boîtes de pensée » commencer à s'écrouler. (Autrement dit, les barrières sauteront, nous libérant de l'ancienne pensée.) Attendez de voir ce que seront les enfants ! Permettez-moi de vous entretenir de la plus ancienne science de cette planète : l'étude des champs magnétiques de votre système solaire et de leurs effets au sein de vos cellules au moment de votre naissance – la relation existant entre la grille magnétique et la grille cristalline, telle qu'elle a été déterminée par le système solaire à votre naissance. Ces instructions magnétiques finissent par englober l'enveloppe cristalline de l'ADN. Vous disposez de ces instructions aujourd'hui. Il s'agit de la plus ancienne science de la planète : *l'astrologie*.

Le magnétisme, la chimie cellulaire, les empreintes vitales et les attributs karmiques se rapportent tous à l'étude du magnétisme et des caractéristiques gravitationnelles de votre système solaire. Les différents types de personnalités humaines évoluent autour d'un système qui fut créé afin que vous, membres de l'un de ces types humains, soyez tous caractérisés par de profondes différences à partir desquelles vous devez composer. Cependant, cette science, la plus ancienne de la planète, est toujours accueillie avec mépris par les scientifiques de ce continent (l'Amérique du Nord). Très chers, un jour viendra où l'astrologie recevra toute la reconnaissance qui lui est due de la part du monde scientifique. Pour quelle raison une telle chose surviendra-t-elle ? Elle découlera en fait d'une compréhension parfaite du génome humain et des formations et autres anomalies qui y sont dissimulées. Lorsque les scientifiques étudieront ce mystère, ils en étudieront également les causes.

Comparez l'énergie entourant les scientifiques d'aujourd'hui à celle qui était la leur avant la Convergence harmonique de 1987. Prenez les astronomes, par exemple. Quel était le but essentiel de leurs recherches il y a dix ans et quel est-il de nos jours ? Sur quoi portent de nombreuses recherches astronomiques en 1999 ? Sur la découverte de la vie dans l'univers ! Une course de vitesse est engagée afin de détecter d'autres planètes susceptibles de contenir de la vie – ce qui n'était absolument pas d'actualité il y a dix ans. Ils en ont trouvé vingt-deux en date de cette transcription.

Pourquoi ? Afin de vérifier si certaines d'entre elles sont aussi « confortables » que la Terre et de déceler d'autres formes de vie. Ce type de recherche est devenu le but essentiel de cette science. Les sondes expédiées vers la planète rouge sont équipées de systèmes de détecteurs de vie ! On suspecte même une lune de Jupiter d'abriter la vie dans ses océans, et les astronomes sont impatients de vérifier cela sur place. Si vous aviez émis cette suggestion il y a dix ans, tout le monde se serait moqué de vous. Si vous aviez discuté de l'hypothèse de l'existence d'une autre forme de vie dans votre propre système solaire, vous auriez été chassés de la pièce ! Voilà les progrès que vous avez tous effectués. La raison de ce changement d'attitude ? Des découvertes accélérées et des changements profonds de conscience au cœur même de la pensée humaine. Vous souvenez-vous de ce que nous déclarions en 1993 ? Nous disions : « Ce qui paraît étrange aujourd'hui sera la science de demain. » Eh bien… bienvenue en ce demain !

Réfléchissez à ce que les douze prochaines années pourraient vous apporter. La science est sur le point de découvrir comment votre prochaine étape est guidée spirituellement et elle aura l'occasion d'expliquer de quoi il s'agit. Certains comprendront, d'autres pas. De plus, ils découvriront quelque chose auquel ils ne s'attendaient pas, lorsqu'ils révéleront finalement qu'il existe une énergie au sein de la conscience et de l'intention humaines. Lorsqu'ils perceront les principes scientifiques dissimulés derrière l'énergie de la conscience, ils seront peut-être surpris, mais cela permettra d'expliquer logiquement un certain nombre de choses ayant trait au fonctionnement du corps humain – à la matière et à Dieu. Il y eut un temps où vous étiez convaincus que Dieu et la science n'avaient aucun point commun. Un jour viendra, très chers, où cette idée sera considérée comme ridicule.

Il y a tant à célébrer ici ! Je voudrais m'arrêter maintenant pendant quelques instants. Pour quelle raison êtes-vous venus ici ce soir ? Pourquoi lisez-vous ces lignes ? Aviez-vous un but ou nourrissiez-vous un certain espoir pour votre vie ? Pourquoi ne formulez-vous pas votre intention en cet instant même ? Vous devriez savoir que tout ce que vous avez sollicité en vue d'obtenir une élévation de votre fréquence vibratoire, la guérison, la sérénité et une meilleure connaissance de votre Moi divin peut vous être accordé sur-le-champ. Et à la suite de tous ces bienfaits, très chers, vous obtiendrez également les synchronicités que vous souhaitez dans votre vie. Oh, les choses ne se mettront peut-être pas en place exactement comme vous l'imaginiez, mais nous vous le répétons : ne prenez pas place devant l'Esprit en lui demandant un arbre alors qu'il a une forêt entière à vous offrir ! Ne déterminez pas la manière dont Dieu va vous aider, car vous en limitez ainsi la portée ! Au contraire, laissez-le faire. Prenez place devant l'Esprit et reconnaissez la famille, puis demandez : « *Cher Esprit, que voulez-vous m'apprendre ?* » Prononcez ces paroles de façon que nous puissions vous transmettre les informations d'une divine importance pour votre existence !

Très chers, êtes-vous au cœur même d'un traumatisme, d'une épreuve ou d'une difficulté ? Si tel est le cas, alors, célébrez-les ! Pouvez-vous y arriver ? Mon partenaire a raison lorsqu'il déclare qu'en célébrant les difficultés avec une intention pure, un phare intérieur s'allume et vous vous transformez en un catalyseur déclenchant la solution à votre problème existentiel. Ce phare vous apporte la synchronicité, les réponses et les solutions – et un nouvel être humain apparaît. Permettez-moi de vous parler des passions qui sont en pleine transformation sur cette planète. Êtres humains, certains d'entre vous sont venus au monde avec un schéma directeur qui a été complètement transformé grâce à l'intention formulée. Beaucoup de choses que vous désiriez, que vous aimiez, que vous appréciiez et que vous considériez comme importantes dans le passé ont disparu. Aujourd'hui, tout a changé, et vous êtes intéressés par les gens, tout d'abord par la famille... vous prenez des contacts, vous créez des associations – un véritable réseau familial prend forme. Lorsque vous découvrez que vos passions changent, c'est le signe absolu que le seuil vibratoire de l'être humain s'élève.

Les nouveaux enfants – les indigo

Bénis soient les êtres humains présents ici ce soir et ceux qui lisent ces lignes, et qui sont en mesure de reconnaître les nouveaux enfants. Attendez de voir ce que ces enfants vont accomplir ! Bénis soient les êtres humains disposés à prendre ces enfants par la main, à les regarder dans les yeux et à leur dire : « Je te reconnais. Nous t'attendions. » Ce sont ces enfants qui vont faciliter l'apparition des nouvelles potentialités dont nous parlons aujourd'hui. Parents, soyez prudents. Ne tentez pas d'inculquer vos préjugés à ces enfants, car ils ne les accepteront pas. C'est le meilleur moyen de creuser un fossé entre eux et vous, car ils verront tout de suite les idées fausses que vous essayez de leur enseigner et n'honoreront pas votre sagesse.

Les enfants indigo naissent sur terre avec un jeu d'instructions cellulaires, et je vais vous dire de quelles directives fondamentales il s'agit. Il n'est pas question de jalousie, de haine, ni même de protection ou de survie. Lorsque ces enfants auront grandi, je veux que vous soyez attentifs à ce que leurs paroles et leurs intentions vont annoncer à l'humanité. Leur unique but sera d'obtenir la réponse à ces questions : « Comment pouvons-nous trouver les solutions aux problèmes de la Terre et constituer une seule famille emplie de tolérance ? Comment pouvons-nous amener à une table de conférence des ennemis qui se sont toujours combattus ? » Ces enfants peuvent devenir des leaders qui permettront l'avènement de ces changements… quelque chose qui a manqué à l'humanité depuis des éons. Aujourd'hui, certains vont insister sur ce point. Attendez de voir ce que ces enfants vont réaliser.

L'histoire d'Herman – un conte de Noël

Je vais vous parler d'Herman, un guerrier, un homme viril qui n'est plus parmi nous. Il y a un peu moins d'une centaine d'années, il fut témoin, en compagnie de beaucoup d'autres personnes, de quelque chose d'exceptionnel. En 1914, il participa à une énorme bataille qui marqua le début de ce que l'on appela la Première

Guerre mondiale.

Cette bataille à laquelle Herman prit part fut féroce. À cette époque, les guerres étaient plus sommaires : les combattants regardaient leurs adversaires dans les yeux avant de les tuer. Et Herman se trouvait, comme ses ennemis, dans des tranchées, au début de cette Grande Guerre – un pays luttant contre un autre pays. Il vit la mort de près chaque jour. Il perdit chaque jour des amis. Quotidiennement, il fut le témoin de la bestialité, de la cruauté et de la haine, et il y prit part, comme les autres, pour défendre son pays.

Herman se trouvait dans une tranchée située en première ligne du front, à quelque distance de la tranchée de son ennemi détesté, et la bataille faisait rage nuit et jour. Les hommes étaient mis à contribution pendant des semaines d'affilée – épuisés, sales et meurtris. Herman haïssait cette guerre. Puis, un événement survint. Il entendit ses officiers déclarer qu'un accord avait été signé entre les belligérants et qu'une trêve serait respectée le jour de Noël. Voyez-vous, les deux camps avaient une religion commune. En fait, ils partageaient une doctrine religieuse fondée sur l'amour de Dieu.

Herman n'oublia jamais ce qui se passa alors. Ayant survécu à la guerre, il se souvint toujours de ce qui se produisit ce fameux jour de Noël. Car, ce jour-là, les combats cessèrent en effet pendant douze heures, mais ce ne fut pas tout. Cette nuit-là, Herman trouva le silence assourdissant – sans explosions ni cris. Lorsque la nuit fut tombée, il aperçut pour la première fois des flammes en provenance des tranchées ennemies. En cet instant de paix commune acceptée, tous osaient allumer des feux pour se réchauffer. On fit de même dans le camp d'Herman, et ces feux permirent de se rendre compte de la proximité des deux camps. Herman pouvait apercevoir la silhouette de certains de leurs casques. Il pouvait même les entendre chanter !

Ils chantaient dans une langue différente de la sienne, mais les mélodies étaient les mêmes que celles qu'il avait entendues et chantées lorsqu'il était enfant. Ces chants parlaient de paix sur terre et de l'amour de Dieu. Herman entendait ses ennemis se réjouir et pouvait même sentir l'odeur de leur nourriture. Tout cela l'affecta profondément. On ne déplora aucune victime ce jour-là. Ce fut la chose la plus étonnante qu'il lui fut donnée de vivre. Par la suite, il raconta à ses enfants et à ses petits-enfants qu'il avait vécu un miracle. Tous ces hommes avaient laissé tomber leurs armes lorsqu'ils prirent conscience qu'ils avaient quelque chose en commun, quelque chose de beau et qui dépassait de loin leur guerre ou leur haine : l'amour de Dieu.

Il déclara à ses enfants : « Ne serait-il pas formidable de trouver le secret de ce miracle ? Et si l'on pouvait utiliser ce secret qui mit un terme aux combats pendant une journée pour les faire cesser pendant une semaine, un mois ou définitivement ? Et si les êtres humains pouvaient aller au-delà de leur haine et trouver un accord à partir de leur amour d'un Dieu commun ? » Avant de mourir, il leur répéta : « Je l'ai vu ! J'ai vu le miracle que peut accomplir l'amour de Dieu ! Je sais que cela peut se reproduire. J'en ai été le témoin dans la vieille énergie, bien que pendant une seule journée. » Et il passa le flambeau à ses enfants en déclarant : « Je sais que c'est possible. Je vous en prie, trouvez un moyen. »

Vous vous demandez pourquoi nous nous réjouissons avec vous ? Notre cortège distingue les potentialités des nouveaux enfants humains que vous avez créés volontairement sur cette planète. Ce cortège, qui se répand dans cette salle afin de vous aimer, distingue les potentialités que possède l'humanité afin de parvenir à un accord respectant les croyances de chacun sur cette planète. Ô très chers, certaines dissensions peuvent survenir au sujet de ce qui est en train de se construire, ou à propos de la façon dont tout cela se réalise, mais l'humanité peut arriver à se mettre d'accord sur quelque chose pouvant remplacer l'énergie de la guerre. Elle peut trouver un accord stipulant qu'avant que toute guerre ne soit déclenchée, chacun comprenne qu'il y a un dessein divin beaucoup plus grandiose en recherchant la paix. Doutez-vous qu'une telle chose survienne un jour ? Pensez-vous qu'il s'agisse d'une chimère et que la nature humaine soit incapable de parvenir un jour à un tel résultat ?

Attendez de voir ce que les enfants feront.

Très chers, vous approchez d'une date qui représente une trêve d'amour – le moment où, en 1914, ils cessèrent les tirs –, un miracle qui a affecté les vies de tous les soldats qui en furent les acteurs. Vous entendrez une phrase que vous connaissez depuis toujours : « Paix sur la Terre », et d'autres encore. Seulement, maintenant, vous et les enfants détenez le potentiel nécessaire pour donner vie à ces mots ! Cette paix aura-t-elle lieu ? Dans l'histoire de l'humanité, il n'y eut jamais de moment plus favorable que celui-ci.

Comment tout ceci sera-t-il accompli ? Tout doit prendre naissance en vous. Comment souhaiteriez-vous cesser le combat ? Que dire d'un accord entre votre « dualité intérieure » et votre Moi divin, afin que tout conflit disparaisse ? Que votre dualité suive sa propre voie et apprenne qu'avec un accord mettant l'accent sur l'amour de Dieu, le combat peut cesser. Mais il y a bien davantage, et j'en ai parlé à d'autres travailleurs de la lumière.

À votre tour, vous devez entendre ces paroles. Chers humains, vous qui écoutez ces communications ou qui lisez ces lignes, à qui n'adressez-vous pas la parole ? À qui n'avez-vous pas pardonné... qu'il soit vivant ou mort ? Le moment n'est-il pas venu pour que cette énergie se dissipe et que vous commenciez à apercevoir la véritable raison qui provoquait une telle situation ? Et que dire de l'amour de Dieu ? N'est-ce pas plus important que votre drame personnel ? La paix sur la Terre doit se répandre à partir d'ici, là où vous vous trouvez en cet instant même !

Il existe une étincelle d'amour divin en vous tous qui êtes ici ou qui lisez ces lignes. Le moment est venu de trouver un accord avec votre ange intérieur afin qu'il laisse s'échapper de vous toute amertume et toute haine. Et, en ce qui regarde les relations humaines, nous vous déclarons ceci : attendez de voir ce que les enfants vont faire !

Nous vous posons à nouveau la question : Voulez-vous connaître notre message de ce jour ? C'est : *merci* ! Merci d'élever la fréquence vibratoire de cette planète et de déclencher quelque chose qui aura de profondes implications interstellaires jusqu'aux confins de votre univers. Chaque membre de la famille connaît la Terre – chacun d'entre eux. Un jour viendra où nous nous reverrons, et ce ne sera pas dans cette salle, ni là où vous êtes présentement en train de lire ces lignes. Un jour viendra où Kryeon vous apercevra dans toute votre splendeur, dans toute votre gloire, parés de toutes vos couleurs. Lorsque ce jour arrivera, nous évoquerons la journée d'aujourd'hui, cette dernière réunion avant le passage du seuil. Nous évoquerons la célébration à laquelle nous participâmes en décembre 1999 et au cours de laquelle nous baignâmes vos pieds, vous enlaçâmes et célébrâmes votre retour. En ce qui me concerne, tout ceci est en train de se dérouler maintenant.

Mais, très chers, jusqu'à ce que cela se produise dans votre réalité, nous souhaitons vous dire ceci : restez ici et tenez ferme la lumière ! Que cette étape soit décisive ! Que se passera-t-il par rapport à ce monde ? Très chers, lorsque vous franchirez ce seuil, nous vous dirons ceci : que l'enseignement commence ! Car, alors, l'angoisse disparaîtra petit à petit. La sagesse vous englobera, car le passage de ce seuil qui devait marquer votre disparition aura été franchi ! La peur accompagnant cet événement aura été chassée, et l'espoir l'aura supplantée – celui de la force la plus puissante de l'univers… l'espoir de l'amour de Dieu.

La chose la plus difficile qu'il nous soit donné d'accomplir consiste à nous séparer de vous. L'émotion étreint mon partenaire, et les mots de séparation sont difficiles à exprimer. Celui-ci ressent la même émotion que Kryeon (larmes). Ces instants que nous avons partagés avec vous en mêlant étroitement nos énergies sont des moments précieux, si précieux. Et maintenant, nous nous retirons. Nous quittons cette salle de la même façon que nous y avons pénétré – avec reconnaissance pour les messages que nous vous délivrons. Souvenez-vous de ce que les maîtres ont dit et continuent de dire : « Aimez-vous les uns les autres ! » En agissant ainsi, les problèmes les plus cruciaux de ce monde s'évanouiront, comme s'ils n'avaient jamais existé. Le catalyseur de la paix est l'amour – répétons-le sans cesse.

Et maintenant, au passage du seuil, tout vous sera plus facile. Merci, très chers. Merci.

Et il en est ainsi.

Kryeon

CHAPITRE SIX

Le pont des épées

Orlando, Floride
Janvier 2000

Salutations, très chers. Je suis Kryeon, du Service magnétique. En pénétrant ici avec notre cortège, nous ressentons ce moment comme particulièrement précieux. Notre cortège se place parmi vous, alors que nous touchons vos cœurs. Car nous sommes nombreux, aujourd'hui, à vous rendre visite. En effet, nous nous dispersons dans les allées, autour de vous, et prenons place devant et derrière vous. Même si vous pensez que cette salle est quelque peu exiguë, sachez que nous n'en sommes pas moins très nombreux à la remplir.

À partir de l'interdimensionnalité qui appartient à tous, nous proclamons être semblables à vous ! Kryeon n'est pas le grand JE SUIS. Nous vous invitons tous à ressentir la présence du JE SUIS parmi les anges présents dans cette salle. Le premier de ces anges qui souhaite vous faire ressentir la présence du JE SUIS est celui doté de l'énergie de l'archange. Alors que vous vous accoutumez à la sérénité qui peut vous gagner maintenant, l'influence la plus profonde qui règne dans cette pièce ce soir est celle de l'archange Michaël. *Elle* est contente de vous voir ! Votre frère/sœur Kryeon l'est aussi. Comprenez que l'Esprit n'a pas de genre.

Le second ange présent dans cette salle et qui souhaite vous accueillir est celui qui demeure en vous et qui représente la véritable famille. Le Moi divin de chaque individu présent dans cette salle nous accueille tous, ainsi que le doute qui étreint certains d'entre vous quant à la réalité de ce qui est en train de se dérouler ici. C'est la seconde moitié du JE SUIS.

Chaque ange qui est censé s'être adressé à un être humain, chaque vision impliquant une visitation angélique est identique dans un certain sens. Qu'il soit seul ou qu'il apparaisse en groupe, sa première action consiste à prendre place devant l'être humain et à lui dire : « Ne crains rien. » Ce qu'il dit en réalité, c'est : « N'aie pas peur de moi, car je suis de ta famille. » Le second attribut caractérisant chaque visite angélique consiste en un seul mot : *assistance.* Ces êtres angéliques sont des fragments divins qui vous rendent visite dans toute leur splendeur. Oh, si vous pouviez voir à quoi ils ressemblent ! Ils représentent tout ce que vous pourriez imaginer ! Que ressentez-vous en sachant que chacun d'entre eux vient ici pour vous aider ? Consultez les relations historiques et documentées de telles visites angéliques.

Nous vous invitons à ressentir la présence de ceux qui vous entourent maintenant, et ceci s'applique également à ceux qui lisent ces lignes. Vous ressentirez une certaine chaleur et du mouvement lorsque l'énergie vous submergera et que s'accroîtra la présence de l'Esprit – le sentiment d'être au sein de votre vrai foyer. Appelez cela une étreinte, si vous le désirez. Rien n'est comparable à cela, très chers – rien. Au sein de cette salle, remplie par la présence de ceux qui vous aiment si tendrement, soyez en paix pendant un instant et célébrez cette occasion avec moi.

[Pause]

L'émotion saisit mon partenaire alors qu'il comprend que tant d'entre vous émettent l'intention de nous laisser entrer et vous étreindre. Pendant quelques instants, laissez votre famille de l'autre côté du voile mêler ses énergies aux vôtres. Pendant quelques instants, que votre réalité soit identique à la nôtre. Ressentez les membres de la famille qui arrivent et qui vous manifestent leur présence en vous effleurant. Bien que ce ne soit pas toujours le cas, certaines entités de grande valeur sont ici en ce moment présent, des entités qui ont récemment quitté le monde des humains et qui se présentent à vous, que vous soyez présents dans cette salle ou en train de lire ces lignes. Très chers, ce n'est pas toujours le cas, mais aujourd'hui, certains d'entre vous présents ici ou lisant ces mots ont besoin de ressentir cette énergie spécifique. Peut-être cela fut-il votre intention depuis le début ? Vous voyez ce que votre pouvoir peut accomplir ? Les voilà ! Lecteurs, comprenez-vous mieux le maintenant ? Cette transcription est entendue et lue simultanément ! Ressentez l'amour de ceux qui sont présents ici ! L'énergie qui vous entoure en est une *d'achèvement* et elle a trait à *l'éveil spirituel*. Mais alors, c'est la raison pour laquelle vous lisez ceci, n'est-ce pas ? L'enseignement d'aujourd'hui comporte de nombreux sujets, aussi allons-nous commencer immédiatement. Au cours de cet enseignement, ne soyez pas surpris si les étreintes dont nous avons parlé deviennent plus fortes.

La traversée

Actuellement, à quoi se rapporte l'énergie ? Elle se rapporte au fait que vous l'avez créée ! Nous appellerons l'enseignement d'aujourd'hui *La traversée du pont des épées*. Il y a quelques semaines, vous vous êtes retrouvés dans une dimension temporelle particulière – une dimension de temps linéaire dont même l'Esprit ne pouvait rien vous dire. Si vous ne vous en êtes pas rendu compte, nous sommes ici pour vous en parler. Non seulement le *temps* d'aujourd'hui est différent de celui des années 90, mais les travailleurs de la lumière le sont également. En fait, vous êtes tous différents maintenant de ce que vous étiez il y a quelques semaines.

Un gouffre sépare l'ancienne énergie de la nouvelle, et vous venez juste de le franchir. Comprenez bien que moi, Kryeon, votre frère/sœur je m'adresse à vous dans le maintenant. Et que ceci soit bien clair dans votre esprit : disparues toutes les prophéties concernant les guerres massives, les souffrances de larges segments de population, la destruction à l'échelle de la planète ou l'arrêt généralisé des supports technologiques. En franchissant l'année 2000, vous venez de créer une nouvelle réalité. Comme nous vous l'avons annoncé le mois dernier, aucune entité de l'univers ne pouvait réaliser ceci pour vous, ni prédire ce qui se passerait. Au contraire, nous vous avons fourni les grandes potentialités qui vous attendaient (allusion au channeling du New Hampshire en novembre 1999).

Tout d'abord, nous vous invitons à considérer ce seuil lui-même dans le cadre de la dimension temporelle réelle de l'homme. Ce seuil a ouvert la voie à ce qui va venir. Soyez toujours attentifs à l'énergie rattachée à une date importante. Elle vous annonce souvent les potentialités à venir pour la phase suivante de votre voyage. Le seuil dont nous avons discuté auparavant (le mois dernier) vous a permis d'entrer dans l'année 2000. Vous étiez tout à fait conscients de l'abîme qui allait se présenter, et de nombreux êtres humains savaient qu'il pouvait signifier beaucoup pour eux. Au niveau cellulaire, vous étiez conscients de l'importance de cette date. Cependant, la plupart d'entre vous n'avaient aucune idée des bouleversements qu'elle provoquerait dans leur existence. Il s'agissait de la séparation finale de potentialités existant depuis des éons – une séparation survenant entre l'ancienne énergie et la nouvelle, entre l'ancien but de la Terre et le nouveau, en rapport avec votre futur.

Aucun d'entre nous ne pouvait vous dire ce qui allait être en franchissant ce seuil, mais au cours de channelings précédents, nous vous avons fourni certains indices. Vous seuls, en votre qualité d'humains responsables de votre réalité, pouviez traverser ce pont. La date fatidique se présenta, et ce fut étonnant ! Si vous voulez vous rendre compte de l'énergie qui apparut sur cette planète au passage du seuil, examinez les profonds changements survenus au sein de l'humanité durant l'année 2000.

Un peu plus tôt, mon partenaire a fait allusion à tout cela (Lee a parlé des célébrations de la nouvelle année). Une fois ce seuil franchi sur l'ensemble du globe, au sein des dimensions temporelles individuelles, des célébrations eurent lieu, puis d'autres, encore et encore ! (rires) Si la paix régnait lors du passage à l'an 2000 ce n'est pas par hasard, et ce fut exactement l'intention que vous avez manifestée, travailleurs de la lumière. Ne comprenez-vous pas que vous seuls avez créé tout ceci ? Voilà le pouvoir de la conscience humaine.

Voyez ce qui se déroule en Israël ! Nous vous avons dit, dans le passé, que tout commencerait là. Peu importe ce qui est survenu sur la planète, du point de vue des énergies, cela devait naître dans ces lieux. Vous souvenez-vous des prophéties ? D'après celles-ci, d'horribles guerres destinées à ravager la planète devaient être déclenchées là-bas. Toutefois, cela ne s'est pas passé ainsi. Au lieu d'une terrible guerre, un événement de grande ampleur a marqué cette transition. Qu'advint-il alors ? Une célébration ! Et si vous allez dans ce pays, vous vous rendrez compte que l'énergie qui imprègne cette région en est une de paix et non de guerre ! Bien que les transformations d'énergie s'effectuent pendant longtemps et qu'elles se heurtent à de multiples résistances, le sentiment dominant sur cette Terre prophétique est la création de la paix. Maintenant, je vous le demande, quelle prophétie vous a annoncé cela ? La réponse ? Aucune. Vous l'avez créée vous-mêmes ! Ce fait devrait représenter la preuve de ce que nous affirmons – et vos médias ont permis au monde entier de partager cette célébration. Il n'est pas étonnant que ces zones du monde de grande importance (telle la Palestine) éprouvent d'immenses difficultés à s'ajuster à la nouvelle énergie ! Beaucoup de gens tentent toujours de parvenir à la réalisation des événements prévus par les anciennes prophéties et rencontrent, de ce fait, d'énormes résistances. Il est possible que vous constatiez cette année un apparent « recul » lorsque la vieille énergie s'efforcera de perpétuer les vieux conflits. Cette énergie est nouvelle sur cette planète et créera de grandes difficultés chez ceux qui tenteront de rester dans le cadre de l'ancien paradigme.

Comme vous l'avez remarqué, nous ne faisons jamais de prédictions. Nous ne vous disons jamais ce qui va survenir. Nous n'avions aucune idée de ce que vous alliez créer une fois le seuil franchi. Cependant, en nous basant sur l'énergie que vous avez développée, nous vous avons fourni certaines lignes directrices. C'est la raison pour laquelle aucune entité, dans tout l'univers, n'a pu vous dire ce que vous trouveriez de l'autre côté du pont des épées. Voilà le genre de choix spirituels qui sont offerts aux humains. Et maintenant, vous êtes ici ! C'est merveilleux ! Nous ne sous-estimerons jamais ce que vous avez réalisé.

Le pont

Le pont des épées représente une métaphore, n'est-ce pas ? Ce pont traverse le canyon séparant les anciennes énergies des nouvelles. Les épées sont croisées au-dessus de vos têtes, comme au cours de tant de célébrations guerrières. Certains ont imaginé que ces épées symbolisaient le pont, mais celui-ci n'est que pure intention. En réalité, elles recouvrent le pont. Vous vous êtes vous-mêmes nommés « guerriers de la lumière » et personnifiez le combat entre les énergies anciennes et les nouvelles. Ne soyez pas surpris que cette guerre ne soit pas terminée. En fait, dans certains cas, la bataille ne fait que commencer ! Appelez-la, si vous le souhaitez, la bataille finale, car, encore une fois, elle est le combat qui sévit entre les vieux paradigmes de puissance et de contrôle – une vieille empreinte de ce qui aurait pu se passer –, et une énergie nouvelle, inattendue, toute chargée d'intégrité, de sagesse et de paix. Le canyon représentait un changement complet de la conscience humaine – un changement qui allait permettre de réécrire la fin de l'histoire humaine en un nouveau commencement.

Le gouffre séparant l'ancien du nouveau a été comblé par le pont des épées. Voyez ce que l'épée incarne : la vérité ! L'épée est la vérité. L'épée chante en harmonie avec la vibration du chakra cardiaque qui renvoie, en fait, à la note de musique *fa*. La traversée du pont des épées permet également de pénétrer dans un nouveau millénaire et une énergie de vérité.

Au cours de channelings passés, nous vous avons fourni des informations ayant trait aux différents types d'énergies qui allaient vous être livrées. Nous avons parlé de la façon dont les énergies sont offertes à la planète, et l'un des moyens les plus efficaces est par l'entremise de votre système solaire. Nous avons parlé des énergies accompagnant les éclipses et les comètes. Maintenant, en cette année, dans le cadre des alignements planétaires qui vont survenir (allusion en particulier à l'alignement planétaire de mai 2000), l'énergie que vous recevrez est caractérisée par un mot : MÈRE.

Certains d'entre vous ont déclaré qu'il s'agissait d'une énergie féminine. Ce n'est pas exactement le cas. Il s'agit davantage d'une énergie maternelle. Ce n'est donc pas une caractéristique générique. Il est plutôt question ici d'une énergie que tous les humains comprendront, car elle est imprégnée de douceur, de paix et d'affection. C'est l'énergie signalant le début de l'équilibre de la planète, et elle est attendue depuis longtemps. C'est une énergie qui complétera ce qui est en train de prendre place grâce à l'évolution de la conscience humaine.

Tout le monde ne traversera pas le pont

Tous les humains ne traverseront pas le pont des épées, mais vous le saviez, n'est-ce pas ? Certains n'accepteront jamais quoi que ce soit en provenance de la nouvelle énergie. Ceux-là ne franchiront jamais le pont des épées. Ils resteront dans l'ancien et s'y complairont. Ils ne souhaitent pas changer et s'accrochent même à leur ancienne empreinte cellulaire qui leur souffle que nous sommes tous condamnés. Certains pourraient demander : « *Kryeon, ils sont entrés dans le nouveau millénaire, n'est-ce pas ?* » Oui, en effet. « *Alors, n'ont-ils pas franchi le pont des épées ?* » Non, aucunement.

L'humanité dans son ensemble a franchi le seuil du millénaire. Mais le franchissement du pont des épées n'a été réalisé que par quelques-uns d'entre vous. De ce fait, ce pont n'est en soi qu'une métaphore décrivant l'intention réelle et manifestée des guerriers de la lumière répartis sur l'ensemble de la planète. Nombreux sont ceux qui ont franchi le seuil sans pour autant avoir transformé leur énergie personnelle. Très chers, prenez conscience que nous ne les jugeons pas : nous célébrons simplement le fait qu'ils soient ici, en leur qualité de membres de la famille, tout comme vous. Au fur et à mesure que le temps passera, vous découvrirez que de nombreuses personnes jugeront beaucoup plus efficace, au niveau cellulaire, de quitter cette planète et de revenir sous la forme d'un nouvel enfant (doté de la vibration indigo). Je vous déclare que beaucoup de morts inexplicables surviendront. Ceci ne doit pas vous effrayer, mais être plutôt vu comme une potentialité à laquelle il convient d'être attentif. Il est possible que vous soyez touchés par une partie de ces phénomènes, et non par d'autres. Mais si cela se produit, comprenez ce phénomène et célébrez-le pour ce qu'il est réellement.

Perspective sur le cadre temporel (suite)

Le cadre temporel dont nous souhaitons vous entretenir a été discuté avec deux autres groupes, mais nous voudrions ici vous apporter une vue d'ensemble plus étendue. Cette dernière vous offre une nouvelle signification du 12:12, car celui-ci a toujours été en soi une métaphore. Il y a quelques années (1994), le 12:12 concernait une prise en main par l'humanité d'une nouvelle responsabilité. Nous appelâmes cela le « passage de la torche ». Il s'agissait d'un temps où le contrôle de l'énergie sur cette planète vous fut confié totalement par des entités qui le maintenaient partiellement dans l'ancienne énergie. Afin qu'il n'y ait pas de malentendu, vous avez toujours exercé un contrôle, mais il existait un merveilleux groupe d'entités qui devaient se tenir à vos côtés afin de maîtriser certains types d'énergies dans le but de vous permettre d'opérer au sein de votre divinité. Ce sont elles qui ont maintenant quitté la Terre. Elles l'ont fait parce que votre divinité a augmenté. Le « seau d'énergie » de la Terre était alors rempli, et elles durent partir afin de vous laisser l'entière responsabilité de ces énergies.

Aujourd'hui, nous accordons une nouvelle signification au 12:12, et c'est en effet un autre événement capital. Les capacités de l'humanité permettent maintenant d'une façon encore plus significative de se débarrasser des vieilles prédictions et de créer un nouveau calendrier.

La distance séparant 1987 (la Convergence harmonique) et votre seuil de l'an 2000 est de douze ans. Et ces douze années se déroulèrent dans l'ancienne énergie, alors que les guerriers de la lumière s'éveillaient peu à peu, anticipant l'apparition du pont des épées symbolisant l'étape à franchir au cours du passage de l'an 2000.

Les douze prochaines années vous mèneront au 2012. Si vous aviez interrogé certains anciens au sujet de la signification de 2012, ils vous auraient répondu qu'il s'agit de la fin des temps ! Vous savez quoi ? C'est le cas ! C'est la dernière prise de mesures de l'ancien paradigme terrestre et la fin des temps pour un plan très ancien. Lorsque cette date surviendra, il y aura une autre célébration : celle de la paix sur la Terre. En effet, il s'agira d'un autre seuil ! Les douze dernières années de lutte, combinées aux prochaines années de révélations, vous fournissent un autre 12:12 à considérer. Il n'y a pas de hasard avec les nombres, et le 12 renvoie à la base de toutes les lois physiques. Celles-ci sont le modèle permettant le choix, et le choix exprime ce que les humains ont décidé afin de créer une nouvelle réalité sur la planète. Un peu plus tard, au fur et à mesure que vous comprendrez ce que tout cela signifie, ce schéma deviendra apparent pour vous.

Les potentialités de cette nouvelle énergie sont maintenant illimitées, mais vous deviez franchir ce seuil par vous-mêmes afin de les créer. Un nouvel être humain va peupler cette planète (les indigo) – des attitudes nouvelles apparaîtront dans les lieux les plus inattendus, la tolérance prévaudra là où elle n'existait pas auparavant et une durée de vie beaucoup plus longue vous sera accordée grâce à la science et aux interventions spirituelles. Comme nous l'avons déjà dit, il y a tant de choses ici qui ont trait aux potentialités de cette nouvelle ère, que nous commençons à appeler « l'Âge du moment présent ». Au cours de nombreux channelings, nous vous avons demandé de prendre place et de ressentir les énergies d'une célébration – une célébration qui vous concerne, ainsi que vos enfants et leurs descendants. Nous vous avons demandé de célébrer ceux qui attendent le moment de leur naissance – qui sont tellement impatients de venir sur terre –, ceux qui vous ont choisis comme parents et, pour certains d'entre vous, comme grands-parents. Et, le jour de leur naissance, nous vous recommandons de bien observer leurs yeux durant la première heure – les premières minutes de leur nouvelle vie – et de reconnaître leur vieille âme ! Et si vous êtes présents au moment de leur naissance, dans cette salle tout imprégnée de joie, nous vous incitons vivement à leur dire : « Bienvenue pour ton retour », et de surveiller leurs réactions.

Qu'est-ce qui vous attend ?

Vous avez passé les douze dernières années à vous préparer à cet événement, et maintenant, le moment est venu ! Vous allez participer à l'*action* de cette nouvelle ère. Travailleurs de la lumière, au cours des douze dernières années, vous êtes-vous sentis dans une impasse, anxieux, bloqués, nerveux ? Certains d'entre vous se réveillent souvent au milieu de la nuit et s'interrogent à ce sujet, sans pouvoir trouver le sommeil. Guérisseurs, êtes-vous attentifs ? Les choses vont changer ! Nombreux sont vos contrats qui ont attendu cette nouvelle énergie. Si vous vous êtes sentis retenus dans le passé, c'était bien le cas ! Vous vous êtes peut-être sentis frustrés en constatant que les choses ne se déroulaient pas comme vous le souhaitiez ? Le seuil n'était pas prêt et vous ne l'étiez pas non plus. Votre intention a devancé l'énergie qui vous imprégnait, mais aujourd'hui, vous baignez dans l'énergie que vous avez finalement créée. Ce que vous avez demandé est désormais à votre disposition. Le seuil a été franchi, et vous vous trouvez présentement au début d'un nouveau paradigme touchant votre vie et la planète Terre.

Le chariot de la nouvelle énergie est ici afin de vous transporter vers un nouveau territoire. Comme ce chariot s'anime, il gagne en puissance. Vous vous dites guerriers de la lumière ? Eh bien, le temps est venu de vous mettre au travail. Et vous pensiez être prêts, n'est-ce pas ? Vous allez peu à peu apercevoir des résultats issus de la différence entre la façon dont les choses se passaient et celle dont elles peuvent se passer. Comment cela ? Il ne s'agira pas d'un changement d'énergie instantané. Tout comme les autres changements survenant sur cette planète, ceux-ci nécessiteront du temps et devront être soutenus par la volonté, le travail et la conscience de l'homme. Tout ceci est également relié à l'énergie globale qui se répand sur la Terre – l'énergie mère, la douceur, la synchronicité. Cette nouvelle énergie peut, aujourd'hui, vous être finalement distribuée en personne, avec sagesse, d'une manière enjouée, contrairement à celle qui vous frappait par surprise, comme dans le passé.

Vous avez réclamé une nouvelle façon de travailler avec l'esprit ; maintenant, recherchez la preuve de son existence et célébrez-la ! Mais ne nous dites pas comment procéder. Ne demandez pas à vos guides de résoudre tel ou tel problème dans votre vie ! Au lieu de cela, soyez partie prenante dans ce processus. Visualisez ce dernier comme étant achevé. Visualisez-vous sereins, assis en un lieu où tout est bien. Permettez à votre partenaire (Dieu) de déterminer les moyens, tandis que vous-mêmes fournirez l'intention. Laissez-nous vous présenter certaines solutions merveilleuses, grâce à la synchronicité – des solutions que vous n'auriez jamais imaginées, des solutions sur lesquelles votre nom est cependant gravé (car vous les avez créées avant de venir sur terre, tout comme vos défis). En effet ! Il s'agit là de la description d'un être humain qui comprend le maintenant.

Nombreux parmi vous sont ceux qui vont passer d'un état de déception et d'anxiété (parce que *rien* ne se passait) à un état d'angoisse devant *tout* ce qui va se passer. Quantité de portes peuvent maintenant s'ouvrir ! De nombreuses options peuvent dorénavant se présenter. L'énergie permettant ces changements peut fort bien commencer à circuler en vous, car elle est une création de la nouvelle énergie – une énergie dont vous avez toujours recherché le soutien mais qui peut aujourd'hui vous fournir trop de choses parmi lesquelles choisir ! Vous êtes tous très différents les uns des autres, et chaque problème au sein de cette énergie sera unique. Mais nous connaissons chacun de vos noms et je parle ici des noms spirituels qui vous ont été attribués. Même ceux d'entre vous qui semblent être venus assister à cette réunion par hasard s'apercevront de changements qui se présenteront à eux, grâce à la synchronicité. Vous souhaitez savoir de quelle synchronicité il s'agit ? Celle qui a permis que vous veniez ici ou que vous lisiez ces lignes ! Ce sont des choses que vous pouvez constater dans votre réalité.

Béni soit celui qui écoute ces paroles ou lit ces lignes avec un total scepticisme, car c'est celui-ci qui souvent aura le plus de chances de transformer la Terre ! Attardez-vous à revoir l'histoire humaine. Souvent, celui qui est le plus opposé à l'arrivée de la nouvelle énergie est celui qui, par la suite, s'y accroche le plus. Ceci s'explique par le contrat spirituel. Souvent, les plus sceptiques deviennent les plus fervents par la suite. Parfois, les contrats spirituels exigent ce type d'examen intérieur permettant de pouvoir se manifester. Il ne s'agit donc pas d'un accident si, parmi vous ce soir, et parmi ceux qui lisent ce livre, figurent un certain nombre de sceptiques. Ils sont aimés de la même façon !

L'intégrité dans le maintien de votre lumière

Très chers, je veux vous présenter un concept qui concerne l'amour de Dieu. Nous allons aborder deux questions ayant trait à l'intégrité. Guerriers de la lumière, l'intégrité doit se trouver dans tout ce que vous faites ici, car si vous ne l'avez pas encore compris, toute chose doit être imprégnée d'intégrité spirituelle. Nous nous adressons à vous tous qui possédez aujourd'hui une vibration plus élevée que celle qui fut la vôtre au moment de votre naissance – une vibration qui indique votre choix et votre intention de vous rapprocher encore de votre divinité. C'est là la définition du *guerrier de la lumière.*

Deux questions essentielles concernent donc la nouvelle énergie, et nous avons été interrogés là-dessus par vous, guérisseurs et travailleurs de la lumière.

1. Certains d'entre vous nous ont dit : « *Kryeon, je suis un facilitateur, je conseille les gens. Quelle est notre responsabilité vis-à-vis de ceux que nous assistons ? En général, quelle est la responsabilité des travailleurs de la lumière envers ceux qui les entourent ? Nous avons beaucoup d'énergie à distribuer, mais lorsque nous le faisons, jusqu'à quel point devrions-nous être impliqués ? Est-ce que cela interfère avec le libre arbitre de l'individu ?* »

En guise de réponse, nous allons vous proposer la métaphore du phare. Ce dernier est bâti sur un rocher. Parfois, on le déplace selon les variations des conditions climatiques, mais c'est le même phare, le même gardien – ancré sur un rocher. Le phare se trouve là dans le seul but de diffuser sa lumière selon ses diverses fonctions. Parfois, il s'agit d'un avertissement, parfois, cette lumière sert à attirer l'attention et parfois, elle sert même de guide, mais quelle que soit son utilité, le phare est toujours ancré sur un rocher. Ceux qui l'ont construit et qui le font fonctionner connaissent quelque chose qu'ignorent les autres : ils savent où se trouvent les récifs – les dangers – et sont là pour orienter les autres afin d'éviter tout accident.

Lorsque la lumière fait en sorte de guider les navires dans le port en toute sécurité, le phare se réjouit ! Cependant, dans ce cas, le gardien du phare n'abandonne pas son poste pour se rendre à une réception en compagnie du capitaine du navire. Au contraire, le gardien se réjouit silencieusement et continue de faire briller la lumière du phare. La plupart des capitaines qui atteignent le port en toute sécurité grâce à la lumière de ce phare ne connaissent pas le gardien qui les a aidés. Ce dernier ne fait aucune déclaration à l'effet qu'il a sauvé un navire ! Il est silencieux et poursuit sa tâche, souvent seul, ancré sur son rocher.

Mais le gardien est triste lorsque les navires ignorent ses signaux et se brisent sur les récifs. Cependant, il ne part pas pour autant au secours du navire. Il n'a aucune responsabilité vis-à-vis des bateaux qui se fracassent sur les rochers ! Il n'est pas déprimé quand un tel événement se produit et ne démonte pas le phare parce qu'un navire a ignoré ses signaux. Non. Au contraire, le phare n'a qu'un seul but : répandre la lumière, toujours et encore.

Ce que nous vous disons, spécialement à vous, guérisseurs, c'est ceci : au sein de la nouvelle énergie, vous recevrez des dons, tel un gardien de phare. Peut-être avez-vous déjà entendu cela, mais nous vous le répétons : vous n'êtes pas responsables de ceux qui ne souhaitent pas partager la nouvelle énergie. Vous n'avez aucune responsabilité envers ceux qui ne se soignent pas. Vous n'êtes pas non plus responsables des autres. Célébrez ceux qui guérissent, pleurez sur le sort de ceux qui ne guérissent pas, mais n'assumez de responsabilité qu'à propos de l'intégrité de l'énergie que vous dispensez. Faites briller la lumière et restez sur place. Continuez à vous ancrer dans le rocher de la sagesse et entretenez constamment la pureté de la lumière que vous prodiguez.

Votre phare peut se transporter n'importe où sur terre, mais assurez-vous, quel que soit l'endroit où vous décidez de vous arrêter, de pouvoir à nouveau l'ancrer profondément dans le roc afin que sa lumière puisse briller parfaitement. Il est important que vous entendiez ces paroles aujourd'hui, parce qu'au sein de la nouvelle énergie, nombreux seront ceux qui se présenteront à vous sans l'avoir fait auparavant. Votre lumière attirera de nombreuses personnes. En votre qualité d'être humanitaire qui comprend les autres et leur souhaite tout ce qu'il y a de meilleur, vous ressentirez peut-être l'exigence de réussir avec chacun – d'amener tous les navires à bon port. Souvenez-vous de ce que nous vous avons déjà dit : les guérisseurs ne guérissent pas – ils équilibrent. Le pouvoir de guérison appartient à votre patient, qui se tient prêt à être guéri. Vous êtes le catalyseur. Ancrez-vous et faites briller votre lumière. C'est là que se trouve l'intégrité.

2. « *Kryeon, que se passe-t-il justement lorsque ma lumière "brille" et affecte d'autres personnes ? Cela n'interfère-t-il pas avec le libre arbitre ? Vous nous avez dit qu'il ne s'agit pas là d'une tâche évangélique. N'ai-je pas affecté le cours de leur existence ? Expliquez-moi comment tout cela fonctionne.* »

Très chers, le phare n'est pas agressif. Il n'est pas évangélisateur non plus. Il se contente de briller. Disons que vous vous déplacez dans une pièce sombre où vous avez de la difficulté à distinguer les choses alors même que d'autres personnes s'y déplacent également en faisant de leur mieux. En votre qualité de phare, vous projetez votre lumière dans leur direction, et soudain, elle illumine leur chemin. Ces gens peuvent désormais *choisir* de distinguer leur route ou non – de se diriger dans telle ou telle direction ou vers celle qui est maintenant éclairée. Je vous le demande, en agissant ainsi, avez-vous troublé leur choix ? Non. Au contraire, vous leur avez fourni certaines options dans le silence.

Certains diront que vous avez affecté leur existence, et ils auront raison. Mais, en réalité, vous n'avez provoqué aucune interférence. Vous ne les avez ni obligés ni incités à faire quoi que ce soit. Vous vous êtes contentés de rester silencieux, ancrés, et vous avez projeté votre lumière. Certains ne se seront peut-être même pas rendu compte que vous étiez présents. C'est ainsi que les choses fonctionnent. Il y a une certaine intégrité dans le silence. Une intégrité qui honore le libre arbitre et la volonté de chaque membre de la famille rencontré. En définitive, un phare possède sa propre intégrité ! Guerriers de la lumière, vous avez traversé le pont des épées. Je suis assis devant des centaines de phares en cet instant !

La science au sein de la nouvelle énergie

Il ne pourrait y avoir de channeling de Kryeon sans qu'une partie de cette communication soit consacrée à la science, n'est-ce pas ? Quelque chose s'est passé dont il n'a jamais été question auparavant. Vos scientifiques commencent à voir l'atome de la façon dont nous en parlons depuis des années. Et, croyez-moi ou non, cela est relié au passage du pont des épées. Une totale compréhension de la structure atomique implique au départ une compréhension interdimensionnelle. Vos scientifiques parviennent à la conclusion que certaines parties de l'atome se situent dans une autre dimension temporelle que la nôtre. Enfin ! Voilà une information que nous vous avons transmise il y a des années ! Certains de vos savants déclarent que ce qu'ils avaient d'abord pris pour de petites particules tournant les unes autour des autres était, en réalité, des particules connectées – et qu'elles le sont, d'une certaine façon, interdimensionnellement ! Vos scientifiques découvrent peu à peu la preuve de ce phénomène et réalisent qu'il existe une interactivité particulière entre les particules, ce qui dépasse les lois physiques admises aujourd'hui.

En outre, il semblerait que les particules possèdent un libre arbitre ! Ainsi peuvent-elles, étonnamment, se diriger où elles le désirent, au lieu de suivre les lois physiques bien établies. (N'en dites rien à Euclide.) Eh bien, vos savants ont raison ! Laissez-moi vous expliquer ce qui leur échappe ou ce qu'ils sont sur le point de découvrir. Voici ce que révéleront certaines découvertes futures. Il est temps d'utiliser les mathématiques en base 12 une fois encore ! Il vous faut recourir à d'autres mathématiques pour pleinement comprendre les relations existant au sein d'un atome. (Il s'agit là d'un message ancien que nous continuons à délivrer aux scientifiques qui lisent cette transcription. Nous savons que vous êtes là !)

Permettez-moi de vous expliquer ce qui se trouve à l'intérieur de l'atome et qui n'a pas encore été découvert, mais que l'on soupçonne. Les particules sont-elles, en quelque sorte, en rapport les unes avec les autres ? Une nouvelle force est-elle à l'œuvre ici ? Que se passe-t-il ? Nous vous déclarons ceci : En effet, il existe une énergie interdimensionnelle qui connecte ou anime les particules subatomique selon un schéma particulier. Les particules ont-elles le choix ? Oui. Et ce qui est curieux et inhabituel, lorsque vous prenez un peu de recul, c'est d'observer les liens énergétiques entre ces particules situées à l'intérieur de l'atome et de voir apparaître une véritable forme géométrique que vous reconnaîtrez comme le Mer-Ka-Ba humain ! Vous découvrirez la géométrie sacrée présentée d'après un point de vue interdimensionnel, ainsi que la Fleur de vie qui se trouve au cœur de la structure atomique [voir *L'ancien secret de la Fleur de vie*, tomes 1 et 2, Éd. Ariane]. Les scientifiques pensent de manière erronée. Le libre choix de la matière dans ses évolutions n'est pas une forme de chaos. Il s'agit plutôt d'une propension à l'équilibre ! Ce choix apparent est causé par de nouvelles lois physiques à découvrir – dont une loi universelle selon laquelle « toute matière recherche l'équilibre divin ». Vous commencez à distinguer ceci aussi bien dans l'infiniment grand que dans l'infiniment petit.

Certaines de ces choses peuvent vous sembler étranges, mais un jour viendra où vous entendrez parler de ces notions dans le cadre de la science officielle, et vous vous souviendrez peut-être alors que c'est ici que vous en avez entendu parler pour la première fois. Je vous déclare ceci afin de valider l'expérience spirituelle. Certains d'entre vous en auront besoin pour croire à la réalité de ce message. Vous souvenez-vous de ce que nous vous avons dit il y a dix ans ? À savoir que lorsque la science sera capable de comprendre totalement la structure de l'atome, elle découvrira en son sein l'amour de Dieu !

Je veux m'adresser aux phares et aux gardiens qui nous écoutent et qui lisent ces lignes. Je souhaite également m'adresser aux phares potentiels, alors que l'énergie qui vous entoure commence à se mouvoir et que vous ressentez l'étreinte des membres de la famille parmi lesquels vous vous trouvez. Dans l'enseignement d'aujourd'hui, nous vous avons présenté certains concepts de la nouvelle énergie au sein de laquelle vous venez de pénétrer. Pour revenir à la métaphore du train, disons que cette énergie ne possède aucune voie que vous pourriez suivre, comme par le passé. Au contraire, vous cocréez cette voie au fur et à mesure de votre évolution – une réalité qui n'a jamais été auparavant. Vous avez besoin d'une lumière pour vous diriger au fur et à mesure de votre nouvelle tâche cocréative, et c'est vous, les phares de la famille, qui ferez briller cette lumière. Phares, montez à bord de ce nouveau train ! Traversez le pont des épées et pénétrez au sein d'une énergie que vous n'avez jamais ressentie – une énergie qui coopère avec vous et avec laquelle il est beaucoup plus facile d'œuvrer. Et soyez attentifs, car certains de ceux qui sont restés de l'autre côté du pont, qui ne l'ont jamais traversé, le franchiront peut-être maintenant grâce à vous... à votre lumière.

Comprenez-vous cette métaphore ? Des gens seront inspirés par votre manière de vivre et de vous comporter. Des êtres vivant aujourd'hui et d'autres, pas encore nés, verront leur seuil de conscience s'élever grâce à votre lumière et à ce que vous accomplissez en ce moment. Ils n'auront pas à se transformer en adeptes du Nouvel Âge, à embrasser la métaphysique, à croire en Kryeon, à se rendre à des réunions spirituelles ou religieuses. Au lieu de cela, ils deviendront éclairés par la sagesse de l'amour de Dieu. L'idée consiste à présenter une énergie qui laisse l'être humain décider par lui-même s'il y a davantage dans la vie que ce qu'il pensait. Dieu existe-t-il ? Peut-être existe-t-il un plan ? De l'espoir ? Un être humain peut-il vivre dans le bonheur ? Cet être humain va entamer sa quête personnelle, et c'est de cela qu'il s'agit lorsque nous parlons de brandir votre lumière.

Phares ancrés dans le roc, ressentez la nouvelle énergie ! Nous

nous adressons à vous. Vous vous demandez pour quelle raison vous occupez telle ou telle place dans la vie. Dressez-vous sur votre rocher. Faites tourner la lumière. Ressentez la paix dans votre cœur, là où se trouve la divinité ! Ne déviez pas de votre but, même si vous éprouvez certaines difficultés dans le cadre de votre vocation ou parmi vos relations. Comprenez le concept du phare. Lémuriens, chamans, ce n'est pas la première fois que vous avez agi ainsi. Je vous ai dit que nous savions qui nous écoutait et qui lisait ces lignes, n'est-ce pas ? C'est la raison pour laquelle ce message est si personnel.

J'ai mentionné ceux qui viennent de l'autre côté du voile et qui sont dans cette salle avec vous présentement. Certains sont agenouillés à vos pieds et certains autres versent des larmes de joie parce que vous avez traversé ce pont. Nous avons parlé de ceux qui ont vécu auparavant sur cette planète et qui sont revenus en cet instant précis au sein de cet espace spirituel et qui, de ce fait, sont assis près de vous. Je veux vous expliquer tout ce que cela signifie. Pour beaucoup ici présents, il s'agit d'achèvement – de conclusion. J'aimerais vous dire ce qui se trouve dans l'esprit de chacun de ceux qui vous ont rejoints dans cette pièce et qui sont assis devant vous en cet instant. Ils sont ici pour vous célébrer ! Avez-vous compris que vous n'êtes jamais seuls ? Ils sont ici pour vous célébrer ! Notre cortège retournera de l'autre côté du voile lorsque cette soirée sera terminée. Cependant, vous aurez toujours votre cortège personnel. Celui avec lequel vous avez pénétré dans cette salle et qui se tient près de l'ange appelé humain.

Certains d'entre vous sont confus dans leurs rapports avec ces êtres. Si tel est votre cas, voici un moyen sûr pour vous guider dans cette relation. Asseyez-vous seuls et entamez simplement un dialogue avec vos anges et vos guides, mais ne cherchez pas à savoir leur nombre. La dualité vous empêche même de reconnaître votre propre énergie parmi eux ! Vous n'avez pas non plus besoin de connaître leur nom. Contentez-vous de les aimer ! Dites-leur que vous les aimez, puis attendez. Vous ressentirez leur présence ! C'est le début de la reconnaissance et un échange d'amour bilatéral. Avez-vous jamais pensé qu'il s'agissait d'un échange unilatéral ? Si cela fut le cas, la vieille énergie était véritablement trompeuse. Dites-leur que vous les aimez, puis attendez. Ne soyez pas surpris d'entendre alors un battement d'ailes. Vous attendez un signe de Dieu, n'est-ce pas ? Asseyez-vous seuls et surveillez ce qui se passe. Restez calmes et sachez que vous êtes Dieu et que la famille est toujours là.

Voici le moment venu où nous souhaitons toucher vos cœurs. Votre cortège est ici et chacun de ses membres est à sa place. Tout est prêt. L'intention est pure : que la guérison s'amorce donc ! Qu'elle s'écoule en vous, qui lisez ces lignes. Qu'elle s'écoule chez tous les membres de cette famille. Les messages que vous recevrez demain de la part de plusieurs facilitateurs peuvent vous toucher de la manière que vous avez réclamée (allusion au séminaire de deux jours de Kryeon). Que les pièces du puzzle de votre vie se mettent en place. Puissiez-vous ressentir la présence énergétique de l'Esprit en cet instant précis. Que la guérison commence !

Que les incertitudes de votre vie et de votre avenir s'amenuisent petit à petit d'une façon précieuse et nouvelle. Surprenez-vous à dire : « Maintenant, je sais ce qui va survenir ! Il se peut que j'en ignore les détails, mais depuis la profondeur de ma divinité, je sais que ce qui m'arrivera me sera adressé par l'amour de Dieu, ce qui signifie que je suis partie prenante dans ce processus. » C'est pour cela que vous êtes venus, n'est-ce pas ? Pour entendre cette vérité. Et c'est pour cela que vous lisez ces lignes. Pensez-vous que nous ignorions qui est présent ici ? Vous sentez-vous renaître, alors que la famille s'adresse à vous en ces derniers instants de ce message en vous disant : « Je vous aime » ?

Nous vous avons déjà dit ceci : la chose la plus difficile pour nous est de vous quitter. Je vous remercie de nous avoir invités. Nous rassemblons nos bols remplis de larmes de joie – ces bols que nous avons utilisés pour baigner vos pieds – et nous nous retirons tranquillement.

Que nos paroles d'adieu soient empreintes de bénédiction, car tout s'inscrit dans un cercle.

Salutations, très chers ! Nous vous aimons !

Et il en est ainsi.

Kryeon

CHAPITRE SEPT

Le Troisième langage et la nouvelle prise de conscience

Reno, Nevada
Février 2000

Salutations, très chers. Je suis Kryeon, du Service magnétique. Nous souhaitons que vous reposiez dans la paix et la pureté de ce moment – qui appartient à Dieu. J'ai prononcé les mots « JE SUIS Kryeon », et pour ceux qui ont besoin de l'entendre à nouveau, j'ai prononcé les mots « JE SUIS ». Et « JE SUIS » représente la famille. Ce n'est pas une simple salutation. En fait, il s'agit d'une identification. Le « JE SUIS » est à la fois la salutation et la déclaration de pureté de la famille qui m'entoure en ce moment.

Certains d'entre vous pourront demander : « *Lee, il se peut que ce que nous lisons ne provienne pas de l'Esprit – mais bien plutôt de l'être humain.* » Si c'était le cas, vous ne ressentiriez pas l'énergie qui vous est transmise en cet instant. En effet, le moment est tout à fait propice pour examiner de plus près cette énergie. Que l'Esprit et l'amour de la famille se répandent en ce lieu. Nous (l'Esprit) vivons dans le maintenant. Il n'y eut jamais auparavant de plus poignant maintenant que celui-ci, et je m'adresse aux membres de la famille réunis devant moi – frères et sœurs de Kryeon, ainsi que les lecteurs qui se trouvent également dans le maintenant. Membres de l'auditoire, pouvez-vous vous mettre en rapport avec le maintenant du lecteur ? Pouvez-vous comprendre que votre futur est leur maintenant et que leur passé est votre maintenant ? Ainsi, vous êtes tous réunis ! Peut-être comprenez-vous un peu mieux l'expérience que constitue le maintenant ? Les lecteurs et l'auditoire sont intégrés dans la même énergie.

Lecteurs, nous apercevons les potentialités de ceux qui posent leur regard sur ce message. Nous plongeons dans vos cœurs et distinguons la famille, ainsi que lorsque nous regardons l'auditoire. Aussi étrange que cela puisse paraître à certains qui sont assis dans cette salle, ce message d'amour ruisselle d'un potentiel de compréhension et d'éveil destiné à des centaines de personnes dont les yeux se poseront sur cette page aujourd'hui, demain et beaucoup plus tard au cours du nouveau millénaire. Voilà pourquoi je demande aux membres de la famille ici présents dans cette salle de bien vouloir souhaiter la bienvenue aux lecteurs même si ces derniers sont invisibles, et apparemment inconnus. Êtes-vous en mesure de considérer ces lecteurs comme également membres de la famille ? Si vous le pouvez, cela signifie que vous venez juste de franchir partiellement le voile et de vous trouver pendant quelques instants dans notre maintenant, où toutes choses sont réunies. Lecteur, cesse de lire pendant quelques instants et ressens l'amour en provenance de centaines de personnes qui, en cet instant précis, t'adressent leurs salutations depuis ce que tu appelles ton passé. En réalité, vous êtes tous réunis ici !

La compréhension du concept du moment présent représente l'un des premiers pas menant à la parfaite compréhension du temps divin dans lequel vous vivez. Les membres de la famille qui prennent place dans cette salle possèdent cette compréhension. Pour nous, vous êtes tels que vous étiez la dernière fois que nous vous avons vus ! Au cours de ces quelques instants, que l'énergie qui se répand ici soit la preuve que tout ceci est bien réel. Il ne s'agit pas simplement de paroles prononcées par un humain. Les membres de la famille prennent place parmi vous – membres de l'auditoire et lecteurs. Même s'il semble qu'il n'y ait pas de place pour eux, cette place n'en existe pas moins dans vos cœurs que vous avez maintenus ouverts en prévision d'un tel événement. Les membres de la famille prennent place à vos côtés en cet instant. De même, en cet instant, nous saluons la divine énergie des anges et accueillons et saluons la famille de l'archange Michaël. En cet instant, nous saluons l'énergie divine de Métatron. Nous distinguons à la fois les domaines du physique et du divin étroitement associés, et nous appelons cela la *famille* !

Jamais il n'exista une autre manière d'être que celle qui s'inscrit dans le maintenant circulaire, mais c'est le voile de la dualité qui vous a empêchés de distinguer cette vérité. Assis en face de moi ou lisant ces lignes se trouvent des êtres humains qui sont autant de fragments de Dieu. Êtres humains, je vous considère aujourd'hui comme membres de ma famille, tout comme vous l'étiez dans votre hier. Mais, pour moi, rien n'a changé. Je vous regarde – vous tous qui m'entendez ou qui lisez ces lignes – et ce que j'entends, ce que je vois, ce que je goûte, c'est votre « nom ». Vous n'êtes pas des étrangers à mes yeux. Si vous pensez être venus ici par accident, détrompez-vous ! Si vous pensez lire ces pages par hasard, ce n'est pas le cas ! Car, maintenant, nous adressons des messages personnels à tous ceux qui sont venus afin d'être membres de la famille avec moi.

La spiritualité de votre contrat stipulait que vous étiez impatients de revenir au sein de l'énergie de cette planète afin de terminer le test que tant d'entre vous, en leur qualité de Lémuriens, commencèrent il y a si longtemps ! Il est vrai que nombreux sont ceux parmi vous, ici présents ou lisant ces lignes, qui aideront à équilibrer chaque fibre de la Terre en menant à bien le test en cours. Vous êtes présents ici au cœur même de cette nouvelle énergie pour « continuer à faire tourner la machine », comme vous le dites souvent. Nous avons parlé un peu plus tôt de ces membres de la famille qui sont de retour. Certains d'entre vous étaient véritablement impatients de revenir ici tout en sachant que les potentialités de la planète allaient leur occasionner quelques troubles – et provoquer même la mort de certains d'entre eux. Mais rien de tout cela ne s'est produit ! Au contraire, nous célébrons un auditoire et un groupe de lecteurs qui ont modifié la réalité de la vieille Terre et qui sont partie intégrante du processus de création d'une nouvelle planète !

Vous avez franchi le seuil du nouveau millénaire et avez distingué l'énergie de la célébration qui est apparue ce jour-là. Nous vous avons déjà dit auparavant de contempler « l'instantané » de cette énergie de célébration dans tout ce qui s'est passé au moment du nouveau millénaire, car cette énergie est une anticipation des potentialités qui peuvent exister à partir de maintenant.

Et ces potentialités, comme vous l'avez constaté, furent celles de la célébration – une célébration qui apporte la paix, non pas nécessairement entre les nations, mais en vous-mêmes.

C'est de cela que nous souhaitons vous entretenir, travailleurs de la lumière, car nous sommes venus ici aujourd'hui pour vous parler personnellement de ce qui est en train de survenir dans votre vie. Certains parmi vous vont peut-être dire : « *Oh, je ne me considère pas comme un travailleur de la lumière ; je ne suis ici que pour accompagner quelqu'un.* » Vous avez accompagné des êtres que vous honorez et aimez, et vous n'êtes pas nécessairement intéressés par les sujets spirituels. Mais cette réunion peut également représenter l'ouverture de la porte de l'éveil, grâce à votre choix. Car nous vous disons ceci : il y a davantage dans la vie que vous ne l'imaginez. Votre présence ici est pleinement honorée, que vous considériez tout ceci comme réel ou non. Nous vous reconnaissons, quelle que soit votre attitude ou votre comportement. Nous honorons votre vie avec la même intensité que celle de votre voisin. Un travailleur de la lumière ? Peut-être pensez-vous ne pas en être un, mais il se peut que vienne un jour où tout ceci vous paraîtra beaucoup plus sensé qu'en cet instant où vous prétendez ne pas être intéressés ! Vos potentialités sont aussi immenses que celles des autres personnes ici présentes, et seul le passage de votre temps linéaire vous le prouvera.

Permettez-moi de vous expliquer ce que ce passage au nouveau millénaire implique réellement. Juste avant que vous ne franchissiez ce seuil, aucune entité sur cette planète ou dans l'univers n'aurait pu vous dire ce qui allait se passer. Franchir le seuil constitue en effet l'un des actes les plus énergétiques qui se soient produits sur cette planète. Il est vrai que toute l'humanité a franchi ce seuil, mais il est également vrai que seule une poignée d'êtres humains ont traversé le pont des épées. C'est le message que nous vous avons délivré la dernière fois que nous nous sommes rencontrés. Le gouffre entre l'ancienne et la nouvelle énergie est immense en effet, et vous avez formulé l'intention de franchir le pont qui le traverse. Voilà véritablement ce que symbolise le passage du seuil ! Mais peut-être n'avez-vous pas compris ce que cela signifiait d'être rendus dans la nouvelle énergie. Travailleurs de la lumière, nous allons, dans quelques instants, vous offrir un nouveau don ainsi que cinq « prises de conscience », mais nous souhaitons encore accroître votre compréhension de ce qu'a impliqué le franchissement du seuil. L'intention est la clé du changement de l'énergie terrestre, car l'intention de l'être humain et du fragment divin que vous êtes en réalité adresse un message à chaque fibre de la Terre, lui indiquant ce que vous souhaitez voir survenir. C'est en somme une modification de la réalité.

Votre partenaire, la Terre, réagit également avec une énergie empreinte d'intention. Elle se transforme en même temps que vous, comme nous en avons déjà discuté. C'est la raison pour laquelle les transformations terrestres actuelles sont si profondes. Ce pour quoi l'humanité a formulé son intention, très chers, c'est le changement d'énergie de la planète d'une façon telle qu'elle puisse finir par altérer les effets de la dualité. Je souhaite vous le redire encore une fois, très chers : tous ceux d'entre vous, et vous êtes nombreux, qui se sont sentis bloqués depuis ces derniers temps vont finalement comprendre ce qu'ils ont réclamé. Membres de la famille, à titre de facilitateurs, d'humanistes, de guérisseurs, d'utilisateurs de la prière, vous êtes sur le point de rencontrer votre énergie – celle que vous avez créée au cours de ce changement !

Vous êtes sur le point de rencontrer une énergie qui porte votre nom ! Vous êtes en train d'installer la voie, très chers, destinée au nouveau train de l'humanité, alors que sa locomotive prend de la vitesse. Ne soyez pas surpris si l'énergie qui va survenir au cours de cette nouvelle époque vous semble alors quelque peu familière. C'est la vôtre ! Et c'est pourquoi elle est si intense. Si le maintenant est inscrit dans un cercle, pourquoi seriez-vous choqués de vous retrouver dans un endroit familier ? Voici la promesse qui vous est faite, à condition de choisir de la créer : votre réalité changera afin de s'adapter à la plus grandiose intention de l'humanité. Elle s'élèvera afin de correspondre à ce que vous créez.

Nous voulons vous déclarer ceci : vous êtes venus prendre place ici, dans le giron de cette énergie, vous vous êtes mis à lire ces lignes au sein de cette énergie, mais il y a davantage – bien davantage. Très chers, membres de ma famille que j'aime – frères, sœurs, vous vous trouvez au cœur même de la nouvelle énergie !

Cela signifie que la guérison souhaitée peut maintenant survenir. Que certains moyens que vous avez essayés sans résultat peuvent dorénavant produire leurs effets. Laissez-nous vous dire, comme nous l'avons fait si souvent auparavant : pourquoi ne pas laisser la guérison se faire en cet instant précis ? Nous parlons de la conscience humaine, de l'amour qui imprègne votre vie, des problèmes que vous avez rencontrés et qui vous ont amenés ici, et nous vous disons : membres de l'auditoire, lecteurs, pensez-vous que nous ignorons qui vous êtes ? Nous sommes assis devant les membres d'une lignée royale et nous le savons. Ce cortège qui accompagne Kryeon connaissait votre décision d'être présents ici ce soir. Certains d'entre vous confieront peut-être : « *Kryeon, j'ai pris la décision de venir ici il y a seulement deux jours* », ou bien « *J'ai mis la main sur ce livre il n'y a que quelques instants* ». Une place dans cette pièce portait votre nom ! Et il existe, au sein de la divinité, un espace qui vous est réservé. C'est parce que les potentialités en place pour que vous entendiez ces paroles ou que vous lisiez ces lignes étaient réelles à nos yeux.

Vous êtes présents ici alors que notre cortège vous effleure, vous aime et s'assied parmi vous. Permettez-nous simplement de vous aimer pendant un instant... et ne soyez pas choqués ni surpris de ressentir notre présence, d'avoir l'impression d'être à la maison, parce qu'en fait il s'agit bien de cela. Avant le début de cet enseignement, membres de l'auditoire, lecteurs, posez votre livre – nous faisons une pause – et contentez-vous de ressentir notre présence et celle des membres de la famille qui vous entourent.

Le Troisième langage

Permettez-moi de vous parler d'un don qui vous sera offert – et dont nous souhaitons vous entretenir depuis longtemps. Ceux d'entre vous qui ont traversé le pont des épées se trouvent désormais au sein de la nouvelle énergie, mais nous devons vous préciser que dans l'ancienne énergie, nous étions parfaitement conscients de vos plaintes d'alors. (rires) Vous pouvez penser que Dieu et vos guides ne vous ont pas écoutés. « *Pourquoi ceci ou cela ne s'est-il pas produit ? Pourquoi étais-je angoissé ? (Peut-*

être l'êtes-vous encore !) Pourquoi les choses ne vont-elles pas bien ? » Nous vous avons entendus – nous vous avons véritablement entendus. Maintenant, plongés dans cette nouvelle énergie, très chers, vous aurez de nouvelles plaintes à formuler, tout à fait différentes, et elles ressembleront à ceci : « *Oh, c'est vraiment trop ! J'ai trop de décisions à prendre. Je ferais mieux de prendre mon temps ! Quelle voie devrais-je suivre ? Kryeon, guides, je vous ai demandé ceci et cela, et maintenant, je dispose de trop nombreux choix et de trop d'énergie !* » Au cours d'une année terrestre, certains d'entre vous tenteront de composer avec de nouvelles habitudes en matière d'alimentation et de sommeil – d'autres façons de s'intégrer au cœur même d'une énergie croissante – ainsi qu'avec une nouvelle horloge (celle qui s'est accélérée) !

Tout cela se résume au temps, n'est-ce pas ? Chacun d'entre vous est différent. Nous sommes incapables de vous dévoiler exactement ce qui va survenir dans chacune de vos vies puisque vous seuls créez les changements qui affectent votre existence au fur et à mesure que vous avancez – installant, à chaque pas, une nouvelle voie pour votre locomotive. Et nous vous le disons : une énergie porte votre nom et elle est proportionnelle à votre intention. Mais il y a encore davantage. Avant de vous parler de certains de ces états de conscience que vous allez découvrir dans cette nouvelle énergie, nous souhaitons attirer votre attention sur un don nouveau. Il est temps pour vous de comprendre la fenêtre qui va s'ouvrir. À cette fin, je vais recourir à une métaphore que j'appellerai « le Troisième langage ». Ces mots n'ont rien à voir avec trois langages différents. Cette métaphore décrit plutôt la communication d'après le langage de l'Esprit. Le terme « troisième » fait référence à l'honneur et à l'effet catalyseur du « trois ». Examinons les « trois », et particulièrement ce qu'ils représentent sur le plan spirituel. C'est là que se trouve le *Troisième langage*. Il s'agit du langage des trois existant entre le Père, le Fils et l'Esprit. Au cours de channelings passés, nous avons identifié pour vous ces métaphores, précisant ce qu'elles signifiaient.

Ces trois créent ce que vous êtes spirituellement. Le Troisième langage coopère avec le mouvement de la grille magnétique et symbolise une élévation du langage spirituel entre l'être humain souffrant de sa dualité sur terre et ce que vous appelez Dieu. Laissez-moi vous proposer une autre définition du Troisième langage. Il s'agit d'un langage merveilleux, affectueux, se prêtant totalement à une méditation permanente. Certains d'entre vous qui se sont sentis déconnectés sont sur le point d'être reconnectés à la vie ! Certains d'entre vous vont se demander à quoi ressemblait l'existence sans cette connexion. L'émotion étreint mon partenaire, car, voyez-vous, il s'agit d'un don à double sens. Vous formulez votre intention et nous pouvons apparaître et nous trouver à vos côtés chaque jour – en tout temps – et non seulement lorsque vous vous asseyez pour méditer !

Ne cessez pas de méditer ! Cette attitude est belle et honore notre relation, mais comprenez bien que vous pouvez quitter cette salle et vous mettre à communiquer en utilisant le Troisième langage – une méditation ambulante si vous voulez –, toujours étroitement en contact avec le discernement de Dieu, sans cesse avec la sérénité de la compréhension et la pureté en vous. Vous rappelez-vous à quoi ressemblaient les chamans ? Vous souvenez-vous de la sagesse du saint homme ? Tout cela peut désormais vous appartenir. Cela modifiera la vie autour de vous, car c'est vous qui allez changer. Ainsi, vos méditations se transformeront en cérémonies, au lieu de n'être que de simples communications. Cela teinte l'événement d'une signification tout à fait nouvelle, n'est-ce pas ?

Le Troisième langage se présente sous la forme de fenêtres d'opportunité créées par chaque humain au fur et à mesure de son évolution – pendant qu'il installe la nouvelle voie. Recherchez le Troisième langage, car il vous procurera des bienfaits que vous n'avez trouvés que dans certaines méditations et au sein de certaines énergies – que seuls quelques événements ont provoqués. Ressentez-vous l'énergie de l'Esprit ici ? Et la présence de la famille ? Ressentez-vous la douce pression sur votre corps, en cet instant précis ? Et l'amour qui se déverse sur vous maintenant ? Je veux vous dire que bien après que cet événement sera terminé, vous pourrez sortir de cette salle et recourir à cette énergie chaque fois que vous le souhaiterez ! Le Troisième langage est exactement ce à quoi son nom renvoie : la connexion des trois. Il représente le début de la connexion avec le véritable foyer.

Ce Troisième langage apparaît lentement et naturellement à ceux qui ont traversé le pont des épées (passant, grâce à leur intention, dans l'énergie du nouveau millénaire avec une compréhension et un éveil spirituel accrus). Cependant, comme dans le cas de beaucoup d'autres changements, un apprentissage s'impose. Dans ce sens, cinq « états de conscience » accompagnent l'apprentissage de la sagesse du Troisième langage et peuvent provoquer de l'incompréhension, de l'angoisse et même de sérieux écueils entravant la vie spirituelle. Nous les examinerons et, au cours de ce processus, il se peut que vous vous rendiez compte que certains de ces problèmes se sont déjà présentés. De plus, nous voulons que vous nous reconnaissiez également – car c'est pour cela que nous sommes ici – afin que nous puissions vous fournir des informations emplies d'affection et pour tenir votre main durant la transition.

La soudaine prise de conscience du maintenant

Êtes-vous lassés d'entendre Kryeon vous parler du maintenant ? Nous continuerons jusqu'à ce que vous considériez cela comme aussi normal que de respirer. Il s'agit donc ici d'une conscience temporelle différente, et pour certains, cela représente une claque en pleine figure ! Vous vivez dans un cadre temporel linéaire depuis des éons. Votre dualité ne soutient que le concept du temps linéaire. Cependant, beaucoup d'entre vous prendront soudainement conscience de tout ce qui est possible. Ainsi, avec un « regard neuf », la nouvelle conscience du moment présent peut se faire plus pressante sur vous, alors qu'elle s'installe dans la pièce où vous vous trouvez ! Ceci est dû à l'acceptation du Troisième langage.

La compréhension du moment présent, très chers, correspond à la voie divine, mais, pour plusieurs, cela peut être très difficile à reconnaître. En fait, comprendre le moment présent représente le début de la compréhension spirituelle. L'être humain qui comprend et qui est à l'aise avec la fusion du temps linéaire et du temps présent est celui qui ne considère pas le futur comme un problème. Car, dans le maintenant, se trouve aussi le futur. Toutes les choses qui seront ou qui furent sont enveloppées dans le potentiel divin de ce moment. Il s'agit là de quelque chose de difficile à expliquer à ceux qui ne le ressentent pas. Tout événement survenu dans le passé et les potentialités de tout ce qui peut survenir sont présents au sein *d'une énergie qui sait*. Tous les problèmes et toutes les solutions *du sans fin* se trouvent devant vous. Toutes les joies et tous les chagrins sont vécus maintenant.

Toutes les potentialités des défis que vous avez rencontrés et que vous rencontrerez jamais sont réunies en un seul point précis. Et savez-vous ce qu'est ce point (et cela est très important) ? Il s'agit de votre « point de centrage divin », qui est alimenté par le Troisième langage. De la trinité que vous êtes. Cela devrait rassurer certains d'entre vous, mais il reste que pour d'autres, tout cela est incompréhensible.

Ainsi, pour ces gens, la prise de conscience de l'existence du Troisième langage peut provoquer un certain inconfort. Nous vous le déclarons, très chers : vous avez un pied posé de l'autre côté du voile. Bienvenue dans le maintenant ! Le sentiment du vrai foyer est dans le maintenant. Le sentiment de savoir que les choses sont justes, car elles vous « appartiennent » toutes et se situent dans votre pouvoir cocréatif, instille la sérénité en l'être humain. Mais cette perception est très différente de celle ressentie au cours de l'ancienne énergie. Aussi est-il nécessaire de bien la comprendre afin de pouvoir mieux « la vivre ». Lorsque le maintenant vous rend visite d'une façon différente de celle que vous connaissiez auparavant, cela peut provoquer un certain trouble et une certaine confusion dans votre vie. Si cela survient, célébrez cette confusion ! Puis, demandez à votre Moi divin de vous guider afin d'augmenter votre compréhension et d'aborder cette transition en toute sérénité. Certains d'entre vous peuvent penser que ce message est quelque peu obscur – et destiné à quelqu'un d'autre. Patience.

La prise de conscience de « ce qui fut »

Drapés dans la conscience du maintenant se trouvent quatre autres états de conscience que vous devriez connaître – tous provoqués par le Troisième langage. Lorsque vous avez conscience de l'instant présent, vous avez une profonde conscience de votre ancien « moi » – de toutes les choses que vous représentiez avant le passage du seuil. En considérant calmement le passé, certains d'entre vous seront affolés par ce qu'ils verront ! Ils se demanderont peut-être : « Comment ai-je pu faire cela ? Qui étais-je réellement alors ? Était-ce vraiment moi qui agissais aussi stupidement ? Pourquoi n'ai-je pas agi comme j'aurais dû le faire ? Et que dire de toutes les mauvaises décisions que j'ai prises ? J'ai été bloqué pendant si longtemps ! Maintenant, je réalise ce que j'aurais dû faire à tel ou tel moment… mais je ne l'ai pas fait ! »

La sagesse rétrospective est parfaite dans le maintenant. Certains d'entre vous se blâmeront. D'autres se sentiront coupables pour ce qu'ils ont fait avant de passer le seuil, car ils seront désormais imprégnés de la sagesse du maintenant. Désormais, vous êtes tous saturés d'informations qui vous permettent d'examiner votre passé différemment et de vous percevoir vous-mêmes autrement. J'ai un message à votre intention, si vous faites partie de ceux qui ont tendance à se pencher sur leur passé et à le déplorer ou qui regrettent les occasions ratées. Dans la vieille énergie, les choses étaient autres. Vous êtes maintenant assis dans une lumière vive et il est facile de scruter l'obscurité derrière soi et d'y apercevoir d'anciennes choses dissimulées. Je veux vous dire qui se trouvait avec vous en ce temps-là – vous accompagnant dans les « erreurs » que vous constatez aujourd'hui. C'est nous ! Les membres de la famille se tenaient près de vous chaque fois que vous avez pris une mauvaise direction. Si vous souhaitez savoir pour quelle raison vous n'avez pas saisi telle ou telle opportunité, ou pourquoi vous n'avez pas fait telle ou telle chose que vous étiez « supposés » accomplir – pour quelle raison vous avez tourné à gauche alors que vous auriez dû tourner à droite –, voici une réponse. L'amour de Dieu et des membres de la famille vous maintenait là où vous vous trouviez ! En d'autres termes, vous receviez de l'aide de l'Esprit afin de rester bloqués !

Souhaitez-vous savoir pour quelle raison vous étiez bloqués ? Parce qu'il y avait un ange géant assis sur vos genoux vous empêchant de vous lever. Vous ne pouvez encore saisir à quel point il vous était difficile d'accomplir certaines choses avant que cette énergie n'apparaisse. Vous n'étiez pas prêts ; par conséquent, l'amour de Dieu vous maintenait là où vous vous trouviez. Pensez-y. Alors que vous vous plaigniez de ne pas recevoir de réponse, vous n'en receviez pas moins une de la part de Dieu. Une attitude fréquente chez les humains fait en sorte qu'un « non » en provenance de l'Esprit est souvent reçu comme une « absence de réponse ». Cet ange s'est assis sur vos genoux, et vous ne pouviez pas bouger ! Tout était une question de *timing* et vous étiez à ce moment honorés d'un « non ». Vous devez apprendre comment la perception et la conscience des choses fonctionnent. Que ceux d'entre vous qui regardent autour d'eux et disent « *Je suis un idiot* » sachent qu'ils doivent alors dire aussi que leur famille spirituelle est stupide, car elle les a empêchés d'accomplir certaines choses jusqu'à ce que cette nouvelle énergie ait franchi le seuil du nouveau millénaire.

Peut-être avez-vous eu l'impression de tourner en rond ou de marquer le pas. Aujourd'hui, vous dites : « J'ai perdu mon temps. » Non, ce n'est pas le cas. Célébrez l'événement ainsi que vos existences d'alors et d'aujourd'hui. Célébrez ce qui est à venir et comprenez que tout cela est judicieux. Vous aviez alors de l'aide et vous en avez aujourd'hui. Vous n'avez rien raté !

La prise de conscience des synchronicités manquées

La troisième prise de conscience est celle des « synchronicités manquées ». Cela n'existe pas, très chers. Votre vie est inscrite dans un cercle, comme nous vous l'avons déclaré auparavant. Si vous avez raté certaines opportunités lorsque le moment n'était pas bien choisi, celles-ci se représenteront. Cela fait partie du code d'honneur du maintenant, n'est-ce pas ? Lorsque vous êtes dans le maintenant, vous comprenez le cheminement circulaire que suit la vie. Vous comprenez également que c'est l'Esprit qui vous présente les occasions que vous pensez avoir perdues. Travailleurs de la lumière, tout cela a plusieurs significations et constitue une métaphore qui ne vous est pas facile à imaginer.

Ce que vous avez réclamé possède diverses facettes. De nombreuses choses dans votre vie se présenteront à vous sous une apparence nouvelle. Mais lorsque vous considérerez l'énergie qui vous entoure, vous vous rendrez compte qu'il s'agit de quelque chose que vous avez demandé depuis longtemps. Travailleurs de la lumière, de nouveaux paradigmes de conscience agissent ici et de nouvelles énergies sont au travail pour vous.

Laissez-moi vous parler d'un nouvel élément auquel vous n'aviez jamais pensé. Pour quelle raison êtes-vous nombreux à être concernés par une question de poids ? Guérisseurs, travailleurs de la lumière, pourquoi êtes-vous si nombreux à effectuer un excellent travail, mais préoccupés par votre poids ? Nous abordons là le vieux paradigme de la protection. Nous l'appelons également le « cuirassage ». En d'autres termes, vous vous entourez de multiples couches d'énergie afin de vous protéger d'autres énergies pour accomplir votre travail.

Il se peut que vous ayez agi ainsi parce que cela vous permettait le contact désiré avec les énergies qui vous semblaient justes. À l'époque cela vous donnait la permission d'exister. Vous étiez conscients de cela, et nombreux sont ceux qui ont abandonné toute tentative d'améliorer leur état. Certains peuvent avoir déclaré à l'univers : « *Je ne peux être différent de ce que je suis, de ce à quoi je ressemble. C'est moi, et voici ce que je suis et ce que je serai toujours.* » Vous savez quoi ? Observez comment la nouvelle énergie va changer tout cela ! En fait, combien parmi vous aimeraient modifier cet attribut ? Vous savez à qui je m'adresse !

Il est temps d'utiliser à nouveau certains des moyens auxquels vous avez eu recours auparavant afin de vous aider à faire face à ce problème. Même si vous n'avez pas obtenu beaucoup de résultats avec certains de ces essais passés, surveillez ce qui va se produire. Car maintenant, l'énergie coopère avec vous et avec votre structure cellulaire. Voulez-vous améliorer votre santé et faire disparaître une partie de ce poids ? Essayez maintenant. Ne pensez-vous pas que l'Esprit a entendu votre demande à ce sujet ? La nouvelle synchronicité est là ! Les membres de votre famille sont ici, parmi vous, et vous disent : « Le moment est venu d'essayer à nouveau. Agissez, et vous obtiendrez des résultats grâce à la coopération d'une énergie que vous n'avez jamais connue jusqu'ici. » Croyez-moi, tout cela est vrai.

Oh, il y a encore tant d'autres choses ici. Nous voulons faire une pause et célébrer la guérison qui se répand dans cette salle en cet instant précis. Il vous a fallu un petit peu de temps avant de savoir que nous étions réellement dans ce lieu, n'est-ce pas (allusion à la personne anonyme éprouvant une certaine guérison dans le public) ? Nous répandons cette énergie en vous, car vous l'avez réclamée – et ce, depuis longtemps. Voilà pourquoi certains d'entre vous sont venus, n'est-ce pas ? C'est ainsi que la famille agit – elle vous aime tellement qu'elle change la personne que vous pensez être !

La prise de conscience de la responsabilité dans les relations humaines

La quatrième prise de conscience est la responsabilité dans les relations. Nous avons déjà abordé cette question d'une certaine façon précédemment. Ainsi, vous savez qu'en revenant sur le passé, il est possible que vous vous reprochiez certaines choses que vous n'avez pas accomplies. Et nous vous répétons à nouveau que votre situation actuelle dans la nouvelle énergie peut fausser votre jugement par rapport à vos actions passées. Il ne sert à rien d'affirmer : « Je suis un être humanitaire, comment se fait-il que j'ai agi avec aussi peu de considération ? J'aurais dû aider cette personne ou agir de telle façon. » Vous n'avez rien manqué, et la famille vous entourait à cette époque où vous estimez avoir échoué dans telle ou telle entreprise. Une énergie plus ancienne, contraire à votre divinité, vous a empêchés de prendre certaines décisions qu'il vous est facile de prendre aujourd'hui.

Ainsi, vous réalisez de plus en plus à quel point vos relations étaient empreintes de l'ancienne énergie. Finalement, certains d'entre vous commencent à distinguer, dans cette énergie, la réelle signification de la mort, et votre cœur s'ouvre désormais à la nouvelle perspective qui s'offre à vous. À nouveau, certains vont se blâmer de ne pas s'en être rendu compte plus tôt et réfléchiront à la notion du temps perdu – se mettront à penser à des choses dites ou non dites dont ils sont aujourd'hui désolés. Souvenez-vous : il s'agit d'une réflexion qui se situe dans la conscience présente. Il n'existe pas de temps linéaire, seul est le maintenant. Il n'y a rien qui ait pu être commis dans le passé qui ne puisse être corrigé dans le maintenant. Peut-être n'avez pas encore saisi cela ?

Ce qui suit pourra vous sembler quelque peu redondant, mais ce sera approprié. Très chers, nous abordons ce sujet avec vous maintenant, car il s'agit du catalyseur nécessaire à votre éveil. Souhaitez-vous savoir comment avancer vers ce que l'on appelle le statut ascensionnel – comment vibrer à une fréquence plus élevée ? Je vais vous donner la réponse, comme nous le fîmes au cours du dernier channeling. Vous allez bientôt « voir » ou vous rendre compte des divers pièges créés par les humains. Afin de pouvoir continuer, vous devez supprimer ces pièges du passé dans cette nouvelle énergie. Certaines choses doivent véritablement être éradiquées.

Vous souvenez-vous de Wo, ce personnage préparant ses bagages pour franchir le nouveau millénaire ? Et vous rappelez-vous ce qu'il avait dissimulé dans un petit sac ? Les éléments dramatiques de ses relations. Une fois encore, très chers, nous vous demandons avec tout notre amour : « Chère famille humaine, à qui ne voulez-vous plus adresser la parole ? Quel est celui, ou celle, à qui vous ne pardonnez pas, qu'il soit vivant ou mort ? » Il est temps de mettre un terme à tout cela ! C'est peut-être la raison pour laquelle vous êtes venus ici – pour entendre ces paroles ! Peut-être est-ce la raison qui vous a incités à lire cet ouvrage ! Puisez l'amour divin de la nouvelle énergie et laissez pénétrer en vous un sentiment de clémence. Pardonnez à l'enfant dissimulé en vous. À celui qui vous a fait du tort. Extirpez le mot *victime* de votre personnalité – de votre vocabulaire – et remplacez-le par le mot *famille*. La justesse réside en toute chose. Vous devez commencer à un certain moment, et peut-être ce moment est-il arrivé. Vous savez à qui nous nous adressons. Qu'il en soit ainsi maintenant. Il n'est pas judicieux qu'un travailleur de la lumière persuadé de poursuivre son statut ascensionnel se retrouve dans une situation où il refuse d'entretenir des rapports avec d'autres membres de la famille, vivants ou morts. Imprégnez-vous de cette notion maintenant.

Nous vous rappelons que le passé se déroule maintenant. Peut-être se trouve-t-il actuellement des humains qui attendent que tout ceci soit conclu ? Peut-être êtes-vous prêts également ? À vous de décider.

Le transfert de vos serments envers Dieu

Nous allons à présent aborder la cinquième prise de conscience. Nous avons gardé la plus puissante pour la fin. Le Troisième langage est à l'œuvre en ce moment. Il est même à son meilleur niveau. Travailleurs de la lumière, chamans, membres de l'auditoire, lecteurs, je m'adresse ici à vous. Je veux vous fournir certaines informations. Il existe quelque chose qui vous est nécessaire – quelque chose qui peut être supprimé, transféré, écarté de vous afin qu'il ne soit plus jamais partie intégrante de vous-mêmes.

Écoutez, chamans, ce n'est pas la première fois que vous vous éveillez à la spiritualité durant l'une de vos existences. Vous l'avez fait au cours de la plupart de vos vies écoulées les plus récentes. Certains d'entre vous savent même qui ils étaient, et cela représente une expérience très profonde ! Vous fûtes les moines, les sœurs de l'Église, les chamans, les hommes et les femmes médecine. Vous fûtes ceux dont les tribus attendaient avec ferveur les potions et les guérisons énergétiques, grâce à vos mains. Laissez-moi vous parler de tout ce qui accompagnait ce processus – une vieille énergie qui nécessitait une concentration importante sur Dieu. Avant de confectionner vos potions, de faire circuler votre énergie et de guérir ceux qui venaient vous voir, vous deviez profondément vous concentrer. Afin d'être en mesure d'y arriver dans le contexte de l'ancienne énergie, il était nécessaire que vous donniez quelque chose en retour. À cet effet, certains d'entre vous firent le vœu d'abandonner quelques caractéristiques humaines de leur vie terrestre normale. Ils firent des promesses à Dieu, et celles-ci se présentèrent sous la forme de sacrifices personnels.

Combien d'entre vous se souviennent d'avoir été chamans ou hommes médecine ? Et combien se souviennent des attributs de ces guérisseurs ? Ce dernier vivait fréquemment en dehors des limites du village. Il vivait en solitaire. Vous rappelez-vous ? Écoutez attentivement mes paroles. Ceci est important. Avez-vous fait le serment de devenir un être spirituel et de ne plus jamais apprécier la compagnie d'un autre être humain ? Avez-vous fait ce vœu ? Avez-vous fait vœu de célibat ? Voici de nouvelles informations qui vous sont destinées. Un engagement pris envers Dieu, en pure intention, au cours de n'importe quelle de vos vies passées, est reconduit au cours de l'existence suivante et franchit sans cesse le voile. Vous ne pourriez pas renoncer aisément à votre vœu, car votre âme est dédiée à Dieu. Si vous deviez vous éveiller spirituellement et être à nouveau le chaman que vous étiez au cours de vos vies antérieures, il vous faudrait alors sacrifier beaucoup de choses.

Travailleurs de la lumière, éprouvez-vous des difficultés à établir et à conserver vos relations ? Avez-vous des problèmes matériels ? Éprouvez-vous des difficultés à vivre une existence normale ? Ceci pourrait bien en être la raison ! Permettez-moi de dire à ceux d'entre vous qui ont traversé le pont des épées que cette nouvelle énergie les autorise à renoncer à tous leurs vœux passés ! Peut-être certains d'entre vous pensaient-ils qu'ils vivraient seuls à jamais ? Dorénavant, vous tous n'aurez plus jamais à abandonner les aspects relationnels. Célébrons une cérémonie en cet instant même.

Voyez-vous en train de renoncer à tous les anciens vœux que vous fîtes au cours de ces jours anciens. Visualisez-les s'éloignant en s'éparpillant dans les airs. Célébrez la libération dans cette nouvelle énergie ! Kryeon n'a jamais rien dit à ce sujet, jamais ! Je ne pouvais même pas aborder cette question dans l'ancienne énergie. Cela n'était pas possible. Il s'agit d'un nouveau don qui vous est offert et qui représente l'un des premiers outils de votre ascension – une ascension que vous pouvez partager avec un(e) ami(e) si vous le désirez. Si vous le souhaitez, vous pouvez obtenir un corps de lumière. Vous pouvez également obtenir l'abondance matérielle, si tel est votre désir. Soyez instantanément libérés de vos anciens vœux afin que nous puissions en créer un nouveau ensemble : « *Je fais le vœu de recourir au Troisième langage pour m'approcher autant que possible de mon Moi divin ! Et au cours de ce processus, je proclame pouvoir vivre dans l'abondance, en paix, et jamais en solitaire. Je considère mon Moi divin comme mon meilleur ami. Je proclame que* JE SUIS *la divinité.* »

Comprenez bien que vous avez l'autorisation de vous concentrer sur Dieu en utilisant le Troisième langage, sans procéder à aucun sacrifice personnel. Vous pouvez être les chamans et apprécier votre humanité, avoir des amis et vivre dans l'abondance. Moines, le temps est venu, n'est-ce pas ? Ô membres de la famille, niez-vous que nous vous connaissons intimement ? Nous vous avons fait cette déclaration à chaque réunion que nous avons organisée. Ignorez-vous que lorsque la famille prend place dans cette salle, il s'agit d'une visite à chacun d'entre vous ? Il s'agit d'une réunion à cœur ouvert, chers membres de la famille. S'il vous semble que nous nous adressons à vous, c'est bien le cas.

Ce qui nous est le plus difficile à réaliser, membres de l'auditoire, lecteurs, c'est de vous quitter. Vous pouvez recréer cette énergie lorsque vous le souhaitez. Il n'est pas nécessaire, pour cela, d'assister à une réunion comme celle-ci. Ni que vous vous réunissiez avec d'autres travailleurs de la lumière, bien que cela soit plaisant et que vous puissiez ressentir l'amour qui se dégage d'un tel groupe, comme c'est le cas ici. Vous n'avez pas besoin d'acheter de livre, de magazine ou quoi que ce soit d'autre. Nous vous avons déclaré de nombreuses fois que vous pouvez rentrer chez vous et recréer cette énergie vous-mêmes, grâce à votre divinité. Nous vous disons maintenant que la clé de tout cela est dans le Troisième langage ! Nous vous célébrons ! Nous célébrons l'énergie de chaque membre de la famille.

Certaines questions ont été posées aujourd'hui par certains travailleurs de la lumière concernant vos guides et la façon dont ils œuvrent. Je vais vous dire ce qui se produit lorsque vos guides travaillent avec vous : vous assistez à une *expansion* de vous-mêmes. Appréciez le nombre de fois où le terme « vous » est prononcé ici ! Appréciez les membres de la famille qui vous entourent. Appréciez le fragment divin que chacun d'entre vous représente. Appréciez la présence angélique de la couleur dorée que nous vous offrons maintenant. Il s'agit de vous !

Le cortège se retire de cet endroit, entouré de pureté et d'amour parfait. Il se délecte des révélations qui ont été délivrées ce soir – des dons qui vous ont été offerts et dont chacun d'entre vous peut bénéficier. Jamais moment plus intime avec les membres de la famille n'exista, très chers. Vous êtes maintenant en mesure de venir très près de ceux qui se trouvent de l'autre côté du voile... c'est-à-dire nous !

Très chers, prenez soin de vous et faites briller votre lumière. En effet, ceux qui vous entourent se transformeront au fur et à mesure que vous aurez recours au Troisième langage et que votre lumière sera « perçue ». Ce message fut le nôtre depuis le début, et il l'est encore en cet instant où ce cortège vous fait ses adieux. Un jour viendra où je vous reverrai, et ce ne sera peut-être pas sur cette planète. Ce jour-là, très chers, vous serez en mesure de grimper l'immense escalier et apercevrez tous ceux qui jouent un rôle dans votre représentation, en reconnaissant chacun de nous.

Avec joie, nous vous applaudirons et vous déclarerons : « Bienvenue à la maison. »

Et il en est ainsi.

Kryeon

Coopération avec les religions ?

« *De nombreuses cultures et de multiples doctrines et croyances tentent de coexister sur cette planète... Nous avons déjà parlé de l'aspect honorable que représente la quête de Dieu... Vous allez voir peu à peu apparaître une certaine tolérance entre les différentes croyances actuelles. Vous verrez poindre la compréhension que l'autre a droit à une relation personnelle avec Dieu...* »

Kryeon, décembre 1999... à propos des potentialités mondiales, page 125 de ce livre.

1. Le 1er décembre 1999, à Le Cap, en Afrique du Sud, des leaders religieux et des penseurs en provenance des différentes parties du globe se sont rencontrés. Il s'agissait là de la troisième réunion seulement en 106 ans du Parlement des religions mondiales. Le rabbin Cyril Harris récita la prière d'ouverture suivante : « *En nous réunissant au sein de ce Parlement, nous n'avons pas abandonné les croyances et les pratiques de nos fois respectives, et nous devons, au contraire, les offrir à la famille humaine dont nous sommes tous membres*[1]. »

La cérémonie d'ouverture de cette réunion fut présidée par Nelson Mandela. Quant à la cérémonie de clôture, elle fut présidée par le dalaï-lama. Avez-vous entendu parler de cet événement sur CNN ? Probablement pas. Et cette information ne fut pas non plus diffusée dans la plupart des grandes villes américaines.

2. Les Nations unies, 26 juin 2000. La naissance de l'Initiative pour les religions unies aux Nations unies (URI-UN) : « La charte signée ce jour marque la naissance de l'URI-UN. Cette initiative a été créée en accord avec les peuples représentant de nombreuses religions autour du monde. Il s'agit d'une communauté d'importance croissante, visant la promotion d'une coopération interconfessionnelle durable, la fin des violences religieuses et la création de cultures de paix, de justice et d'équilibre pour la Terre et tous les êtres vivants[2]. »

1. *Reuters News Service* – 1er décembre 1999.
2. Extrait de l'invitation des Nations unies à la cérémonie de signature de la Charte qui s'est tenue le 26 juin 2000. La signature définitive eut lieu à Philadelphie.

CHAPITRE HUIT

Cesser de s'asseoir entre deux chaises

Kansas City, Missouri
Mars 2000

Salutations, très chers. Je suis Kryeon, du Service magnétique. Une profonde énergie se trouve en ce lieu, et c'est *vous* qui l'avez invitée à se répandre ici. Elle est en provenance de votre vrai foyer et porte votre nom. Elle renferme également votre propre énergie, possède beaucoup de vos attributs personnels et se disperse dans cette salle librement selon votre volonté. Elle devrait vous être familière, car il s'agit de l'amour de Dieu que vous appelez également l'amour de l'Esprit et qui n'est rien de plus que votre propre essence spirituelle.

Nous avons beaucoup de choses à vous apprendre aujourd'hui sur l'énergie de ce nouveau millénaire. Ces messages que Kryeon vous adresse, nous les appelons les « channelings du seuil ». Tous ont trait au même sujet, c'est-à-dire à l'énergie que vous avez créée, très chers, alors que vous vous déplaciez au cœur même d'une réalité nouvellement créée sur cette planète. Parfois, nous reviendrons brièvement sur ce que nous avons dit auparavant (au cours de channelings passés) pour vous permettre de mieux comprendre ce message. Aussi répétons-nous que nous nous trouvons en face des membres d'une famille dont beaucoup ont décidé de traverser ce que nous avons appelé le « pont des épées ». Franchir le seuil du nouveau millénaire vous place dorénavant devant des potentialités qui apparaissent quotidiennement.

Le 1er janvier, l'autorisation fut donnée de pénétrer en ces « jours du début ». La vieille énergie de l'autre côté du seuil ne représente plus la force principale qui anime la Terre. Les raisons de l'existence de la Terre durant le test en cours sont dorénavant son développement et son épanouissement complet. Vous disposez d'un cycle temporel de douze années pendant lequel vous pouvez employer l'essentiel de la nouvelle énergie en vue de ce que nous appelons « la nouvelle naissance de la planète ». Aussi grandiose que cela puisse vous paraître, nous vous demandons de regarder autour de vous avec beaucoup d'attention. Selon mon partenaire, vous pouvez apercevoir la transformation de la conscience de la Terre.

Très chers, il se passe ici beaucoup plus de choses que vous ne l'imaginez. Nous nous rendons compte que votre soleil est en train de changer. Nous constatons des transformations au centre de la Terre. Cette dernière élève son seuil vibratoire. L'humanité qui peuple cette planète est le catalyseur de ces transformations. Nous évoquons à nouveau ceci : alors que vous observez des changements tout autour de vous – et vous êtes vous-mêmes de façon évidente au centre de bouleversements fondamentaux –, nous souhaiterions que vous vous rappeliez qui en est responsable. La Terre ne fait rien pour vous que vous n'ayez d'abord sanctionné. Elle réagit à la conscience que vous avez déversée sur elle. Les phénomènes géologiques s'accélèrent afin de suivre l'élévation du seuil vibratoire de la planète.

Ce soir, je me tiens en face de notre famille – une famille que je connais si bien ! Tout en vous présentant de nouveaux concepts, je vous dirais aussi qu'il existe en vous des anges qui connaissent bien ces choses. Soyez en résonance avec la vérité qui vous est offerte. Nous sommes ici depuis suffisamment longtemps maintenant pour que vous ressentiez l'énergie de vérité que nous transportons – ces messages en provenance de votre vrai foyer. En fait, vous êtes plusieurs à être prêts à travailler avec le Troisième langage. Ainsi pouvons-nous prononcer ces paroles : « Que la guérison commence. » C'est pour cela que vous êtes venus, n'est-ce pas ? Nous savons que telle en est la raison.

L'être humain est prêt à des changements sur le plan de la conscience et de la structure biologique de son corps. Membres de la famille, nous savons qui vous êtes et nous persistons à prononcer ces paroles de la manière la plus affectueuse possible. Ce qui vous a amenés ici ce soir ou à l'endroit où vous vous trouvez présentement, écoutant ou lisant ceci, c'est le fait de savoir que la famille est devant vous. Kryeon, votre frère/sœur, est en face de vous – non pas de façon spectaculaire, mais agenouillé, vous honorant et déclarant : « Je célèbre votre lumière. Je la célèbre intégralement. Vous êtes éternels. Je vous célèbre. Je sais qui vous êtes. La dernière fois que je vous ai vus de l'autre côté du voile, je vous ai reconnus. Chacun de vous m'a chanté son nom en pleine lumière et je l'ai aperçu. À mon tour, j'ai chanté mon nom, et vous l'avez également reconnu. Nous mariâmes nos énergies. Nous sommes membres de la même famille ! Vous me connaissez ! »

Nous allons vous révéler un secret que vous connaissez déjà intuitivement, et nous le ferons avant de clore ce message. Pour certains d'entre vous, il sera familier et compris... Pour d'autres, il constituera une première. En ce qui a trait à l'humanité en général, il s'agira d'une révélation.

Le gouffre s'élargit

Tout d'abord, abordons à nouveau la question du passage du pont des épées. Vous voilà, travailleurs de la lumière, en train de franchir le gouffre séparant l'ancien du nouveau ! C'est ici que les choses commencent à devenir intéressantes. Vous apprenez le Troisième langage dont nous avons parlé, soit le langage de l'Esprit. La nouvelle énergie, depuis que le seuil a été franchi, va croître en importance. Une partie de la force qui réside dans cette énergie se trouve dans la séparation d'avec l'ancien. Si vous souhaitez quelque chose de plus imagé, je vais ajouter ceci : le pont des épées que vous avez traversé franchissait un gouffre immense. De plus, je veux que vous soyez conscients que depuis que le pont des épées a été franchi, il n'y a aucune raison pour que celui-ci continue d'exister, et bientôt, il s'écroulera. À ce moment, le gouffre s'élargira peu à peu – il représente l'histoire, la distance séparant ce qui était de ce qui est et de ce qui sera. Un fossé de plus en plus large sera ainsi créé entre la conscience ancienne de la vieille Terre et le développement de l'énergie sur la nouvelle Terre.

Comme nous vous l'avons dit, l'énergie sera libérée sur cette planète selon divers systèmes, et l'un d'eux se présentera en mai 2000 [alignement planétaire]. Et nous vous avons expliqué ce que cela vous apporterait. En particulier, nous vous avons précisé qu'en mai prochain la Terre accueillera une énergie « maternelle ». L'alignement des planètes vous permettra de ressentir l'énergie de la *mère*. Pour ceux qui lisent ceci, sachez qu'il s'agit de votre passé. Pour ceux qui écoutent ceci, il s'agit de votre futur. Pour Kryeon, c'est toujours l'instant présent.

Considérez bien la date, car elle montre de façon criante qu'elle représente un catalyseur pour ce changement. Cet alignement apportera (et a apporté) beaucoup d'amour. Cet alignement déversera (et a déversé) sur cette planète un attribut que vous avez sans cesse réclamé. Mais le seul moment où cette requête pouvait être accordée se situait après les peurs collectives – la vieille énergie, le vieux schéma –, après avoir passé le seuil et avoir permis que tout ceci arrive. Personne ne savait que tout ceci se produirait une fois le seuil franchi. Maintenant, nous sommes tous présents ici – et c'est le début de la *Nouvelle Jérusalem*. Très chers, vous vous trouvez au centre de fantastiques changements de potentialités, prêts à écrire une nouvelle histoire de l'humanité.

L'abîme s'élargit, et, alors que ce phénomène est en train de se dérouler, nous souhaiterions vous expliquer ce qui peut survenir. C'est comme si le train de la réalité qui vous fut offert sous forme de métaphore dans un séminaire précédent possédait différents wagons et que l'un d'eux – celui de l'ancienne énergie – s'était détaché. Alors que vous accélériez, il s'est détaché de vous, progressivement, lentement. Il appartient dorénavant à une dimension temporelle différente, et même si vous vous trouvez sur la même voie, la vieille énergie disparaît, comme si elle provenait d'une autre dimension temporelle. Il s'agit là d'une métaphore expliquant votre transformation interdimensionnelle.

Voici l'attribut qui sera provoqué par l'agrandissement du gouffre. Soyez attentifs, car il apparaîtra bientôt. Très chers, il s'agira véritablement de *prendre position*. Les « hésitants » dont nous parlons ici sont ceux qui ont un pied dans l'ancienne énergie et un autre dans la nouvelle. Dans l'ancienne énergie, cela était possible. En fait, cela était une pratique de vie extrêmement répandue. Ces gens ne prenaient jamais de décision – un petit peu de l'ancien, un petit peu du nouveau – et ils n'avaient ainsi jamais l'obligation de choisir. Alors que l'abîme s'élargit, une énergie autre va être libérée. Bien qu'il s'agisse d'une métaphore, permettez-moi de vous dire que l'énergie ainsi libérée rendra la position des personnes tièdes extrêmement inconfortable. Ceux qui, auparavant, n'avaient aucune raison de bouger *devront* désormais prendre une décision, car leur organisme réagira fortement s'ils ne le font pas. Telle est la nature de la nouvelle Terre.

Jamais un humain de cette planète n'a reçu autant de nouvelle énergie – d'énergie divine –, une énergie différente imprégnée de changement et d'équilibre. Souhaitez-vous savoir pourquoi cette énergie affectueuse doit apparaître ? Pourquoi l'énergie *mère* est ici ? Elle va nourrir les enfants – l'énergie et la conscience des nouveaux enfants ! Vous constatez actuellement certains déséquilibres chez ces derniers. Vous rencontrez des gens qui ne les comprennent pas et vous voyez la réaction de ces enfants – vous en voyez même qui tuent leurs parents ! Ce genre de geste s'explique par un manque d'équilibre. Cette planète a besoin d'une énergie – une énergie qui sera délivrée en mai, le mois où l'on célèbre la fête des Mères. Ceux qui réagiront en premier seront les enfants. Ils ont besoin de cette énergie de façon à se rééquilibrer et pour créer « les enfants des enfants » que vous finirez par appeler les « pacificateurs ». Nous avons déjà traité de cette question. C'est une énergie que vous recevrez cette année [2000].

La situation des indécis deviendra très inconfortable. L'abîme s'élargira et ils seront tout simplement éjectés. Et alors qu'ils seront tiraillés et évincés de la position qu'ils occupaient auparavant, et qui était si confortable, quelque chose d'autre viendra que vous pourrez observer. Nous appelons cela la « **rage spirituelle** ». Certains hésitants satisfaits d'eux-mêmes demanderont peut-être : « *Pourquoi dois-je changer ? Kryeon, par quoi suis-je ballotté ? J'étais heureux auparavant, et maintenant je ne le suis plus. Vous me dites que je vais devoir me décider et choisir une voie plutôt qu'une autre, mais je ne veux pas.* » La réponse réside dans votre structure cellulaire. Vous ne pouvez pas baigner dans une énergie et en utiliser une autre sans une certaine angoisse. En outre, le véritable but de votre présence ici est devenu très différent de ce qu'il était. Vos cellules le savent et, de ce fait, le message vient du tréfonds de vous-mêmes. Si chacun se mettait soudainement à parler une autre langue, pensez-vous que vous réagiriez ? Oui, bien sûr. Vous le devriez, pour continuer d'exister. Certains se décideraient à apprendre le nouveau langage, alors que d'autres exigeraient que l'ancien langage soit le *seul* employé. Vous verrez.

Les systèmes de croyances spirituelles

Les systèmes de croyances répartis sur l'ensemble de la planète seront déchirés par le changement. Ô, ils survivront, mais il n'y aura plus d'hésitation en ce qui concerne les anciennes voies qui ne fonctionneront plus. Ceux qui ont toujours l'amour de Dieu à la bouche mais qui ne le pratiquent pas jouent un double jeu, n'est-ce pas ? Ceux qui tentent désespérément de respecter les lois de Dieu mais qui, en réalité, suivent les lois humaines, sont assis entre deux chaises, n'est-ce pas ? En outre, le monde commence à leur demander des comptes à propos de leurs enseignements. Comme l'ensemble de la population de la Terre peut l'observer (grâce aux techniques modernes de communication telles qu'Internet), certains systèmes apparaîtront comme déséquilibrés, et les gens qui ne furent jamais attirés par la spiritualité deviendront les premiers critiques de doctrines qui ne suivent pas les enseignements qu'elles professent. Par conséquent, le résultat sera le suivant : il y aura de moins en moins de jeunes gens dans leurs rangs et de nombreuses organisations péricliteront à cause du manque de respect de leurs adeptes.

Ce qui doit se passer ensuite sera une recherche de la divinité au sein des croyances doctrinales fondamentales – un retour aux principes de l'amour. Vous constaterez cela tout d'abord dans les systèmes de croyances de la planète, et si vous êtes attentifs aux événements mondiaux, vous pouvez d'ores et déjà le constater (voir page 198). Les plus grands leaders spirituels qui sont en quête du divin sur votre planète en conviennent en cet instant même. Nous avons déjà parlé de cela avec vous. Voici venue la fin du temps où l'on pouvait s'asseoir entre deux chaises. Voici le retour de la quête de l'intégrité, de la moralité dans la recherche de l'amour de Dieu et de l'essence même de la famille.

Dans cette nouvelle énergie, vous allez éprouver certaines difficultés à professer une chose et à agir différemment. Si c'est le cas, vous êtes entre deux chaises. Ceux qui disent : « *Je vais me contenter de ne pas bouger d'ici. Je sais ce que Kryeon a dit, néanmoins, je vais rester ici* » vont se retrouver dans une situation extrêmement inconfortable. Vous apercevrez chaque jour davantage cette « rage spirituelle » – ceux qui sont si en colère. Peut-être sont-ils en colère contre Dieu, ou contre eux-mêmes ; en réalité, ils l'ignorent. Ils savent simplement qu'ils sont sur le point d'être éjectés de la place confortable qu'ils occupaient. Ainsi, il ne faut plus hésiter !

Les systèmes spirituels de notre planète vont être dépoussiérés. La plupart survivront, et au cours de ce processus, ils s'approcheront davantage de l'intention originelle de ceux qui les créèrent : célébrer l'amour de Dieu d'une façon qui honore l'humanité au lieu de la détruire.

Un recul de l'énergie ?

Vous allez assister à ce phénomène dans d'autres secteurs, mais laissez-moi vous préciser une autre chose à laquelle vous devez être attentifs – un autre genre de rage. Ce phénomène a déjà commencé. Nous le désignerons par « ceux qui ne peuvent croire que les prophéties ne se sont pas réalisées ». Très chers, au cours des prochaines années, vous allez assister à certains revirements. Il se peut que vous en soyez les témoins et déclariez : « *Vous savez, notre Terre semblait aller tout à fait bien jusqu'à ce que nous arrivions ici. Il semblerait maintenant que certaines des choses positives qui se déroulaient jusqu'à présent soient en train de s'inverser.* » Combien de promesses de paix sont en train de s'évanouir ? Combien de problèmes politiques et tribaux ont abouti à une impasse ? Avez-vous eu connaissance de récents accords qui ont été tout simplement rompus ? Que se passe-t-il donc ? Est-ce cela, la nouvelle énergie ?

Vous constaterez également que certaines initiatives seront prises à propos de problèmes laissés sans solution depuis bien longtemps. Les choses qui semblaient figées se résoudront d'elles-mêmes, alors que d'autres donneront l'impression de retourner au chaos. Permettez-moi de vous dire quelques mots à ce sujet. Sur cette planète, il y a ceux qui vénèrent la vieille énergie – ceux qui se sentent mal à l'aise avec la nouvelle et qui sont furieux devant le nouveau langage qui s'installe ici. Ces gens-là tenteront jusqu'à leur dernier souffle de faire en sorte que les anciennes prophéties se réalisent et cela durera un certain temps.

Ils sont convaincus que les prophéties auraient dû se concrétiser, mais que d'une façon ou d'une autre, ce ne fut pas le cas. Ils se demanderont si, par hasard, ils ne se sont pas écartés du plan divin et tenteront de vous attirer à nouveau de l'autre côté de l'abîme qui s'élargit, de manière à obtenir leur propre rédemption. La seule chose qui surviendra est pourtant la suivante : ils tomberont dans le gouffre ! Au cours de ce processus, nous voulons que vous observiez attentivement et que vous vous souveniez que nous aimons ces gens-là autant que nous vous aimons. Comme vous, ce sont des membres de la famille. Il s'agit de leur choix et de leur décision sur cette planète du libre arbitre. Ce que je veux vous dire, en somme, c'est que certains membres de la famille tenteront de vous retirer ce qui a été acquis – le dernier halètement d'une Terre dans la vieille énergie. Vous apercevrez certains renversements apparents, jusqu'à ce qu'ils abandonnent. Certains ne changeront jamais et d'autres recevront une révélation dans la mesure de la promesse qui leur est offerte maintenant dans leur vie. Il appartient à chaque individu d'accepter ou de refuser la réalité de son nouveau train personnel.

La tolérance

Savez-vous quel est l'un des grands problèmes que cette Terre ne tolérera plus ? L'intolérance ! (rires) Vous ne l'accepterez pas. Vous commencez d'ailleurs à vous en rendre compte. Certains systèmes de croyances ont senti une certaine pression s'exercer sur eux dû au fait qu'ils n'étaient plus tolérés par ceux qui les entouraient. Il se peut qu'ils imaginent que leur boîte a été harcelée (allusion aux différentes religions). Cependant, ce n'est pas le cas. C'est leur intolérance et non leur doctrine, qui est surveillée. L'intolérance apparaîtra à tous. De nombreuses personnes diront : « *Je reconnais cet acte ambigu et je ne l'accepte pas.* » Il est étrange, n'est-ce pas, que tant de personnes qui ne se souciaient pas de morale auparavant se transforment soudainement en gardiens de la spiritualité ? Les non-spirituels devenant les accusateurs ? Que se passe-t-il ? Cela s'appelle « cesser de jouer un double jeu ». Cela ne concerne pas la religion. Cela a trait plutôt à la moralité et l'intégrité de l'Esprit humain. Il s'agit réellement de divinité non enfermée dans une boîte (la spiritualité libérée de toutes les doctrines et organisations qui l'accompagnent) ! Nous qualifierons ce phénomène de *nouvelle spiritualité personnelle.*

Les transformations personnelles chez soi

Certains se trouveront dans une position neutre à titre personnel. Je ne fais pas allusion ici aux nations ni aux religions ni à toutes les autres boîtes, mais je me réfère à l'individu, c'est-à-dire, je le répète, à une spiritualité personnelle. Très chers, vous allez devoir prendre position ! Certains ont interprété ceci en me posant la question suivante : « *Ô, Kryeon, cela signifie-t-il que je vais perdre les hésitants de ma famille ? Vont-ils disparaître dans le wagon de la vieille énergie qui se détache ?* » Pas du tout. Souvenez-vous qu'ils sont tout aussi capables de suivre votre voie que de s'en éloigner ! Ne plus être entre deux chaises ne veut pas dire tomber entre les deux. Cela sous-entend introspection et prise de conscience. Il y aura des changements – la fin de la neutralité, car vous ne pouvez demeurer dans la nouvelle énergie et prétendre que rien ne s'est passé. Dans le cas contraire, vous niez l'évidence, et cela provoque déséquilibre et colère... une rage spirituelle. Cela signifie simplement que nombreux seront ceux qui vont se poser des questions à propos de leur véritable personnalité.

Changement personnel sur le plan professionnel

Travailleurs de la lumière, ces dernières années, quelque chose d'unique s'est produit. Vous êtes nombreux à vous être réveillés à trois ou quatre heures du matin. Vous vous sentiez mal à l'aise. Vous avez tenté d'ouvrir des portes qui refusaient de céder (une métaphore représentant les choses ne semblant pas fonctionner). Des tas d'événements désagréables ont eu lieu alors que nous nous dirigions vers le seuil du nouveau millénaire. Se trouver au cœur même d'un changement important n'est jamais plaisant. Dorénavant, l'énergie que vous aviez réclamée se répand – cette énergie que vous avez créée. C'est désormais à votre tour ! Mais soyez très attentifs à sa véritable signification.

Certains ont dit : « *Je suis impatient de pénétrer au sein de cette nouvelle énergie, car je vais finalement pouvoir me débarrasser de cette personne, à mon bureau. Dieu m'en délivrera.* » Il n'en est pas ainsi. Ces personnes, comme vous le savez, avaient parfois le don d'agir d'une façon frustrante pour vous, mais soyez maintenant attentifs au fait que ces « boutons » qu'elles pressaient si allègrement au cours de leur interaction avec vous se déconnecteront. Vous êtes au sein de la nouvelle énergie. Peu importe ce qu'elles feront : tout ce que vous aurez à faire consistera à les aimer. Cela sera de moins en moins difficile et vous trouverez dorénavant l'énergie d'amour beaucoup plus facile d'accès. Ainsi, vivre dans le maintenant et échapper de ce fait à leur drame personnel ne sera pas aussi ardu et l'énergie d'aujourd'hui vous aidera durant cette épreuve.

Là où il y avait « du sable dans vos huîtres », il n'existe plus d'huîtres aujourd'hui ! Elles se trouvaient dans le wagon de l'ancienne énergie qui est resté derrière. Très chers, vous repartez présentement sur de bonnes bases. Lorsque quelqu'un vous irrite et tente « d'appuyer sur les boutons » de votre personnalité, vous comprenez maintenant la sagesse de leur voie, qui est cette personne et la raison de sa présence dans votre milieu. Vous vous transformez en êtres sereins ! La sagesse et l'amour métamorphosent l'irritation, et cela est extrêmement intéressant. Que peuvent faire les autres lorsque vous ne réagissez plus ? Que peuvent-ils faire quand vous n'éprouvez plus aucune crainte ? Soyez attentifs. Certains abandonneront leur attitude passée et deviendront vos meilleurs amis. Certains commenceront à vous poser des questions. Certains commenceront même à maintenir une certaine lumière – chose que vous n'auriez jamais crue possible de leur part. Ils ont quitté leur place entre les chaises et ont décidé de se joindre à vous !

L'expansion de l'être humain

J'ai de bonnes nouvelles. J'aimerais vous entretenir ici d'un attribut qui vous est offert – et nous allons le célébrer avec vous ! Il s'agit d'un attribut dont nous pouvons aujourd'hui révéler l'existence et que certains facilitateurs présents dans cette salle vont commencer à utiliser. Dans le cadre de l'ancienne énergie, le champ d'énergie de l'être humain s'étendait à environ un mètre. Les facilitateurs qui travaillent avec l'énergie vous diront que c'est à cette distance qu'ils prennent fréquemment conscience de l'énergie de l'être humain qu'ils sont en train de soigner. Ils peuvent ressentir ce champ qui fait référence à l'énergie spirituelle personnelle de l'être humain et qui est propre à chacun. Ceux qui peuvent éprouver les effets de cette énergie vous diront que ce champ représente davantage qu'une simple aura. Ils possèdent « l'estampille de votre énergie », puisque votre nom est inscrit dans ce champ. Fréquemment, les médecins intuitifs et ceux qui ont recours à l'énergie peuvent ressentir des choses extrêmement différentes au sein de cet espace. Certains peuvent placer leurs mains dans ce champ et expliquer ce qui est en train de se passer dans les cellules de votre corps – les déséquilibres aussi bien que l'éveil de la conscience et même la tristesse et la joie ! Cela se déroulait ainsi auparavant.

Aujourd'hui, l'étendue de ce champ va considérablement changer. Nous sommes ici pour vous annoncer ceci, très chers : vous avez maintenant l'autorisation d'étendre la portée de votre champ personnel, lentement, au fil des années à venir, centimètre par centimètre – pour parvenir à la plénitude de votre pouvoir avec un champ de dix mètres ! Il s'agit là de la taille du Mer-Ka-Ba de l'humain accompli. Lorsque je vous vois ici… je vous distingue toujours dans votre véritable dimension divine. En fait, c'est le périmètre extérieur de ce Mer-Ka-Ba que je constate lorsque je viens dans cette salle afin de communiquer avec vous. Mais essentiellement, cette perception a été limitée à environ un mètre pour chaque être humain depuis des éons. Lorsque l'énergie humaine sera en symbiose avec l'énergie du Mer-Ka-Ba, vous vous transformerez en êtres interdimensionnels, au sein de vos quatre dimensions, et irradierez l'amour, la lumière et la compréhension inondée d'aspects multidimensionnels. Chamans, voilà ce que vous avez réclamé ! Travailleurs de la lumière, voilà ce que vous avez toujours souhaité ! Visualisez cette énergie petit à petit et concentrez-vous sur elle dès maintenant. Vous avez la permission de vous transformer et de vous développer.

Cuirassage

À propos d'expansion, nous allons maintenant revoir quelque chose de très important pour plusieurs d'entre vous. Certains se souviendront peut-être du dernier channeling. Du fait de la limitation de leur champ à un mètre seulement depuis des éons, beaucoup d'entre vous ont ressenti une inconsistance spirituelle au niveau cellulaire. Les guérisseurs et les travailleurs de la lumière « savaient » qu'ils étaient plus grands que cela. Ils le sentaient. Pour pouvoir à la fois obtenir la protection de l'ancienne énergie et tenter de se développer dans le giron d'une énergie qu'ils percevaient intuitivement comme leur essence propre, ils procédèrent à ce que l'on appelle un « cuirassage ». C'est ainsi que l'on dénomme l'action entreprise par les êtres humains qui accumulent les protections sur leur corps afin de parvenir à l'expansion du JE SUIS apparemment absent.

En définitive, ce que j'essaie de vous dire, c'est ceci : travailleurs de la lumière, pour la seconde fois, j'annonce que c'est la raison pour laquelle vous êtes si nombreux à souffrir d'une surcharge pondérale. Ce qui était approprié pour vous lorsque vous êtes venus ici peut désormais changer. Lorsque vous vous contemplez dans un miroir, quel *vous* apercevez-vous ? Celui resté dans le wagon de l'ancienne énergie et qui tente de survivre, ou l'autre qui se tient dans le nouveau wagon ? Les moyens que vous avez utilisés auparavant pour perdre du poids peuvent fonctionner aujourd'hui. Penchez-vous aussi sur les nouvelles techniques plus intuitives, certaines ayant à voir avec l'eau. Vous n'avez plus besoin de diverses couches de protection, de vous entourer d'une cuirasse. Au cours des prochaines années, vous aurez enfin la permission de réduire votre poids selon votre désir afin d'être un être humain en parfaite santé. Ceci est nouveau et fait partie de la coopération existant entre les travailleurs de la lumière et la nouvelle énergie.

Certains restent sceptiques quant à ce que je viens de dire. « *J'ai tout essayé. Rien ne marche. Je suis condamné à vivre avec mon obésité.* » Non. Certains ne changeront pas, car ils s'aiment tels qu'ils sont. En fait, cela est très bien également. Cependant, ceux qui souhaitent un changement auront à leur portée les moyens d'y parvenir. Le « cuirassage » n'est plus nécessaire dans votre existence. Il ne favorise pas votre spiritualité et peut même écourter votre espérance de vie. L'invitation qui vous est faite de vous développer spirituellement tient toujours. Cette information a, maintenant, été délivrée à deux reprises, car il est fondamental que vous la compreniez parfaitement.

Le grand secret

Parlons maintenant d'un point important, chers chamans, vous qui écoutez ces paroles et lisez ces lignes. Je continue à vous appeler ainsi, car je sais qui vous êtes et qui vous étiez. Selon vous, qui s'éveille aujourd'hui ? Quels sont les premiers à s'éveiller à cette énergie divine, à l'aube de ce nouveau millénaire sur cette surprenante planète ? Laissez-moi vous répondre. Ceux qui développent maintenant leur spiritualité sont les prêtres et les religieuses – les moines et les chamans – les hommes et les femmes médecine des peuples indigènes – vous ! Si vous pouviez jeter un bref regard en arrière afin de constater qui vous étiez – vous qui êtes dans cette salle ou qui lisez ces lignes –, vous verriez qu'il s'agit de vous. Ce n'est pas la première fois que vous vous éveillez afin de poser certaines questions ayant trait à votre spiritualité cellulaire. C'est devenu une sorte de répétition, et nous en avons parlé la dernière fois que nous nous sommes trouvés ici. Nous vous avons rappelé les serments que vous avez faits et qui franchissent le voile d'une existence à l'autre. Nous vous avons demandé de rompre ces vœux. Nous vous avons dit que vous pouviez abandonner le vœu de célibat et de solitude. Qu'afin de se consacrer à Dieu, beaucoup décidèrent d'être pauvres, et nous vous avons dit également que vous pouviez rectifier cette décision. Nous vous avons expliqué que tous ces vœux pouvaient être rompus. Cette information a été souvent répétée. Peut-être l'avez-vous déjà lue ou entendue quelque part ?

Notre point est celui dont il est question depuis le jour où vous avez commencé votre quête du divin. Il existe un secret bien dissimulé concernant l'humanité qui est en quête du divin depuis son apparition sur la planète. Regardez autour de vous. Considérez les religions et la façon dont les choses évoluent ou non. Examinez les milliers de doctrines et l'historique général de la recherche de Dieu. Voyez ceux qui vous ont invités sur leur chemin et dans leurs groupes religieux personnels, parce qu'ils sont en recherche et qu'ils souhaitent vous aider. Attardez-vous à votre quête du sacré. Que dire de la fontaine de Jouvence ? Vous en avez entendu parler tout au long de votre vie. Était-elle réelle ? Sa quête remonte à la nuit des temps ! L'humanité a toujours recherché ces choses. Derrière toute démarche gouvernementale, quelle qu'elle soit, réside la quête du divin. La plupart des religions de la Terre et des cérémonies qui les accompagnent portent sur la quête de Dieu. L'histoire de l'humanité est entièrement empreinte de cette quête, et des royaumes ont été gagnés et perdus pour elle. Jetez un regard sur les ressources utilisées par l'humanité dans le but de trouver Dieu !

Je voudrais vous dire ceci : nous l'avons dissimulé. Vous l'avez dissimulé. Nous l'avons tous parfaitement dissimulé. Nous l'avons tellement bien dissimulé dans les endroits les plus improbables que chaque être humain continue à le chercher. L'être humain qui gravit chaque marche d'escalier sur les genoux afin d'être honoré par Dieu n'a jamais suspecté où il se cachait. L'être humain qui se prosterne quotidiennement sur son tapis de prières n'a jamais su où était la véritable divinité. L'être humain qui égrène sans cesse les perles de son chapelet afin que ses péchés soient pardonnés n'a jamais eu l'idée du lieu où Dieu se cachait. Les millions d'êtres humains qui rendent hommage à une puissance supérieure et qui affrontent tant de difficultés pour gagner la faveur de Dieu n'ont jamais suspecté sa cachette.

Aussi, vous, travailleurs de la lumière qui êtes dans cette salle ou qui lisez ces lignes, vous le savez déjà. Mais un certain doute n'en subsiste pas moins dans votre esprit. Le plus grand secret sur cette planète – je dis bien le plus grand – concerne l'endroit où se trouve véritablement la divinité. Permettez-moi de faire une petite allusion. Pour quelle raison, croyez-vous, les mots JE SUIS sont-ils tant imprégnés d'énergie ? L'endroit le plus improbable où trouver la fontaine de Jouvence (vie éternelle) – le lieu le plus inattendu pour découvrir une divinité qui peut soigner l'être humain et lui rendre sa plénitude –, celui auquel aucun humain n'a jamais pensé, c'est là où nous avons tous décidé de le dissimuler au mieux. Vous savez de quoi je parle, n'est-ce pas ? Ce lieu est à l'intérieur de chaque être humain vivant, là où niche le pouvoir. C'est là que se trouve la fontaine de Jouvence, la vie éternelle, qu'est le Saint des Saints, l'amour de Dieu.

Le plus gros problème du travailleur de la lumière, celui provoqué par son indécision, est le suivant : il ne peut accepter le fait que la divinité soit réellement en lui. Le fragment de Dieu en vous – votre Moi divin – est si bien dissimulé que votre dualité vous criera durant le reste de votre vie que c'est faux. C'est ainsi que vous avez planifié les choses – afin que cette vérité ne soit pas évidente.

Aussi, vous n'arrivez pas à croire que vous avez créé une différence. « *Kryeon, qui suis-je réellement ? Qui suis-je et quelle différence suis-je en train de créer ?* » Je vais vous donner quelques informations. Jetez un coup d'œil sur ce qui vient de se dérouler il y a deux mois. Vous avez permis que la planète se transforme et, au cours de ces années passées, vous avez découvert la preuve que ces changements ont véritablement eu lieu. Vous avez modifié la voie du train de l'humanité, passant de l'ancienne réalité à la nouvelle. Et qui a accompli cela ? Dieu ? Non.

Ce sont plutôt ceux qui se réveillent sur l'ensemble de la planète. Je vais vous fournir certains faits, maintenant. Moins de 15 % de tous les humains sont conscients de ce que vous savez aujourd'hui. Ils ne reconnaissent pas encore le secret. Cependant, ces gens ont transformé la planète pour toujours ! Nous avons parlé de la masse critique de ceux qui sont conscients et de ce qui arrive lorsqu'ils « manifestent leur lumière ». Il a été question de ce qui survient lorsque vous allumez une lumière dans un endroit sombre. Nous vous avons proposé les paraboles de la lumière et de l'obscurité. Nous avons discuté des attributs spirituels de la lumière – le caractère actif de la lumière et celui, passif, de l'obscurité. Écoutez, travailleurs de la lumière : si vous vous considérez comme des travailleurs de la lumière sur cette planète, vous faites partie de la minorité terrienne et de la majorité de ceux qui possèdent l'énergie qui a transformé la planète. Vous, les 15 %, êtes responsables de ce que vous constatez aujourd'hui. Cela ne vous fournit-il pas quelques indications sur ce que les humains sont capables de faire lorsqu'ils se donnent la permission de vibrer à un niveau plus élevé ? Tel le pouvoir de l'ange en vous, cela non plus vous ne le distinguez pas.

Et vous pensez n'avoir rien accompli ? Ô, je veux chanter votre nom ! Vous avez une telle valeur ! Dans ce placard où vous prétendez être seuls et où vous pleurez, nous dansons autour de vous. Vous n'êtes jamais seuls. Ce cortège que vous appelez Dieu est toujours présent. Il est toujours là. Sans cesse ! Allez et prétendez nous ignorer. Quittez cette salle et rentrez chez vous. Posez ce livre et continuez vos activités. Nous nous trouvons là où vous allez. Nous sommes même avec vous dans votre voiture ! Chaque travailleur de la lumière qui a émis l'intention de vibrer à un niveau supérieur est accompagné d'un cortège ! C'est là qu'est la puissance ! C'est ce qui vous a donné la capacité de changer la planète. Plus l'énergie de la planète se transformera, plus il y aura de personnes qui s'éveilleront. Et celles-ci ne seront pas toutes des travailleurs de la lumière. Elles ne parleront pas toutes le Troisième langage. Elles ne viendront pas toutes assister à un séminaire de Kryeon. À leur façon, et au sein de leur propre boîte, nombreux seront ceux qui commenceront à se décider et à altérer lentement leur état d'esprit en ce qui touche la grandeur de Dieu. Peu à peu, ils recevront de la sagesse et auront une nouvelle intégrité. Beaucoup deviendront plus exigeants vis-à-vis d'eux-mêmes et entreprendront leur quête. Ainsi, leurs activités actuelles ne changeront pas, mais s'étendront. Et avec cette expansion viendront la tolérance et l'amour de l'autre – le point fondamental. Beaucoup découvriront le secret. Leur quête leur révélera l'endroit dissimulé en eux.

Travailleurs de la lumière, chamans, vous vous êtes libérés de vos anciens vœux. Il est temps désormais de retrouver votre ange ! Le moment est venu d'affirmer votre pouvoir. Beaucoup d'entre vous savent de quoi je parle, mais très peu ont réellement accompli le changement de réalité consistant à retrouver leur ange intérieur ! Le temps des hésitations est terminé. Certains d'entre vous verront d'anciennes passions – celles qu'ils avaient remisées en les oubliant – resurgir dans leur vie. Dans le passé, quelques-uns parmi vous ont écarté des choses en déclarant : « *Ce n'est pas pour moi, je ne pense pas être capable de faire cela.* » Vous allez maintenant les ressortir de l'endroit où vous les aviez remisées et les reconsidérer. Tout cela fait partie de la fin des incertitudes. C'est l'énergie que vous avez réclamée et, au cours de ce processus, ne vous attendez pas à vous reposer beaucoup. Soyez prêts à accomplir votre tâche.

Au cours de ce processus, très chers, voici quelle est la promesse. Ce cortège qui vous entoure… ceux-là même qui vont quitter cette salle dans un moment et que vous appelez votre famille, font partie de mon côté du voile. Mais un autre cortège vous accompagne de votre côté du voile ; il est représenté également par votre famille et reste toujours près de vous. Ces deux cortèges ont un langage commun visant à communiquer avec vous. Le Troisième langage est celui de Dieu. C'est la prise de vos nouveaux vœux ! Par l'utilisation de ce langage, votre ange intérieur sera libéré. Certains ont même appelé ceci la communion ultime avec Dieu. Vous allez comprendre que nous sommes tout autour de vous et que nous empruntons ce langage. Il est temps de l'accepter. Rejetez le passé au cours duquel vous recherchiez le divin et faites maintenant surgir votre ange intérieur !

JE SUIS CE QUE JE SUIS – le cercle des mots qui dépeint l'être humain comme étant Dieu – symbolise la vérité. C'est l'ultime secret. Les véritables noms du JE SUIS dans l'histoire spirituelle se réfèrent à l'être humain. Les écritures les plus sacrées furent toutes écrites par les êtres humains. Réfléchissez à cela. Les plus profondes pensées jamais émises sur cette planète ne vous furent pas délivrées sur quelques tablettes. Elles proviennent du cœur même de l'être humain. C'est là que le divin fut toujours dissimulé.

Maintenant, le moment est venu de trouver la fontaine de Jouvence. Elle est là, vous savez. (Lee touche son cœur.) Nous vous l'avons dit, elle réside là. Ne soyez pas surpris de découvrir que les nouveaux traitements à base d'eau ont quelque rapport avec elle. Peut-être est-ce pour cette raison qu'on leur donne le nom de fontaines ? Cela est en train de se produire. Vous comprendrez ce que j'entends par là. Vous l'avez demandé, très chers.

Il nous reste à célébrer ce cortège qui se retire maintenant de cette salle. Nous avons davantage passé de temps aujourd'hui en célébration qu'en toute autre chose. Car la famille humaine a permis que nous puissions venir et partager ces instants avec vous. Il est temps, dorénavant, de découvrir ceux qui vous entourent. Ils apparaissent maintenant. Nous voulons que vous soyez conscients de qui nous sommes, nous tous ici présents. Nous souhaitons que vous compreniez bien qu'il ne s'agit pas d'un exercice. Nous désirons vous en informer afin que vous puissiez quitter cette salle en disant : « *Aujourd'hui, j'ai ressenti le toucher de Dieu.* » Oui, mais vous avez également ressenti votre frère/sœur Kryeon – votre famille – et non pas un être divin venu dans cette pièce pour accomplir quelque chose. Non. Au contraire, il s'agissait d'un frère ou d'une sœur parcourant les allées et les rangées de fauteuils, et même se tenant à côté de vous, là où vous lisiez ces lignes. Un membre de la famille qui vous a effleuré et qui a dit, en utilisant le Troisième langage : « Je veux que tu saches que je suis ici, que je t'aime et que chaque parole prononcée ici fut sincère et authentique. »

Les membres de la famille qui vous ont rendu visite se retirent en cet instant. Tout en partant, ils vous disent : « Bienvenue sur la nouvelle Terre. » Il ne s'agit pas ici de prédestination. Votre avenir repose toujours entre vos mains. Vous pouvez en faire ce que vous voulez. C'est votre choix. Il s'agit là d'un exemple de la divinité en vous. Le cortège de Kryeon chargé de modifier la grille magnétique terrestre arriva en 1989. Cette modification sera terminée en 2002, et le cortège responsable de cette action partira alors. Il ne reviendra plus puisque cela ne sera plus nécessaire. Vous disposez maintenant du pouvoir requis pour accomplir spirituellement toute tâche souhaitable. Votre frère/sœur Kryeon est ici depuis le début et continuera à faire partie de l'histoire terrestre, passée et future.

Voici quelque chose d'important. Écoutez. Vous avez retrouvé votre pouvoir véritable ! Aucun d'entre vous n'a besoin de retourner dans cette pièce pour le vérifier. Personne ne doit relire ces lignes s'il ne le souhaite pas. Aucun être humain n'a à intégrer un mouvement quelconque ou à professer un système de croyances pour découvrir le divin en lui. Le Troisième langage est votre guide ! Nous sommes tous disponibles – tous dans ce placard, si vous le souhaitez. Vous êtes tous Dieu !

Ainsi, la nouvelle énergie de cette planète remplit cette salle et vous donne la sagesse de Dieu. Et c'est ainsi que vous avez réclamé et reçu les instructions concernant les potentialités de la planète et votre véritable personnalité. Et c'est ainsi qu'un secret vous a été révélé, celui du lieu inattendu où se cache la divinité – au sein de l'être humain. Et c'est ainsi que nous vous avons autorisés aujourd'hui à vous débarrasser de votre manque de confiance en vous et à prendre finalement votre décision afin de permettre à votre ange de briller. Et c'est ainsi que le chagrin se répand en ce lieu, alors que nous nous retirons – chagrin de constater que ces instants passés ensemble ne durent pas plus longtemps, que nous ne pouvons pas encore vous accueillir dans votre vrai foyer, mais également joie et célébration de constater que le JE SUIS commence à être reconnu et que votre lumière est si intense !

Et il en est ainsi.

Kryeon

À propos du channeling que vous venez de lire

Kryeon a fait allusion à deux événements au cours de cette communication.

1. La soudaine décision du pape d'essayer d'obtenir le pardon pour les actions commises par l'Église dans le passé représente un attribut permettant aux peuples de franchir l'abîme et de s'unir dans l'amour. Il s'agit du premier pape à visiter Israël et à célébrer son droit à adorer Dieu… même en suivant le rituel juif. Je crois qu'il reconnaît également la nouvelle énergie spirituelle et qu'il prépare la voie qui mènera à son remplacement afin de continuer ces changements radicaux au sein d'une très ancienne religion terrestre. Ceci fut prédit en juillet 1999. Il est rare que nous ayons des confirmations aussi rapides de ce que nous avait annoncé Kryeon.

2. Le suicide collectif de mars 2000 en Ouganda fut le résultat direct de l'angoisse provoquée par le fait « d'être entre deux chaises ». Les membres du culte qui commirent ces meurtres ressentaient une « colère spirituelle », craignant que la fin des temps ne se produise au moment du changement de millénaire. Dieu ne les a pas rappelés à lui comme ils l'espéraient. Ils estimèrent qu'il valait mieux exécuter les membres de leur culte puis de se suicider, plutôt que de vivre sur une planète dont ils étaient certains qu'elle se trouvait entre les mains de Satan – il s'agit là de l'un des effets de l'agrandissement de l'abîme séparant les anciennes perceptions des nouvelles.

À propos, Kryeon a mentionné que les leaders de ce suicide étaient toujours vivants.

Lee Carroll

CHAPITRE NEUF

Le retour, suite

San Francisco, Californie
Avril 2000

Salutations, très chers. Je suis Kryeon, du Service magnétique. Chers membres de la famille, ces instants sont extrêmement précieux. Il y eut un temps où, lorsque le cortège prenait place dans un endroit comme celui-ci, la dualité humaine nous empêchait de *ressentir* votre amour en retour. Aujourd'hui, je peux affirmer, très chers, qu'il existe quelque chose que nous *ressentons* et avons réclamé, mais que vous seuls pouviez nous accorder. C'est une nouvelle énergie qui nous permet de ressentir immédiatement votre affection pour nous, et ce phénomène est nouveau.

Depuis quelque temps, lorsque nous pénétrons dans une salle comme celle-ci en compagnie de notre cortège que nous appelons la famille, au lieu de simplement nous installer à vos pieds et autour de vous, nous devons nous arrêter un moment afin d'absorber la vague d'amour qui nous submerge. Cela prouve que ceux qui sont ici ou qui lisent ces lignes possèdent de nouvelles capacités. C'est une divinité qui déclare : « Oui, nous vous reconnaissons, frère/sœur Kryeon, ainsi que le cortège que vous appelez la famille. » Le seul qualificatif pouvant définir ce sentiment est *précieux*.

Kryeon et son cortège se sont rassemblés ici il y a plus de trois jours afin de s'accorder à l'énergie de ceux qui allaient venir. Peut-être ignorez-vous également que le cortège est différent à chaque réunion de Kryeon ! Ce cortège est constitué des membres de la famille qui vous connaissent. Il est parfois composé de ceux qui vécurent un jour sur cette planète et qui ont disparu, mais ce n'est pas toujours le cas. Chaque réunion est différente, selon ceux qui sont d'accord pour venir y assister... ou pour lire ces pages.

Le cortège s'installe dans cette pièce et prend place autour de vous, derrière vous et parmi vous. Ces membres vous connaissent bien. Il y a trois jours eut lieu une célébration en l'honneur du potentiel de ceux qui allaient prendre place ici même. Il y eut de la joie, beaucoup d'amour, et de la patience dans l'attente de votre arrivée aujourd'hui. Tout cela peut vous amener à réfléchir sur qui est venu voir qui en ce lieu. Bien qu'il vous soit difficile de le comprendre, la transcription de ces paroles en divers langages représente une potentialité qui est déjà présente ici pour nous. Les milliers de personnes qui liront ces lignes sont toutes alignées dans ce que vous appelez le futur de votre existence linéaire. Cependant, pour nous, il s'agit de potentialités qui se manifestent dans notre *maintenant*. Par conséquent, nous félicitons les lecteurs et leur disons que tout ce qui est dit ici s'applique également à eux. En effet, nous vous avons aperçus avec ce livre dans les mains !

On remarque maintenant une plus grande compréhension des choses résultant en une réelle passion pour cette planète, et ce, même de la part des gens qui ne se disent pas eux-mêmes travailleurs de la lumière. Vous commencerez à distinguer cela parmi vos leaders religieux, vos politiciens et dans le public en général. Aussi, les changements à propos desquelles vous vous êtes interrogés depuis des années deviendront plus évidents. Certains ont demandé : « *Pourquoi tout cela ne s'est-il pas manifesté plus tôt ?* » La vieille énergie n'était pas adaptée à l'essentiel de ce que vous anticipiez. Cependant, beaucoup d'entre vous aperçoivent maintenant ces choses, grâce à la nouvelle énergie.

Certains d'entre vous se tiennent devant le miroir en disant : « *Je suis insignifiant. Qui suis-je pour être appelé un ange ou un guerrier de la lumière ?* » Je veux que vous sachiez que nous vous célébrons collectivement ! Sans ce que vous avez déjà accompli, tout serait différent ce soir. Le grand JE SUIS est assis devant moi aujourd'hui. Vous vous appelez humains, mais vous êtes avant tout des parties de Dieu. Très chers, quand vous aurez disparu et que vous serez de mon côté du voile, vous saurez de quoi je parle, car c'est votre grandeur qui sera alors célébrée ! Il nous est difficile de vous enseigner, alors que tout ce que nous souhaitons, c'est vous enlacer. Votre dualité vous empêche de voir qui réside véritablement dans ce fragile corps humain !

Durant de nombreuses années, nos messages ont annoncé : « Vous pouvez y parvenir ! Vous pouvez franchir le seuil du nouveau millénaire sans qu'aucune des prophéties ne se concrétise. » J'ai parlé de « tenir bon » et de patienter. Nous avons souvent dit que *Dieu prend son temps*... et vous refusiez d'écouter. Mais maintenant, vous baignez au sein de l'énergie que vous avez créée ! Contemplez-la. Ce n'est pas la *fin* des temps. C'est l'*aube* des temps ! La création d'une nouvelle Terre est à portée de votre main. La voie que suit votre train est totalement vierge, et elle se présente sous la forme d'un territoire neuf qui n'a jamais encore été touché. Et ce territoire que vous n'avez encore jamais vu s'autocréera à partir de votre conscience. Certains d'entre vous savent être en train de construire la nouvelle voie et que c'est donc la première fois qu'ils la suivent.

Il est vrai que vous continuez à posséder votre libre arbitre et que tout peut arriver. Mais la masse critique est atteinte et vous commencez à vous en rendre compte grâce à la façon dont la Terre se comporte. Certains types de problèmes rencontrés auparavant, en particulier ceux qui ont trait à des questions de moralité, sont désormais pris en compte. Là où la planète ne semblait pas se soucier de ce genre de choses dans le passé, vous constatez aujourd'hui qu'on accorde une place de choix à celles-ci dans vos bulletins d'informations. C'est le début d'une évolution spirituelle, telle qu'elle a été définie par votre seuil vibratoire.

Nous allons vous faire une révélation cet après-midi. En effet, nous allons vous présenter sept nouveaux concepts. Finalement, nous vous révélerons ce que signifiait le channeling que vous avez appelé *Le retour* (allusion à un conte initiatique de Kryeon, Ariane Éditions). Ceux d'entre vous qui ont lu ou entendu cette histoire savent de quoi nous allons parler aujourd'hui. Cependant, ceux qui *n'ont pas* lu ce livre recevront le même message dans sa plénitude.

Le channeling intitulé *Le retour* représente une allégorie. Pour certains, il s'agit d'une simple métaphore, et pour d'autres, d'un conte. Aux yeux de nombreuses personnes, elle fut créée dans votre passé et transcrite il y a quelques années. Mais pour nous, tout cela se déroulait dans notre *maintenant*. Alors que vous prenez place dans le *maintenant* qui fut toujours le nôtre, les potentialités de cet après-midi existaient déjà et l'information qui va suivre était disponible. Même lorsque ce livre fut transcrit par channeling, nous distinguâmes les potentialités de votre être présent ici ce soir devant nous... car tel est le pouvoir du cadre temporel du moment présent.

Le message contenu dans *Le retour* fut réellement offert à ceux présents dans le nouveau millénaire. Il s'agit de l'histoire du potentiel de l'ascension, un mot jamais mentionné au cours de l'histoire de Michaël Thomas et de son voyage de retour. Tout au long de cette histoire, des métaphores spirituelles furent présentées afin que vous les étudiez, mais jamais nous n'avons révélé ce que nous vous révélerons aujourd'hui. Il s'agira de la synthèse des informations des deux derniers messages survenus au cours de ce dernier millénaire (voir chapitres précédents)

Le retour, suite

Cette histoire est celle d'un homme vivant sur la Terre. Michaël Thomas est son nom – un dérivé de l'archange Michaël, combiné à l'énergie de Thomas, l'incrédule. Il s'agit en fait de l'énergie d'un homme englué dans sa dualité – une dualité à la fois angélique et sceptique. Un ange habite au sein de l'être humain, mais cette dualité empêche de l'apercevoir, provoquant ainsi doutes et peurs. L'être humain est plein de merveilleuses potentialités, car il a le choix de trouver la divinité et de découvrir son ange. Ainsi, chacun de vous a le choix d'accéder à l'un des plus gigantesques secrets de l'humanité. Mais cela vous est également caché.

Ainsi, cet homme fut dirigé vers sept maisons d'apprentissage au cours de son voyage, en direction de ce qu'il pensait être le foyer sacré dont il se languissait fortement, le sien. Il se dirigeait vers ce qu'il présumait être le paradis. Et dans ces sept maisons se trouvaient des énergies que nous allons vous révéler maintenant – énergies qui ne s'harmonisent qu'avec ce que nous vous avons offert après le 1er janvier 2000.

Ô très chers, certains d'entre vous sont venus aujourd'hui pour rechercher autre chose que cette information, n'est-ce pas ? Certains d'entre vous lisent et attendent avec impatience quelque chose d'autre.

Nous souhaitons maintenant nous arrêter et vous déclarer ceci : « Nous vous honorons pour la guérison que vous êtes venus chercher, celle du cœur. Vous savez à qui je m'adresse ! Nous vous honorons pour l'amélioration de votre santé et la guérison que vous avez réclamée. Nous honorons les secrets que vous portez. Ignorez-vous que nous savons qui est ici ? Pensez-vous que nous ne voyons pas ceux qui lisent ces lignes ? Nous sommes au courant de certaines des difficultés que vous rencontrez au cours de votre vie. »

[pause]

Le moment serait bien choisi pour votre guérison, n'est-ce pas ? Le moment est propice pour que vous aperceviez les couleurs qui se répandent sur cette scène et remplissent les cœurs de ceux qui se tiennent devant nous. Le moment est venu pour beaucoup d'entre vous de célébrer la guérison qui vient juste d'être déclenchée ! Vous ne vous attendiez pas à voir ce phénomène se produire en cet instant ? L'enseignement n'a pas encore débuté, et pourtant, votre intention et votre pureté autorisent l'énergie à s'adresser à l'enveloppe cristalline de votre ADN.

Que l'énergie, en cet instant précis, soit la preuve qu'il ne s'agit pas simplement d'une autre rencontre – ni de simples mots écrits dans un livre. Rien n'est plus précieux dans le monde – sur cette Terre – que l'être humain qui découvre petit à petit qu'il possède une grande puissance en lui ! Car il n'est pas nécessaire que vous reveniez assister à une réunion comme celle-ci. Vous n'avez pas non plus à lire un autre ouvrage sur les channelings si vous ne le souhaitez pas. Vous pouvez vous enfermer dans le placard le plus petit et procéder vous-mêmes à votre propre guérison. Puisque le cortège est présent, la guérison l'est aussi, tout comme la puissance ! C'est l'être humain qui possède cette puissance, qui est en réalité le Moi divin – la divinité intérieure –, mais qui évolue sur la Terre, dissimulé sous l'apparence d'une fragile entité biologique. Et vous vous demandez pourquoi nous vous célébrons ? Que la guérison commence !

La première maison – les cartes

La première maison dans laquelle Michaël Thomas pénétra fut la maison bleue, celle des cartes. Nous vous en avons parlé à de nombreuses reprises. Nous vous avons instruits à ce propos et fourni des explications ayant trait à cette métaphore. Mais l'explication complète n'a jamais été donnée au sein de cette nouvelle énergie. Il a été question du Troisième langage au cours de channelings passés. Il s'agit d'un nouveau langage à votre disposition si vous le demandez. Il est tout à fait nouveau et n'aurait pu exister avant le passage du seuil. C'est le seul langage dont disposait le chaman, car il nécessitait discipline, compréhension et entraînement. Maintenant que la peur a été réduite sur cette Terre, le Troisième langage peut se répandre parmi les guerriers de la lumière et parmi tous ceux qui souhaitent en prendre connaissance. Il représente la quintessence du Nouvel âge. Il est le langage de l'Esprit. Il est constamment, totalement, le langage de « liaison » entre l'être humain et Dieu. Il s'agit d'une méditation continuelle destinée à l'état de veille – circulant normalement dans votre vie.

Michaël Thomas reçut une carte magique qui n'agissait qu'au moment immédiat où il en avait besoin. En outre, cette carte ne lui fournissait jamais d'information sur ce qui allait se présenter. Elle lui apportait des solutions uniquement après qu'il se fut trouvé au centre de l'énergie du problème lui-même. Voici la métaphore concernant la carte au cours de ce Nouvel âge, maintenant que le seuil est franchi.

Très chers, dans l'ancienne énergie, vous pouviez rendre visite au chaman afin de lui demander conseil… et d'obtenir des informations pleines de sagesse. Vous étiez attentifs à la sagesse de l'Esprit qui vous parvenait par l'intermédiaire du chaman, de façon très semblable à celle que certains d'entre vous utilisent encore. Celui-ci vous délivrait certaines informations portant sur les potentialités susceptibles de se réaliser et sur ce que vous deviez faire lorsque ces événements se présenteraient. Vous pouviez également lui demander ce qui allait se passer lorsque vous vous trouveriez placés dans certaines situations, et il vous aidait en vous guidant parmi ces difficultés.

Par la suite, vous quittiez ce sage homme et retourniez à votre vie, espérant avoir reçu l'information nécessaire. Lorsque vous rencontriez des obstacles ou que vous retourniez devant des croisements de route, vous tentiez de vous souvenir de ce que le chaman vous avait dit et d'appliquer ses conseils à vos urgences du moment, espérant que tout irait bien ! Tout cela, très chers, renvoie à l'ancienne énergie. Cela représente l'information diffusée à l'être humain par l'Esprit, mais exige que l'être humain se souvienne de ce qui lui a été donné.

Voici ce qu'est la nouvelle carte dans la maison bleue, la première. La maison des cartes symbolise le Troisième langage, semblable à un « chaman par-dessus votre épaule ». Au lieu de sortir et de tenter de vous rappeler ce que déclarèrent d'autres personnes se trouvant dans un état d'illumination, aimeriez-vous recevoir ces informations personnellement et directement ? Alors, lorsque vous approcherez d'un carrefour, la divinité du chaman déclarera ceci : « *Tournez à droite, tournez à gauche. Ressentez cette direction – tournez ici ou là – comme vous le ressentez.* »

Au lieu d'essayer de vous souvenir des informations qui vous furent données au cours d'une leçon, vous bénéficiez aujourd'hui d'une communication instantanée avec le divin. Chaque situation qui se présente vous apporte la sagesse nécessaire pour vous permettre d'agir. Ainsi, aucune surprise n'est à craindre. Une telle communication vous fournit la sérénité nécessaire pour n'importe quelle situation pouvant se présenter dans votre vie, n'est-ce pas ? Vous avez le chaman à vos côtés ! Voilà ce que signifie la carte. C'est le Troisième langage qui vous rend sans cesse visite, de sorte que vous n'ayez jamais à vous interroger quant à la direction à prendre. La maison des cartes décrit l'énergie terrestre après le passage du seuil. Elle est également pleinement dans le *maintenant*, semblable à un chaman silencieux qui se présente à vous lorsque vous avez besoin de lui, au sein de l'énergie provoquée par un problème quelconque.

Utiliser la carte ou le Troisième langage revient à comprendre que l'énergie du problème que vous rencontrez doit se fondre dans l'énergie de la solution. Ce langage sacré est disponible en permanence, et vous pouvez jeter un coup d'œil à votre carte à n'importe quel moment. Cependant, la carte n'aura effet qu'au seul moment où l'énergie du problème se placera dans une synchronicité particulière. Célébrez cet attribut ! Il s'agit de l'instant *présent* circulaire dans lequel les choses spirituelles fonctionnent. Voilà en somme ce qui vous permet d'aborder les incertitudes avec une sérénité que vous n'avez jamais possédée auparavant. Mais vous devez bien saisir la programmation précise de tout cela, afin d'appréhender totalement la beauté de ce don !

La deuxième maison – les outils et les dons

Au cours de ce voyage, la maison suivante est orange. C'est celle des outils et des dons. Nous vous avons déjà fourni certaines informations au sujet des nouveaux outils que vous offrait l'énergie de ce millénaire. La dernière fois que nous nous sommes rencontrés au cours d'un channeling et la fois précédente encore, nous avons fait référence à l'abandon des anciens vœux. Il fut aussi question de ceux qui prennent place en face de nous, membres de la famille ayant vécu différentes existences de quête spirituelle. Nous vous avons également rappelé que les vœux que vous avez pris envers Dieu, parfois même il y a plusieurs existences de cela, franchissent le voile sans arrêt. Aujourd'hui, au cours de cette incarnation… vous paraissez fringants et neufs, mais vous transportez avec vous des fragments des engagements anciens déjà pris envers Dieu.

Nous vous avons entretenus de vos nouveaux dons. Il s'agit en réalité de la maison des outils et des dons, et les vœux peuvent maintenant être brisés. Il s'agit là d'une information que nous avons déjà diffusée, mais il est nécessaire que certains d'entre vous l'entendent à nouveau (ou pour la première fois). Nous vous l'avons déjà dit : vous pouvez abandonner votre vœu de pauvreté. Au cours des temps anciens, vous teniez à cet engagement afin de vous mettre en relation avec Dieu. Aujourd'hui, vous disposez du Troisième langage. Nous vous avons dit qu'il serait aussi approprié de briser votre vœu de solitude, et ce, pour la même raison ! Certains d'entre vous se sont véritablement mariés avec Dieu et ont subi tout un enchaînement de sacrifices personnels afin d'être en harmonie avec les choses spirituelles. Aujourd'hui, vous disposez d'un don qui remplace les vœux. Aussi, abandonnez ces derniers.

Revoyons donc l'un de ces dons qui est exploité dans la parabole. Michaël Thomas se vit offrir une épée. À ce moment-là, elle ressemblait à une épée de guerre, et c'était bien le cas. Elle désignait également partiellement le Pont des épées dont nous avons parlé au cours de channelings précédents et qui symbolise le passage vers une nouvelle énergie. L'épée représente une bataille livrée contre la vieille énergie. Il ne s'agit pas d'une bataille entre êtres humains. Il est plutôt question d'une bataille qui se déroule entre l'ancienne et la nouvelle énergie. C'est une lutte engagée contre la dualité et donc une énergie qui vous appartient en propre.

Cette épée particulière était une arme qui chantait lorsque vous l'utilisiez. Elle chantait la note *fa* qui renvoie au chakra du cœur. Comprenez-vous pourquoi cette note vous est nécessaire au sein de la nouvelle énergie ? L'alignement des planètes en mai 2000 a permis à *l'énergie mère* – l'énergie nourricière – de pénétrer au cœur de cette planète. Les enfants la ressentiront, de même que beaucoup d'entre vous, alors que les dons et les outils qui vous sont fournis dans cette maison d'apprentissage s'accorderont avec elle en chantant la note du *fa*. Nous vous fournissons ces éléments parce qu'il est temps de vous libérer de vos entraves, de couper vos liens, de rejeter les chaînes de l'ancienne énergie et des vieux contrats.

L'épée était celle de la vérité… qui représente une partie du Pont des épées comblant le fossé de la vieille énergie et vous aidant à vous préparer à la nouvelle. En fait, elle est puissante, mais s'harmonise désormais parfaitement avec l'énergie nourricière et l'énergie de l'amour à laquelle elle était destinée. Aujourd'hui, le sol de cette planète résonne en harmonie avec ce don merveilleux. Si la bataille doit avoir lieu entre les énergies, c'est l'outil indispensable à posséder.

La troisième maison – la biologie

Michaël Thomas pénétra dans la maison verte – celle de la

biologie. Dans l'histoire originale, il s'instruisit beaucoup dans cette demeure. À de nombreuses reprises, nous avons parlé du rajeunissement cellulaire. Nous vous avons fourni des mises en garde concernant votre santé. Nous vous avons conseillé une quantité de choses ayant trait à votre ADN, mais pas comme maintenant ! Très chers, dans ce lieu vert appelé la maison de la biologie, Michaël Thomas aperçut quelque chose qui ne fut jamais transcrit. Nous pouvons vous le dire maintenant : au sein de cette nouvelle énergie du moment présent apparaîtront au cours des douze prochaines années davantage d'essences vivantes de grande efficacité que durant les cent dernières ! Nous allons vous préciser à quoi beaucoup d'entre elles vont ressembler, et cela pourra vous laisser perplexes, car elles seront différentes de ce que vous pouvez supposer. De multiples discussions ont eu lieu sur les « essences vivantes ». Il est vrai que la substance de ces essences dérivent de certaines éléments vivants de cette planète, tels qu'employés en herboristerie par exemple. Mais il y en a une à laquelle vous n'avez jamais pensé, et lorsque nous vous en parlerons, vous nous répondrez : « *Mais, Kryeon, cela n'est pas vivant !* »

Nous allons vous expliquer de quoi il retourne. Il s'agit de l'eau ! Oui, de l'eau ! Et elle est vivante interdimensionnellement. L'eau commencera à vous montrer quelque chose que vous n'avez encore jamais vu… des énergies de guérison. Soyez attentifs au grand nombre de cures basées sur les bienfaits de l'eau partout dans le monde. L'eau représente la vie de cette planète. Elle est vivante et empreinte de l'essence de guérison. C'est le véhicule de l'essence vivante, et c'est de cela qu'il s'est toujours agi – une énergie curative à base d'essences vivantes active par l'intermédiaire de l'eau.

Les cellules du corps baignent dans l'eau. Il en est de même pour toutes vies sur cette planète, la Terre étant principalement constituée d'eau. Certaines cures aquatiques nécessaires à certains d'entre vous sont maintenant disponibles. Elles seront sélectives afin de s'harmoniser avec l'énergie spécifique dont vous avez besoin, alors que d'autres n'auront aucun effet sur vous. Cependant, aucune ne vous sera néfaste. Vous assisterez à une véritable explosion de cures aquatiques, et certaines d'entre elles vous surprendront peut-être. Un grand nombre seront considérées par vous comme étant à base « d'eaux énergétiques ». Certaines eaux contiendront de l'énergie uniquement disponible en certains endroits de la Terre, et pour la première fois, cette énergie sera maintenue vivante dans des conteneurs. Pour la première fois, les eaux contenant différentes énergies voyageront parfaitement bien. Soyez attentifs à l'eau que vous buvez et qui coopérera avec votre organisme, comme vous pourrez vous en rendre compte quelques instants après l'avoir absorbée.

Cette révélation totalement nouvelle vous est faite aujourd'hui seulement. En effet, il s'agit de quelque chose que nous ne pouvions pas vous révéler avant le passage du seuil, car vous n'étiez pas préparés à l'accepter. Si nous le faisons aujourd'hui, c'est que vous tenez l'épée qui chante la note *fa* bien au-dessus de vos têtes. La bataille engagée entre vous et l'ancienne énergie et votre ancien Moi vise un rajeunissement cellulaire. Elle comprend l'autorisation d'augmenter la durée de la vie, et tout cela va prendre forme avec l'eau ! Voilà donc ce que contenait la maison verte. Nous en apprendrons davantage au sujet de l'eau au cours des channelings futurs.

La quatrième maison – les responsabilités

Michaël Thomas pénétra dans une maison violette, celle des responsabilités. C'est là qu'il apprit tout ce qui concernait les contrats et la façon dont il avait permis que tous les événements survenus dans sa vie s'organisent. Tout ceci peut sembler empreint d'ancienne métaphysique, mais porte néanmoins sur ce nouveau millénaire. Il apprit tout ce qui concernait ses contrats et ses prédispositions lui permettant d'accomplir certaines choses s'il le désirait. Il apprit la différence entre la prédestination et la prédisposition. Ce que c'était que de venir au monde sur cette planète avec l'intention d'accomplir quelque chose, puis de suivre ce sentiment en partie parce qu'il avait l'impression de ne pouvoir faire autrement. C'est cela, un contrat.

Certains d'entre vous doivent encore comprendre ce que le mot contrat veut dire. Nous souhaitons que vous réfléchissiez à ce mot maintenant. Le mot contrat, tel qu'il est défini dans votre langue, signifie « un accord entre deux parties ». Si vous avez un contrat sur cette planète, quelle est donc cette seconde entité ? Nous pouvons maintenant vous révéler ceci : le plus important contrat que vous ayez – celui de la vie –, celui qui décide du temps que vous vivrez sur cette planète, celui qui spécifie que vous pouvez tomber malades et tous ces autres aspects énergétiques placés en vous, est signé entre votre « Moi terrestre » et votre « Moi divin ». Il s'agit d'un accord liant l'être humain dans la dualité d'une part et dans sa divinité d'autre part. Peut-être pensiez-vous qu'il s'agissait d'un accord entre vous et l'Esprit ? En fait, c'est bien le cas, mais il s'agit de l'Esprit en vous.

Avant de poursuivre plus avant votre chemin, cet accord, ce contrat avec lequel vous êtes arrivés dans le contexte de l'ancienne énergie peut maintenant être rompu. Nous avons déjà parlé de cela à propos de l'effacement de la recette (du programme établi) que vous avez au niveau cellulaire et qui désire toujours « être cuisiné ». Vous êtes nombreux à posséder encore des sentiments résiduels de cette recette ! Elle possède ce genre d'énergie, car le contrat existe toujours, attendant d'être appliqué ou, au contraire, supprimé.

Le moment est venu de célébrer. Lorsque vous doutez, célébrez ! (rires) Très chers, nous déclarons cela avec légèreté, mais l'Esprit le considère avec tant de vénération ! Car l'être humain est hautement honoré lorsqu'il prépare quelque chose d'important en ce qui concerne cette célébration, que ce soit un autel ou une méditation silencieuse. Voici ce qu'il vous faut faire dans la nouvelle énergie : acceptez de rompre vos vœux de célibat, de pauvreté, soyez d'accord pour mettre un terme au contrat établi avec votre Moi divin au sein de l'ancienne énergie. Acceptez d'effacer les ingrédients de la recette du contrat et réécrivez-la afin de renouveler vos vœux d'amour envers l'Esprit et envers la Terre. Confirmez le fait que vous ne devez pas être pauvres, que vous pouvez tous avoir une relation amoureuse, que vous n'avez pas à vous charger de certains des défis que vous aviez jadis acceptés. Il s'agit d'une nouvelle Terre, d'une Terre qui n'existait pas au moment de votre naissance. Voici ce que représente la maison des responsabilités. Elle représente aujourd'hui non seulement la responsabilité envers la famille grâce aux contrats qui furent les vôtres, mais également votre responsabilité envers la Terre et vous-mêmes, afin de vous transformer !

La cinquième maison – les relations

Michaël Thomas pénétra dans la maison rouge des relations. Là, on lui enseigna l'interaction karmique existant entre les êtres humains de cette planète. C'est ici qu'il apprit tout ce qui concernait la mort de ses parents et la signification de celle-ci. Nous avons abordé ce sujet à de nombreuses reprises, mais au cours des dernières séances, nous vous avons dit ceci : « *Qui est-il, celui à qui vous ne pardonnez pas ou à qui vous n'adressez pas la parole ?* » La maison rouge des relations a trait au pardon vis-à-vis des membres de la famille !

Voulez-vous disposer de l'outil vous permettant de pardonner à la famille ? Qui êtes-vous réellement ? Quelle partie de votre passé transportez-vous avec vous ? Très chers, que ce soit dans la maison des relations ou celle des responsabilités, nous vous disons ceci : « *Vous* disposez de l'épée nécessaire pour trancher les anciens liens qui vous entravaient. C'est à cela que sert l'épée. C'est le chakra du cœur, et il exerce un pouvoir que seule la compassion peut procurer… et quel pouvoir ! »

Qui est-il, celui à qui vous ne pardonnez pas ? C'est ce que nous vous avons demandé. Cette question surgit directement de la maison des relations, car tous les événements qui survinrent dans votre vie se déroulèrent en vue de cet instant ! Le moment est peut-être venu de faire appel à une autre sorte de guérison dans cette salle ou dans la pièce où vous vous trouvez en train de lire ces lignes. Peut-être le moment est-il venu pour certains d'entre vous de s'extirper de ce drame dans lequel ils se complaisent. Qu'est-ce qui vous semble être un problème insoluble dans votre existence. À qui n'avez-vous pas pardonné ? À qui n'adressez-vous plus la parole ? C'est ce que représentait cette maison. Il s'agit de l'apprentissage que Michaël Thomas subit : la capacité de comprendre le schéma de la vie et de réaliser le but que s'est assigné la famille.

Vous devez comprendre quelque chose : pour que la carte fonctionne, pour que le Troisième langage soit efficace, pour que la rupture des vœux signifie quelque chose, pour que votre biologie se transforme peu à peu, pour que vous commenciez à vous sentir responsables de la Terre, vous devez être imprégnés de la pureté de l'Esprit qu'il vous est impossible de contrefaire. Le pardon de l'impardonnable démontre une compassion pour la vie que seule une divinité peut rassembler. Une telle compassion crée un esprit divin et ce dernier devient le catalyseur de tout le reste. La bataille est gagnée lorsque vous pouvez pardonner sincèrement. Et que se passe-t-il si tel n'est pas le cas ? Il est temps de célébrer. Exprimez ce souhait de pardonner à l'Esprit et surveillez les changements qui vont survenir dans votre comportement. La compassion est le résultat d'une volonté prête à distinguer le plan d'ensemble – la bonne volonté et l'intention d'apprendre à pardonner. Bientôt, l'enseignement montrera ses premiers résultats et vous réaliserez qu'en effet vous avez beaucoup accompli.

« Dieu, montre-moi comment être empli de compassion. Montre-moi la divinité en toutes choses. Montre-moi l'amour en toutes choses. Permets-moi de briller par ma compréhension et accorde-moi la capacité de pardonner à ceux avec lesquels je rencontre des problèmes. Accorde-moi également la sérénité de la compréhension parfaite. Que tout commence avec moi. Que la paix sur la Terre soit d'abord dans mon cœur. »

La sixième maison – l'amour

Les autres maisons prirent tout leur sens lorsque Michaël Thomas pénétra dans la maison blanche – celle de l'amour. Là, il apprit les quatre attributs de l'amour. Il eut la vision de Marie pardonnant la grossièreté de son père, le veillant durant sa mort et le bénissant. Elle déclara à l'univers sa fierté d'avoir eu pour père cet homme grossier et fit preuve d'une pureté et d'une compassion qui ne peuvent provenir que d'un être humain pratiquant le Troisième langage. Michaël Thomas en fut stupéfié.

Chers membres de la famille, quel est votre *blocage* ? Peut-être est-ce pour cela que vous êtes ici aujourd'hui ou que vous lisez ces lignes… afin de vous interroger silencieusement à ce sujet. Lorsque vous parviendrez à cette vérité, cela représentera pour vous un immense soulagement. Ces choses doivent être éclaircies et comprises une par une, au cours de la formation reçue dans ces sept maisons. L'ascension est l'élévation de votre fréquence vibratoire, puis de celle de la Terre. Il est impossible que la Terre effectue son ascension et atteigne le statut de la graduation sans que les humains qui la peuplent ne le fassent d'abord.

Voici maintenant quelque chose de nouveau. Nous avons, tout au long de ce message, mentionné le Troisième langage. Nous en avons également parlé, il y a deux mois, et nous en reparlons à nouveau aujourd'hui. Il est dorénavant possible, chers anges, d'utiliser le Troisième langage non seulement entre les êtres humains et l'Esprit, mais également entre vous tous. Et ceci, chers amis, affectera l'attitude que vous avez envers ceux qui constituent le sable dans votre huître. (rires) En d'autres termes, vous pouvez recourir au Troisième langage pour vous adresser aux autres !

Ceux qui parmi vous ont des disputes régulières avec d'autres personnes se surprendront à les *écouter* durant ces échanges. (rires) Certains découvriront même des mérites dans les propos de leur interlocuteur. Que se passe-t-il ? Le Troisième langage n'existe pas seulement entre vous et l'Esprit. Il se trouve également entre les autres anges (les autres humains). Ce que nous voulons dire ici, c'est que des potentialités de changements d'attitudes au sein de situations qui auraient paru tout à fait insupportables auparavant vont se produire. Cela ne sera possible que grâce à la présence d'une autre énergie au moment où vous discuterez – une nouvelle énergie du Troisième langage ! Et cela modifiera la façon dont vous vous comporterez avec les autres êtres humains… même la manière dont vous discuterez. La colère naîtra plus difficilement et la patience apparaîtra plus aisément. Il se peut même que l'humour tempère vos propos et soit le catalyseur d'un agrément plutôt que d'une rupture.

Grâce à votre intention, vous serez nombreux à pouvoir vivre ce genre de situation rapidement et à comprendre ce dont il est ici question. Vous vous trouverez peut-être en train de parler professionnellement avec une personne et, simultanément, de vous mettre à l'aimer à un niveau que vous n'auriez jamais cru possible. Au début, cela pourra vous paraître déconcertant ! Après tout, certains traits de l'humain semblent inamovibles. Cette expérience sera différente. Jamais, dans le passé, vous ne vous seriez crus capables d'éprouver de telles pensées à l'égard de ces personnes.

Le Troisième langage est puissant, car il s'agit de ce que nous appelons le « langage fondamental ». Il sera à la disposition des guerriers de la lumière qui souhaitent l'utiliser. Certains d'entre vous l'appelleront la « nouvelle intuition ». Il se peut même que vous l'appeliez le « passage vers une nouvelle dimension ». Et vous aurez raison. Souvenez-vous que les dimensions sont dissimulées jusqu'à ce que vous vous mettiez en résonance avec elles. Par conséquent, cette dimension-là sera accessible à ceux qui se mettront en harmonie avec elle. Cela vous incitera à considérer l'être humain différemment. Cela vous permettra de pardonner à ceux qui ont eu à votre égard certains torts, qui ont provoqué des réactions de haine et des querelles. Vous les considérerez désormais comme des membres de la famille et les aimerez à ce titre. Quelle que soit leur attitude envers vous, vous les aimerez. En agissant ainsi, vous vous rapprocherez de celui que vous êtes réellement – une entité dont le champ en rotation est de dix mètres d'envergure. (Mais vous le saviez, n'est-ce pas ?) C'est ce que je constate en vous regardant. J'aperçois votre magnificence dissimulée sous une forme humaine.

La septième maison – Dieu ou la conscience de sa valeur personnelle

Michaël Thomas pénétra dans la maison de la conscience de sa propre valeur et éprouva de nombreuses surprises – y compris lorsqu'il ouvrit la porte magique menant à son « vrai foyer ». Lisez ce texte si vous souhaitez en savoir davantage. Nous vous avons déclaré, au cours du dernier channeling, que l'estime de soi est la clé de toute croissance spirituelle et de toute ascension spirituelle. Ce que désigne cette maison d'or, c'est la quête de la divinité par l'être humain. Cette maison devait révéler un secret, et c'est ce qu'elle fit.

Au cours du dernier channeling, nous vous avons également déclaré que le plus grand secret de cette humanité était représenté par la fontaine de Jouvence et le Saint-Graal, bien dissimulés à l'intérieur de l'être humain. Il ne s'agit pas d'une simple métaphore. Ce que symbolise véritablement la maison d'or, c'est l'habileté de l'être humain à provoquer des changements terrestres pouvant modifier la réalité de cette planète !

Alors que vous vous déplacez au sein du nouveau millénaire, l'augmentation de la population amènera la prise de conscience de certaines possibilités très inquiétantes. Vous êtes confrontés à des problèmes de surpopulation et à des maladies que vous devez encore surveiller et qui peuvent devenir insolubles avec votre seule technologie actuelle. Vous êtes affectés par un réchauffement de la planète et par la possibilité que des régions glaciaires entières fondent et se disloquent. Vous avez des problèmes concernant l'atmosphère et le climat, et ils semblent empirer régulièrement. Cela ne ressemble pas à un scénario réjouissant, n'est-ce pas ? Lorsque vous comprendrez ce que vous avez d'ores et déjà réalisé, vous saisirez que grâce à la conscience humaine et en réclamant l'énergie du JE SUIS, il y a encore quelque chose de caché. Nous voulons parler de votre capacité, en tant que race humaine, à modifier tous les détails physiques que je viens de mentionner. « Kryeon, pouvons-nous faire cela ? Pouvons-nous modifier les climats, les maladies qui vont s'abattre sur nous et la fonte des glaces ? Pouvons-nous changer la température de la planète ? » La réponse est OUI ! Tout cela et beaucoup d'autres choses encore. C'est exactement le message de Kryeon pour le nouveau millénaire.

Dans cette nouvelle énergie, combien parmi vous vont se placer devant un miroir, se regarder droit dans les yeux et dire : « JE SUIS CE QUE JE SUIS » ? Combien d'entre vous vont agir ainsi en toute connaissance de cause ? C'est difficile ! Mais lorsque vous saurez d'où proviennent la puissance et la prolongation de votre existence, peut-être commencerez-vous à changer d'idée à propos de qui vous êtes et de ce que vous pouvez devenir. Et alors vous comprendrez également ce qu'un bon nombre de JE SUIS peut accomplir pour la planète !

Quand, avec une compréhension pure, vous réclamez le JE SUIS, vous comprendrez petit à petit la façon de tenir votre épée. Ainsi, vous saurez exactement comment employer les outils à votre disposition et vous libérer de vos anciens vœux. Et alors, vous saurez également comment réécrire la recette du contrat. Vous saurez ce que représentent véritablement la compassion et le pardon. N'est-il pas étrange qu'il s'agisse là du dernier chapitre du *Retour*, alors qu'il est le premier à compléter les autres ? Et la raison en est que ces leçons furent définies afin d'être présentées dans un cercle ! Cependant, dans la dimension temporelle linéaire, cela est impossible. Aussi vous demandons-nous de vous représenter ces maisons dans un cercle – six maisons tournant autour du centre symbolisé par la maison dorée, celle de l'estime de soi, celle qui active l'ensemble. En effet, une fois que celle-ci est à l'œuvre, toutes les autres s'ajoutent et se mettent en place.

Voilà la promesse de la Terre ! Il s'agit du secret des âges... du secret qui montre que l'humanité a le pouvoir non seulement de se transformer elle-même, mais aussi de transformer la Terre que vous foulez. Votre partenaire (la Terre) vous attend en vue d'effectuer ces changements.

Nous sommes assis devant ceux qui sont les chamans, ceux qui sont connus de nous, et nous devons leur dire au revoir. Nous sommes en face des membres de la famille et nous devons leur dire au revoir. Vous quitter constitue la chose la plus difficile à accomplir. Car c'est à ce moment précis que nous ressentons véritablement votre amour pour nous. Nous commençons à vous ressentir ! Nous assistons à une réunion de cette nature et fréquemment, au cours de ces dernières années, il ne s'est agi que d'un « phénomène à sens unique ». En effet, une énergie de peur et de dualité vous empêchait de nous retourner votre affection. Aujourd'hui, lorsque nous pénétrons dans une pièce comme celle-ci, nous commençons à ressentir votre amour en retour.

Sachant ce qu'il sait et connaissant ce que Kryeon ressent, mon partenaire est saisi par l'émotion. Certains d'entre vous dans cette salle ont participé avec moi à l'ajustement dans les débuts de la Terre, de la grille magnétique terrestre, et *maintenant* – en un clin d'œil – nous nous retrouvons à nouveau ici, dans votre année 2000.

S'agit-il de la fin des temps annoncée par vos prophètes ? Non. C'est plutôt l'*aube* de temps nouveaux.

Béni soit l'être humain qui comprend la signification de ces sept maisons. Béni soit l'être humain qui connaît le secret derrière lequel est dissimulée la divinité, car sa vie sera grandement enrichie par sa propre création, et par l'emploi de son propre pouvoir et du Troisième langage, qui lui appartiennent pour la première fois dans l'histoire humaine.

Et vous pensiez être des quantités négligeables ?

Nous célébrons le caractère de cet instant et nous vous déclarons à la prochaine…

Et il en est ainsi.

Kryeon

CHAPITRE DIX

L'homme interdimensionnel

Lorsque les couleurs débordent...

Clearwater, Floride
Juin 2000

Salutations, très chers. Je suis Kryeon, du Service magnétique. Voici venu le moment où vous permettez aux membres de notre cortège, que vous connaissez si bien, de se placer parmi vous.

Fréquemment, vous ressentez leur présence dans le fond de la salle, puis vous les sentez se diriger vers la scène, alors qu'ils entourent cette pièce et ses environs d'une bulle d'amour. Très chers, nous vous invitons à ressentir quelque chose d'exceptionnel, votre famille spirituelle interdimensionnelle, alors que nous commençons à nous placer parmi vous, certains d'entre nous s'agenouillant devant vous et baignant vos pieds.

Je m'adresse aux travailleurs de la lumière – pas seulement à ceux qui ont accompli un travail spirituel depuis de nombreuses années, mais également à ceux qui viennent juste de s'éveiller. L'étincelle en vous pétille depuis peu et pour certains d'entre vous, cette vibration émet la note *fa*, symbole du chakra du cœur. C'est là que tout débute. Le savez-vous ? Comprenez, très chers, que s'éveiller à la divinité présente en vous ne se traduit pas de façon étrange, inhabituelle ou effrayante. Toute expérience de communication angélique rapportée à l'humanité commençait par les mots « ne crains rien ». Cette communication, comme les autres, concerne l'amour et, par conséquent, une prise de conscience à partir du chakra du cœur. C'est de là qu'elle émane et c'est là qu'elle est ressentie en premier. Puis, elle évolue vers la tête, où elle devient sagesse, puis connaissance absolue.

Autrement dit, chers membres de la famille, une invitation vous est adressée afin que vous ressentiez cet amour ici. (Lee place ses mains sur son cœur.) Voilà pourquoi nous vous déclarons également que ceux qui ressentiront la présence de l'Esprit dans la plénitude de l'amour au cours de cette heure la ressentiront d'abord dans leur cœur. C'est là que s'instaure le discernement et que vous éprouvez fréquemment une confirmation de la présence de l'énergie. Il y aurait beaucoup à dire sur l'énergie de la compassion ayant trait à la capacité des êtres humains à se transformer.

Rien ne peut vous rejoindre comme l'amour de Dieu et de la famille. Cet amour qui est présent ici aujourd'hui. L'amour de l'Esprit se manifeste maintenant ainsi parce que vous l'avez réclamé. Je vous l'ai déjà dit, mais peut-être cela sera-t-il mieux compris aujourd'hui : l'expérience du channeling de Kryeon, tel que vous l'entendez et le ressentez en cet instant, ne peut se produire sans que des humains se trouvent dans cette salle ! Cela peut vous fournir une indication sur ce qui va survenir. Il s'agit d'un événement bilatéral ! Vous ne vous contentez pas uniquement d'écouter ou de lire les paroles d'un être humain qui vous délivre des messages en provenance de l'autre côté du voile. En effet, ce que vous avez ici, que vous entendez ou lisez, c'est une expérience réalisée dans ce que nous avons appelé le Troisième langage. Une énergie se dégage actuellement parmi nous – une énergie d'amour au niveau du cœur. Ici se trouve une énergie de sagesse sur le plan angélique. Un langage divin se répand dans cette salle, créant une réminiscence chez ceux qui souhaitent se rappeler.

Aujourd'hui, cet enseignement sera interdimensionnel, inhabituel, et je veux vous expliquer pourquoi. Ce channeling a été conçu, mon partenaire, comme le dernier à être transcrit dans cette nouvelle publication (le livre que vous tenez en ce moment entre vos mains). Cet enseignement se termine avec ce message, bien que celui-ci soit en fait le début d'une nouvelle série d'apprentissages interdimensionnels. En outre, l'information interdimensionnelle d'aujourd'hui vous paraîtra peut-être surprenante. Nous demandons que ce message particulier soit transcrit et publié et, de ce fait, nous nous adressons directement aussi bien à ceux qui sont présents ici qu'à ceux qui lisent ces lignes.

Membres de l'auditoire, bien que vous estimiez peut-être que cette énergie vous est spécifiquement destinée, vous ne réalisez sans doute pas que l'énergie de ces instants s'adresse aussi à quiconque lit ces lignes. Donc, ce qui se passe en ce lieu implique beaucoup plus de choses que vous ne pouvez en distinguer dans cette salle. Dans notre réalité (de notre côté du voile), nous voyons ceux qui lisent ces pages en cet instant. Nous reconnaissons les milliers d'entre eux qui seront touchés par l'énergie en même temps que vous, qui êtes en train de m'écouter. Aussi, nous vous invitons à pratiquer votre interdimensionnalité immédiatement : visualisez avec moi cette salle qui s'étend bien au-delà de ces murs. Parmi vous, il s'en trouve qui lisent ces lignes tout en ressentant l'énergie que vous-mêmes ressentez ici. Et de ce fait, nous vous demandons, à vous qui êtes assis ici et qui écoutez, d'accueillir les membres de la famille qui sont en train de lire ce texte ! C'est là un bon exercice, n'est-ce pas ? Il s'agit d'une suspension des « lois temporelles » telles que vous les connaissez. Et il s'agit seulement du début de l'exercice – la suspension du temps.

Chers êtres linéaires, pouvez-vous suspendre la linéarité de votre horloge temporelle et ressentir l'énergie de ce qui va se produire ? Pouvez-vous participer aux potentialités de ceux qui lisent ces mots et qui ont, au même titre que vous, une chance de ressentir ce que vous ressentez ? De plus, lecteurs, pouvez-vous être conscients de l'énergie de la pièce qui se trouve dans ce que vous appelez, en cet instant, votre passé ? Je veux que vous compreniez que pour ceux qui sont ici présents, je parle du futur, alors que pour ceux qui lisent ces mots, il s'agira du passé. Toutefois, le centre de tout cela se situe dans la réalité authentique, là où le maintenant existe. Pouvez-vous vous trouver simultanément dans ces deux dimensions ? Pouvez-vous vous joindre à nous de telle façon que vous puissiez rencontrer et accueillir les milliers d'êtres présents dans cette pièce actuellement ? Je pense que vous le pouvez.

Que la profondeur de l'amour de l'Esprit se répande sur ce groupe présent ici ce soir et sur les autres, qui lisent ce texte, afin de faciliter la compréhension de ce que nous avons à vous dire. Car nous allons vous fournir des informations interdimensionnelles. Certaines seront comprises et d'autres ne le seront pas avant une seconde lecture, sinon une troisième. Alors, vous comprendrez petit à petit ce que je vous déclare. Voici un excellent exercice, et il porte sur l'interdimensionnalité. Mon partenaire vous en a parlé dans le passé et vous pouvez même lire ce qui s'y rapporte dans le livre que vous tenez entre vos mains. Nous vous attendions ! Lecteurs, nous attendions que votre regard se pose sur cette page. Membres de l'auditoire, nous attendions que vous vous asseyiez là où vous avez pris place. Savez-vous pourquoi ? Je dois vous dire qu'il se passe ici quelque chose de beaucoup plus important que de simples mots sur une page ou des paroles prononcées. Une communication mutuelle est en train de se dérouler. Un groupe angélique sachant qui vous êtes est en train de prendre place parmi vous. Votre présence en ce lieu et la lecture de ces lignes s'inscrivent dans un plan de protection et d'amour inconditionnel – de protection et d'intention. Un plan que vous avez dessiné et au sein duquel votre intention est si puissante qu'elle est transmise en fonction de vos potentialités, même avant que vous arriviez – ou que vous vous procuriez ce livre que vous lisez ! Un plan qui confirme tout ce que vous soupçonniez sur l'interdimensionnalité de votre famille spirituelle – un groupe d'anges interdimensionnels très affectueux et très conscients.

Nous savons qui vous êtes ! Vous êtes nombreux dans cette salle à attendre la guérison. Vous êtes des centaines ! N'êtes-vous pas lassés de vos fréquentes visites chez le médecin ? Pourquoi ne transformez-vous pas la réalité dans laquelle vous *pensez* être en une réalité au sein de laquelle vous pouvez être ? Nous allons parler de cela dans quelques instants – et peut-être est-ce la raison pour laquelle vous êtes venus ici, afin d'écouter ces paroles, ou que vous vous êtes procuré ce livre. Chers membres de la famille, nous savons qui vous êtes : nous connaissons le nom de chacun d'entre vous ! Vous êtes ceux qui ont pris place ici, qui écoutent, ou qui lisent ces lignes, et nous distinguons chacun d'entre vous.

Je m'adresse maintenant aux autres, à ceux qui doutent que tout ceci puisse être réel. Nous connaissons également les difficultés de votre existence. Peut-être est-ce la raison pour laquelle vous êtes venus, afin d'entendre quelques paroles ici et là ou même de ressentir une certaine énergie qui vous fasse du bien, mais peut-être pas. Néanmoins, nous allons vous dire quelque chose, maintenant que nous avons capté votre attention. Aucun des problèmes que vous rencontrez dans votre vie n'est insoluble lorsque vous l'abordez avec l'esprit du *win-win* [gagnant-gagnant, c'est-à-dire profitable à chacun]. Vous pouvez créer une réalité que vous pensiez impossible – et vous pouvez vous tirer de situations qui vous semblaient inextricables. Il existe des solutions que vous ne pouvez encore concevoir, car elles sont de nature interdimensionnelle, mais votre personnalité spirituelle les connaît. La décision vous revient. Désirez-vous en être informés ou préférez-vous continuer à suivre l'ancienne formule – le vieux contrat qui ne permettait pas à vos nouvelles caractéristiques interdimensionnelles d'être utilisées ? Quelle solution choisissez-vous ? Vous êtes totalement responsables de ce qui se passe.

Nous allons vous parler du véritable être humain interdimensionnel. Et pour amorcer cet enseignement, nous allons vous fournir un exemple et vous suggérer une visualisation. Supposons que quelqu'un vous donne un morceau de papier sur lequel est dessinée la silhouette d'un être humain, ainsi que des crayons de couleur, en vous disant : *« Allez-y, dessinez-vous avec des couleurs.* » Qu'allez-vous faire avec ce dessin ? Visualisez-vous en train de le colorier. Quelle couleur avez-vous choisie ? Par où commencez-vous ? Maintenant, nous allons ajouter que tout ceci n'a rien à voir avec la couleur, que c'était un petit piège. Nous vous avons demandé de pratiquer cette visualisation, car nous souhaitions tester votre conscience. Vos couleurs ont-elles débordé du dessin ou non ? (rires)

Si c'est le cas, vous avez saisi l'idée. Peut-être avez-vous colorié la page entière ? Vous n'avez alors rempli que la moitié de votre tâche. La page n'est pas assez grande pour vous contenir en totalité. Le paradigme de l'ancienne énergie vous incite à colorier ce dessin avec beaucoup de soin – et sans dépasser les lignes de l'illustration. Vous ressentez instinctivement que l'être humain est défini par l'entité qui se trouve en vous. Eh bien, ce n'est pas le cas et ce ne le fut jamais. Ceux qui « perçoivent » les couleurs vous le confirmeront. Car ce n'est pas vous qu'ils voient, définis par ces lignes, mais plutôt les couleurs qui vous entourent. De nombreux travailleurs de l'énergie sont aptes à vous « ressentir » à une certaine distance. Qu'est-ce que cela signifie ?

Nous vous l'avons dit auparavant : plus votre seuil vibratoire est élevé, plus s'étend votre champ énergétique. Et nous vous avons précisé que certains d'entre vous peuvent véritablement définir la hauteur de leur Mer-Ka-Ba jusqu'à dix mètres. Saviez-vous cela ? Quel rapport cela a-t-il avec le fait de colorier en débordant les lignes du dessin ? Chers êtres humains, il est temps de vous voir de cette façon, chaque jour. Vous êtes beaucoup plus grands que vous ne le pensez au sein de votre champ d'énergie.

Laissez-moi vous proposer un test. Savez-vous qui peut ressentir tout ce dont nous venons de parler, même sans le distinguer réellement ? L'enfant indigo ! Certains types d'indigo y parviennent mieux que d'autres. On rencontre des enfants indigo interdimensionnels qui ressentent ce phénomène avec une grande intensité. En fait, ce sont des enfants indigo « intergalactiques », mais vous les avez qualifiés d'interdimensionnels. Leurs « antennes » sont fonctionnelles et ils vous voient arriver ! Faites ce test ! Pénétrez dans une pièce où se trouve un petit enfant – même dans un endroit public. Ne dites rien et ne faites pas de bruit. « Appelez » intuitivement cet enfant mentalement. Souriez et regardez dans sa direction. À moins d'être distrait, il se tournera en direction de l'origine de l'énergie. Ce faisant, il veut déterminer la provenance de cette « lumière ».

Travailleurs de la lumière, je vous demande de tenter cette expérience avec un enfant indigo et de vérifier la réalité de tout cela. À un certain niveau, l'enfant sait qui est entré. Mais à un autre niveau se trouve une conscience qui dépasse de très loin ce que vous appelez les cinq sens. Et lorsque cela se produit, vous devez vous demander : *Pourquoi l'enfant se tourne-t-il et porte-t-il son regard sur moi ?* Cela est réel ! Parce que le travailleur de la lumière, dans son énergie interdimensionnelle, dépasse de beaucoup ce que vous pouvez imaginer.

Le moment est venu pour vous de comprendre ce que vous pouvez faire afin de vous relier à cette interdimensionnalité. Au cours de channelings précédents, nous avons donné l'information suivante : « Vous émanez de la lumière lorsque vous pénétrez dans une pièce. » Nous vous avons expliqué quelle intégrité résidait dans ce concept afin que vous vous sentiez à l'aise en sachant que vous n'obligez personne à recevoir votre énergie, car cela ne serait pas approprié. Au contraire, vous pénétrez tranquillement dans un lieu en portant en vous les quatre aspects de l'amour. Vous êtes sereins, sans programme établi. Vous vous trouvez là uniquement parce que vous avez été attirés par cet endroit. Au cours de ce processus, vous permettez aux gens qui vous entourent de mieux distinguer la voie qu'ils doivent suivre. Il ne s'agit pas là d'une tâche évangélique, mais bien plutôt d'un travail valorisant sur l'énergie. Ceux qui sont dans la pièce peuvent très bien ne pas se rendre compte de votre présence parmi eux, mais sur un certain plan, ils percevront votre lumière.

Des décisions peuvent être prises et des voies, modifiées, car votre lumière leur a procuré une vision plus nette. Avez-vous la moindre idée de ce dont nous parlons ? Peut-être ceci explique-t-il pourquoi vous êtes « bloqués » dans votre profession ! Et que dire de votre entourage ? Pensez-vous à cela ? Il se peut que vous ne soyez pas du tout devant une impasse, incapables de progresser. Et si vous étiez des ambassadeurs de la lumière ? Il s'agit peut-être d'une partie du puzzle à laquelle vous *n'aviez pas pensé* ? Peut-être avez-vous été attirés dans cet « horrible » endroit parce que c'est là qu'est votre place – afin de maintenir la lumière dans un lieu qui en a bien besoin ? Peut-être est-il temps de regarder autour de vous, ambassadeurs, et de vous mettre à distinguer où votre lumière est ancrée ? Anges déguisés en êtres humains, vous êtes magnifiques ! Combien de fois devrons-nous vous répéter que les anges sont ici afin d'honorer la voie que vous suivez ? Combien de fois devrons-nous prendre place à vos côtés, invisibles, et vous aimer si fortement que vous « ressentirez quelque chose d'étrange dans la pièce où vous vous trouverez alors » ? Combien de fois devrons-nous vous procurer le 11:11 (signe puissant entre tous) avant que vous ne compreniez que nous sommes autour de vous ?

Je veux vous fournir certaines informations concernant les trois attributs – trois dons auxquels vous n'avez pas véritablement réfléchi et qui sont interdimensionnels. Comme le dit mon partenaire : « *Voici venu le moment des regards sceptiques !* » Nous y voilà à nouveau, n'est-ce pas ? Car, régulièrement, nous ouvrons une boîte dont le contenu apparaît inhabituel et déconcertant, jusqu'à ce que la science le confirme. Puis, nous recommençons. Nous faisons donc une nouvelle tentative dans cette pièce, ce soir, à votre attention, vous tous de l'auditoire et lecteurs.

La compression du temps

Chacun de vous a la capacité de comprimer le temps – cette variable que vous avez toujours considérée comme immuable. C'est à vous maintenant de jouer avec cette donnée ! Et vous pouvez vous y hasarder demain si vous le souhaitez. Très chers, certains d'entre vous commencent à comprendre ce que nous appelons le processus ascensionnel – qui vous propulse tous et chacun dans des dimensions plus élevées. Avez-vous l'impression que les choses évoluent plus rapidement ? Certains parmi vous ressentent-ils une quelconque accélération du temps, bien que les horloges indiquent la même heure qu'à l'accoutumée ? Ceci est dû au fait que vous êtes de plus en plus conscients d'un attribut temporel grâce auquel vous pouvez influencer vos propres existences. Nous vous demandons maintenant de le faire avec plus de présence d'esprit !

Certains seront conscients de franchir des distances en une fraction seulement du temps auparavant nécessaire, et ils se demanderont où est passé le temps ! Quelques-uns parmi vous prenant leur tâche très à cœur, nous leur proposons un défi. Par exemple, vous savez combien de temps est nécessaire pour accomplir certaines tâches. Jetez un coup d'œil lorsque vous vous mettrez à effectuer une de ces tâches et regardez à nouveau la même horloge lorsque vous aurez terminé. Parfois, vous découvrirez avec surprise que vous avez achevé beaucoup plus de choses qu'il n'est humainement possible de le faire en un laps de temps donné. Que s'est-il passé ? Vous vous êtes adonnés à une « compression temporelle ».

Certains utilisent cette pratique inconsciemment depuis des années. Aujourd'hui, nous vous annonçons qu'avec de l'entraînement, vous serez bientôt capables d'organiser ce genre d'événement spontanément et volontairement. Car cette compression temporelle représente un attribut et un don personnels. Et lorsque vous commencerez à vous rendre compte de la façon dont ce processus fonctionne, il s'agira simplement du début de la compréhension de votre interdimensionnalité et de la véritable signification de ce que vous appelez la « réalité ». Cette compression temporelle, certains parmi vous l'ont d'ores et déjà expérimentée, et d'autres le feront bientôt. Vous êtes invités à vous entraîner très activement à cet exercice.

Maintenant, pour quelle raison vous parlons-nous de cela ? Parce que beaucoup d'entre vous vont bientôt découvrir qu'il y a vraiment trop de choses à accomplir ! (rires) Vous souvenez-vous des réclamations adressées à l'Esprit ces années passées ? Peut-être pensiez-vous que nous ne vous avions pas entendus ? Certains d'entre vous ont dit : « *Je souhaite faire ceci ou cela ; mais je suis bloqué.* » Eh bien, leurs nouvelles réclamations seront dorénavant : « *Cher Esprit, ralentis ! J'ai trop de choses à faire – trop de possibilités s'offrent à moi – et tant de choses se produisent. Quelle route dois-je suivre ?* » Certains auront alors besoin de recourir à la compression temporelle.

Au sein de ce don interdimensionnel réside également la promesse de la compression temporelle pendant votre sommeil. Voici ce que cela signifie : très chers, il s'agit d'un sommeil d'une durée de quatre heures qui vous procure l'équivalent de huit heures de repos. Comprenez-vous ce que je dis ? Cela représente moins de sommeil, tout en vous permettant de vous sentir beaucoup plus en forme que jamais auparavant, pleins d'énergie à l'arrivée du jour. Nous vous invitons à suivre cette pratique, car elle vous appartient. Le vieux paradigme a disparu. Si vous vous surprenez à dire : « *J'ai besoin de plus d'heures de sommeil pour exister* », vous mettez alors un frein à votre réalité spécifique et vous l'empêchez de se transformer. Au lieu de cela, dites plutôt : « *Je dormirai autant que mon organisme l'exigera.* » Avant d'aller vous coucher, déclarez ceci : « *Peu importe le nombre d'heures de sommeil dont j'aurai profité, lorsque je me réveillerai, je serai aussi reposé que lorsque je dormais huit heures dans le vieux paradigme.* »

Et dès lors, surveillez ce qui se passera – vous éprouverez un bien-être et aurez une productivité à laquelle vous n'étiez pas accoutumés. Ce don est véritablement à votre portée. Tous les êtres sont différents et se situent à des niveaux divers d'apprentissage et de sagesse, même en ce qui regarde l'accueil réservé à l'affection que nous vous prodiguons ici aujourd'hui. Certains d'entre vous ne souhaitent pas encore être effleurés par notre énergie et nous le savons. Quelques-uns commencent tout juste à comprendre qu'ils sont entourés d'anges et de guides, et nous en sommes conscients. Nous honorons les divers processus de développement que vous suivez. Quant aux autres, qui distinguent les changements de couleurs (sur la scène) et ressentent l'énergie de cette pièce, nous les enlaçons, même s'ils ne s'en étaient pas encore aperçus. Certains parmi vous ont senti leurs pieds être baignés et ont l'impression de ne pas pouvoir bouger leurs jambes. Certes, c'est la réalité de ce qui se passe ici, et vous ne vous en rendiez pas compte jusqu'alors.

Le changement de réalité

Les êtres humains interdimensionnels ont la faculté de modifier la réalité et de se guérir eux-mêmes. C'est l'information que nous vous avions donnée au cours de l'année 1999. Mais aujourd'hui, vous baignez dans la nouvelle énergie qui vous rend non seulement capables de bien saisir cette information, mais aussi de l'utiliser concrètement. Voici comment cela fonctionne, comment cela a toujours fonctionné, et nous pouvons à ce jour vous fournir ces explications d'une façon qu'un être humain interdimensionnel peut parfaitement comprendre. Vous souhaitez savoir ce que sont les miracles ? Ils ne sont qu'une réalité transformée ! Vous désirez savoir comment ils se produisent ? Les êtres humains modifient la réalité du temps et les cellules réagissent !

Êtes-vous venus prendre place dans cette salle en vue d'une guérison ? Nous examinerons comment cela se produit. Ce changement de réalité va demander de l'entraînement, mais l'être humain interdimensionnel saura comment procéder. Il y a quelques instants, nous vous avons demandé de faire quelque chose – de vous situer dans le futur où les lecteurs d'un texte non encore transcrit se trouvent au sein de la même énergie que celle ici présente. Pouvez-vous arriver à cela et ressentir la présence des membres de la famille qui posent leurs yeux sur cette page ? Dans l'affirmative, vous pouvez également aller dans la direction contraire. Nous souhaitions que vous participiez à une réalité qui est aussi palpable que celle dans laquelle vous pensez vous trouver présentement. Vous assistez véritablement à une réalité multiple à l'image des tablettes dans un placard. Vous vous déplacez de bas en haut dans le placard et décidez de la réalité dans laquelle vous souhaitez vous situer aujourd'hui. Laissez-moi vous préciser que de multiples réalités existent dans ce placard. Il se peut qu'il y en ait une au sein de laquelle vous désiriez prendre place et à laquelle vous n'aviez pas pensé – celle que nous allons faire apparaître maintenant. Débarrassez-vous une fois pour toutes de l'idée que le cabinet de la réalité n'a qu'une seule tablette !

Je vous demande de vous transporter en un lieu, en une réalité énergétique qui, un jour, vous rendit malades. Remontez le cours du temps jusqu'au moment précédant cet événement, jusqu'à une époque de votre vie paisible et agréable. « *Kryeon, nous demandez-vous de nous souvenir ?* » pourriez-vous demander. Non. Je vous demande de recréer un événement qui vous appartient, quelque chose que vous avez expérimenté comme une réalité dans ce que vous appelez votre passé. De faire apparaître cette vibration et de la *ressentir*.

« *Kryeon, vous nous demandez de voyager dans la réalité temporelle ?* » Oui. Nous avons établi que le temps constitue une variable et que la réalité n'est que ce que vous en faites. Elle n'est pas fixe et établie pour toujours. Ce n'est pas quelque chose d'incontrôlable. Pouvez-vous faire réapparaître cette joyeuse réalité de votre passé ? Si oui, il y a maintenant deux réalités devant vous :

1. Celle qui vous a accompagnés ici et au sein de laquelle vous êtes troublés et croyez être malades.

2. Celle que vous appelez votre passé et au cours de laquelle vous êtes jeunes et pleins de vie, libérés de tout souci.

Reportez-vous à une époque où vous étiez épanouis et sereins. Vivez totalement cet instant et imprégnez-vous de sa réalité. Bien sûr, certains diront : « *Kryeon, vous nous demandez de faire semblant.* » Non. Ce n'est pas ce que je vous demande. Je vous invite simplement à vous rendre visuellement dans cet endroit et à vous imprégner de toutes les sensations que vous pouvez rassembler – les personnes aimées, les visions, les sons, les goûts, les odeurs, les émotions et le climat. Cela ne durera peut-être qu'un instant, mais lorsque vos cellules commenceront à comprendre et à percevoir que vous avez changé la réalité de votre conscience, vous-mêmes aurez alors une idée de la raison pour laquelle les êtres spirituels peuvent vivre plus longtemps.

Vous avez toujours possédé cette capacité. C'est là le miracle ! C'est ainsi que les guérisons profondes ont lieu. Vous ne rendez pas la santé à votre organisme tout bonnement en espérant que la maladie partira. Vous ne le guérissez pas en priant et en demandant que tout ce qu'il y a de négatif disparaisse. Vous le guérissez en le transportant à une époque où il était parfait – peut-être au moment de votre naissance ! C'est un changement de réalité, et les cellules se dirigent volontiers là où la divinité leur demande de se rendre ! Saviez-vous cela ? Mais vous devez absolument ressentir ce changement pour que cela soit activé.

Je vous transmets des informations qui semblent, pour beaucoup, hors de portée, mais elles sont véritablement réelles pour ceux qui écoutent ces paroles ou qui lisent ces lignes. Certains d'entre vous saisiront parfaitement ce message aujourd'hui et quitteront cette salle dans un état différent de celui dans lequel ils se trouvaient en arrivant. D'autres êtres précieux dont les yeux sont en train de découvrir ce texte saisiront peu à peu la raison pour laquelle ils furent attirés par ce livre. Je sais tout cela, car j'aperçois la guérison à l'horizon, ainsi que ses couleurs. Souvenez-vous ! L'Esprit sait distinguer les potentialités !

Le rajeunissement

Le troisième attribut est lié à ce que nous venons de dire, et nous l'appelons le rajeunissement. Êtes-vous en mesure de ralentir le processus de votre vieillissement ? Oui ! Vous pouvez le faire magnétiquement, chimiquement, énergétiquement et interdimensionnellement. Discutons de l'interdimensionnalité. Chers êtres humains, vous pouvez y parvenir tout en restant assis sur votre siège. Je vais vous donner une information à laquelle vous n'aviez absolument pas pensé. Cela vous paraîtra peut-être quelque peu troublant, car il s'agit d'une réalité relative. La partie interdimensionnelle de vous-mêmes est en train de s'accélérer. La partie chimique de vous-mêmes, au sein de laquelle se trouve votre horloge biologique, semble apparemment ne pas évoluer et rester identique. Mais lorsque vous placez ces deux parties ensemble (lorsque vous mélangez l'Esprit et la biologie), vous obtenez un processus intéressant : le vous interdimensionnel s'accélère et, de ce fait, la partie chimique de vous-mêmes *semble* ralentir.

Pensez-y ainsi. Quel est le vous *réel* ? Beaucoup diraient qu'il n'y a pas de différence, mais il y en a pourtant une ! Le vous interdimensionnel peut vivre plus rapidement, possède davantage d'énergie et dort moins. C'est presque comme créer du temps entre les battements de la montre – un temps que vous vivez activement alors que la biologie continue à souffler à la même ancienne vitesse. Comment se fait-il, penserez-vous, que l'on puisse compresser le temps ? Cela relève en fait de l'application de ce principe relatif.

Vous avez la capacité, avec la compréhension de cette relativité dimensionnelle, de ralentir le processus du vieillissement et de le réduire considérablement ! Anges, il vous est possible de transformer la réalité de votre vie en modifiant l'âge réel de vos cellules ! À nouveau, nous répétons qu'afin d'y parvenir, il doit y avoir une communication entre le vous spirituel et le vous cellulaire. Ce dernier doit se fondre dans le vous spirituel. Cela provoquera cette relativité de la réalité, mais chaque cellule de votre corps doit être impliquée dans ce processus.

Il ne s'agit pas de magie. Il y a dans votre organisme des réactions chimiques qui définissent la durée de votre existence et le rythme de votre métabolisme. Vous adressez des signaux à ces réactions chimiques afin qu'elles se transforment, et de ce fait vos cellules se mettent désormais à suivre une horloge biologique interne nouvelle et plus lente. De même, ne vous attendez pas à vous sentir comme auparavant ! Et ne procédez pas à ce changement à moins d'être prêts à vous sentir différents de ce que vous avez été durant la majeure partie de votre vie ! Tout ceci est très réel et nécessitera votre attention, un certain apprentissage, votre compréhension, votre sagesse et votre permission.

Entraînez-vous. Cela peut vous demander un certain temps, mais il se peut aussi que certains d'entre vous le ressentent tout de suite – dormant moins longtemps tout en disposant de plus d'énergie et ayant l'impression d'être plus jeunes. Certains parmi vous s'apercevront de cela en se regardant dans un miroir ! Et alors, très chers, lorsqu'ils verront ces changements en quatre dimensions, peut-être comprendront-ils alors les autres informations que nous offrons ici à tous.

À l'examen, on se rend compte que l'organisme fonctionne merveilleusement lorsque l'être humain interdimensionnel commence à élever son seuil vibratoire. Le temps est transcendé, et les cellules semblent ne pas vieillir. Peut-être comprendrez-vous maintenant pourquoi certaines morts de chamans, telles qu'elles furent rapportées, mirent en évidence que des cellules de leur corps étaient inconscientes de la mort de l'ensemble de l'organisme ? Elles continuèrent à vivre longtemps et moururent bien après le temps normal de décomposition. Il s'agit là de l'exact processus dont il vient tout juste d'être question. Se transformer en être interdimensionnel tend à modifier l'horloge biologique et la conscience cellulaire d'un vieux paradigme en quatre dimensions. Vous en avez la preuve tout autour de vous.

Avec la connaissance spirituelle et une élévation vibratoire surgit une vision globale. Grâce à elle apparaît la sagesse. Avec la sagesse naît la joie. Béni est l'être humain qui comprend que vivre sur la Terre peut représenter une expérience pleine de bonheur. Bénis soient ceux qui comprennent que même durant la période de leur test, ils peuvent sourire et tenir la main des guides et des membres de la famille qui les entourent, et savoir qu'ils sont profondément aimés. Ils peuvent éprouver de la joie, quel que soit leur test. Pensez-vous avoir des ennuis ? Nous savons qui est ici ! Qui lit ces lignes ! Nous vous demandons d'éprouver de la joie, ce catalyseur de la guérison. Et vos cellules le ressentiront. Pourquoi pensez-vous qu'un rire énorme est souvent ressenti de la tête aux pieds ? La joie ! Le grand guérisseur. La joie est également compatissante.

Très chers, j'espère que vous saisissez bien tout ceci. Nous vous avons fourni certains des secrets de la longévité et de la guérison capables d'enrayer les maladies les plus graves pouvant frapper votre organisme. Ces secrets peuvent transformer les organismes perturbés et déséquilibrés depuis des années. Aimeriez-vous être débarrassés de ces fléaux ? *Vous le pouvez.* Vous pouvez quitter cet endroit dans un état différent de celui qui était le vôtre à votre arrivée. Vous pouvez quitter l'endroit où vous lisez ce livre dans un état différent de celui qui était le vôtre lorsque vous avez commencé votre lecture. Car vous êtes en mesure d'éprouver le début de la compréhension cellulaire de devenir interdimensionnel. Cela se trouve judicieusement dans le corps de l'ange qui est assis en face de moi ou qui lit ces lignes. Vos cellules savent tout cela !

Les affaires sur le plan interdimensionnel

Maintenant, je vais changer quelque peu de sujet et vous entretenir de quelque chose de très différent. Je veux parler du domaine des affaires. Êtres humains interdimensionnels, pensez-vous que Dieu connaît votre culture ? Et que dire des questions monétaires ? On a qualifié l'argent de maléfique et on a estimé qu'il était la cause de tous les malheurs, mais il ne s'agit que d'une simple énergie. Travailleurs de l'énergie, savez-vous comment faire mouvoir cette énergie ? Si c'est le cas, vous saurez comment créer l'abondance. C'est aussi simple que cela. Cependant, vous lui attribuez une valeur là où elle semble difficile à obtenir. En outre, vous lui assignez une caractéristique de crainte ! Vous dites : « *L'argent n'existe qu'en quantité limitée. Aussi, lorsque quelqu'un en prend une partie, c'est autant que je perds.* » En réalité, en pensant ainsi, vous vous condamnez à l'échec à cause des règles que vous avez vous-mêmes établies. À nouveau, votre conscience réduit ce que vous pourriez avoir totalement.

Comprenez bien ceci : c'est votre sentiment de comment les choses fonctionnent sur le plan de l'abondance qui détermine la façon dont les choses se passent sur votre planète. Le vieux paradigme qui stipule que quelqu'un doit perdre afin qu'un autre puisse gagner n'a rien à voir avec votre vie interdimensionnelle, et ne renvoie d'aucune manière à ce qui se passe sur ce plan. Non. Votre vie est bien différente de cela, de même que le sont les affaires. Je veux ici m'attarder quelque peu sur les affaires et les défis financiers que certains d'entre vous rencontrent. D'abord, vous ne soupçonnez même pas que l'Esprit connaît bien ces choses. Pourtant, l'Esprit est un partenaire très doué dans les affaires et sait comment tout cela fonctionne ! (rires) Mais nous savons que vous ne le croyez pas vraiment.

Peut-être êtes-vous une personne qui excelle dans le domaine des affaires ? Vous n'avez peut-être pas envie de consulter l'Esprit, parce que vous pensez que Dieu ne s'intéresse qu'aux choses spirituelles – et que le business n'en fait pas partie ! J'ai des nouvelles pour vous ! Les meilleurs hommes d'affaires du monde sont ceux de l'autre côté du voile, assis près de vous, et que l'on appelle vos guides ! Ils en savent plus en cette matière que vous n'en saurez jamais. Ce sont tous des experts ! C'est là que se trouve la source de tout et de là que proviennent les synchronicités. Les affaires et l'énergie ? Pourquoi séparer les affaires et la spiritualité ?

Vous pensez peut-être : « *Kryeon, vous et ceux qui sont de l'autre côté du voile ne comprenez pas ce qu'est la compétition. Les êtres humains sont en lutte pour le même espace – y compris avec les autres travailleurs de la lumière.* » (rires) Qui va gagner ? Êtres humains interdimensionnels, vous êtes situés dans un cercle au sein duquel tout le monde gagne ! Permettez-moi de vous dire ceci : dans votre réalité professionnelle présente, vous vous trouvez dans une petite boîte – celle de la pensée étriquée, là où vous croyez que si vous faites pénétrer certains clients, quelqu'un d'autre va perdre. Ou bien encore que si vos compétiteurs augmentent le nombre de leurs clients, c'est vous qui perdrez ! N'est-ce pas exact ?

Maintenant, voici comment les affaires interdimensionnelles fonctionnent. Cela se produit grâce à une visualisation particulière. Cela dépend d'éléments de l'invisible et du fait que le temps linéaire n'est pas un facteur décisif. Ô, ai-je mentionné que cela exige de la compassion ?

Tout d'abord, visualisez vos concurrents. Vous les connaissez. Représentez-vous-les véritablement submergés par une marée de clients. Pensez au concurrent le plus susceptible de nuire à vos affaires et visualisez-le baignant dans l'abondance. C'est cela, le test. Dans votre esprit, créez de la compassion alignée sur ce que l'autre ressent lui-même devant le succès de ses affaires.

« *Kryeon, nous sommes maintenant convaincus que vous ne connaissez rien aux affaires ! Cela n'a pas de sens !* » Chers êtres humains interdimensionnels, si vous parvenez à faire ce que je viens de vous dire, voici ce qui arrivera : votre abondance doublera. Libérez-vous de la peur et remplissez les poches de vos concurrents grâce à votre visualisation. Puis, visualisez-vous vous-mêmes baignant dans l'abondance et éprouvez la même joie que la leur. Imaginez-vous tous en plein succès. Puis, soyez attentifs à ce qui se déroule dans votre vie. Vous pensez que nous ne connaissons pas la dynamique des affaires ? Essayez et vous verrez bien. Nous observons une situation interdimensionnelle où le jeu se termine par la victoire de tous. L'abondance n'est pas limitée. Elle provient de nombreuses sources que vous ignorez totalement !

Dans une pièce remplie d'êtres humains en quête de guérison, craignez-vous qu'il n'y en ait pas assez pour tous ? Non ! Parce que vous savez que l'abondance des dons de l'Esprit n'est jamais remise en question à ce niveau. Alors, pourquoi y aurait-il un problème avec les affaires ou l'argent ? Ils proviennent de la même source !

Nous parlons d'argent, de richesse. Nous parlons de joie, de santé et de paix dans des situations où il semblerait théoriquement impossible d'en créer. Écoutez-moi. Je sais qui vous êtes, et tout ceci vous est destiné. Êtres humains interdimensionnels, tout ceci est à votre portée. Vous pouvez transformer votre réalité en la visualisant et en la ressentant ainsi – accomplie dans sa transformation. En soi, l'exercice est facile.

Vous n'auriez jamais pensé que nous aborderions un jour le domaine des affaires, n'est-ce pas ? Cependant, ce sujet est aussi sacré que quoi que ce soit d'autre au sein de votre culture et de votre existence. Vous pouvez honorer les autres par vos comportements en affaires et cocréer ainsi l'abondance pour vous et votre famille. Mais beaucoup d'entre vous ont écarté cette approche de leur vie spirituelle. À propos de ce genre de préjugé, il existe d'autres domaines sur cette planète et dans votre culture auxquels vous n'associez jamais les notions d'intégrité et de spiritualité. Par exemple, vous n'associez pas l'Esprit au domaine juridique. Cependant, cette activité implique la maîtrise de notions telles que la justice et un bon jugement. Elle touche souvent les questions de moralité et nécessite une grande sagesse.

Il est temps que ceux qui embrassent cette profession – et certains ici (allusion à l'assistance de Clearwater) sont sensibles à ces paroles – les mettent en pratique. Vous pouvez pratiquer le droit en favorisant des conditions *win-win* pour tous. Cela exigera une pensée interdimensionnelle, et de colorier en débordant les lignes. La lumière peut-être perceptible dans toutes les domaines, là où se trouvent l'intention, la compassion pour les concurrents et une pensée interdimensionnelle.

La vie interdimensionnelle sur la Terre

Nous allons maintenant vous dévoiler d'autres informations ayant trait aux substances curatives les plus puissantes connues des êtres humains. Au cours des douze prochaines années, vous constaterez en effet l'apparition d'un nombre de cures dépassant toutes celles découvertes par l'humanité au cours de son histoire. Elles ont toutes à voir avec « l'eau ». Nous avons déjà parlé de cela auparavant, mais nous ne vous avions livré qu'une partie des informations que nous souhaitons vous communiquer aujourd'hui.

Lorsqu'il a été question, au cours des années passées, de médications à base d'essences vivantes, nous référions alors à l'eau. Vous allez peut-être rétorquer : « *Kryeon, l'eau n'est pas vivante ! Elle ne le fut jamais et ne le sera jamais.* » Très chers, si vous affirmez cela, c'est que vous ignorez la vérité. L'eau est étroitement reliée à la vie interdimensionnelle. L'atmosphère même de votre planète contient de la vie interdimensionnelle. En d'autres termes, des formes de vie existent sur terre, dans l'air et dans l'eau qui sont interdimensionnelles. Vous ne pouvez les apercevoir. La science fera peu à peu des découvertes à ce sujet. Les plus courageux parmi les scientifiques commenceront également à mentionner le fait qu'une vie interdimensionnelle pourrait très bien exister – des choses impossible à distinguer mais qui, par définition, doivent être vivantes dans l'eau.

Voici ce qui en est. Certains types de traitement de l'eau – qu'il s'agisse d'un traitement naturel ou d'autres utilisant le magnétisme, la chimie et la stimulation de la structure atomique – affectent la vie interdimensionnelle contenue dans l'eau. De ce fait, ces traitements touchent les attributs de cette vie. Lorsqu'ils sont ingérés par l'être humain interdimensionnel, ces attributs de la vie contenue dans l'eau réagissent avec l'eau dans votre organisme. Comprenez-vous ce que je vous explique ? Il est temps de bien saisir tout cela !

Il se peut que vous découvriez que la chimie améliore l'eau, mais laissez-moi ajouter qu'il y a encore beaucoup d'autres choses dont vous allez vous rendre compte. Récemment, le mot « holographique » a été mentionné (par le conférencier invité, le Dr Todd Ovokaitys), mais ce dont je parle ici va bien au-delà de cela aussi. En traitant l'eau magnétiquement, vous transformez de ce fait les formes de vie qu'elle contient. Et cela modifie les réactions de votre corps dans sa relation à l'eau. Vous touchez alors véritablement du doigt l'interdimensionnalité d'une certaine forme de vie qui réside dans l'eau.

Maintenant, ne compartimentez pas cette information. Coloriez en débordant les lignes et comprenez que cette vie interdimensionnelle est différente de votre vie. Et savez-vous pour qui elle se trouve là ? Pour vous ! Tout comme la terre sur votre planète, elle est là pour faciliter l'équilibre de l'humanité, lorsque les êtres humains la reconnaîtront ! C'est ainsi que l'eau deviendra un élément de guérison de la planète. Vous avez d'ores et déjà découvert trois endroits sur la Terre où l'eau surgit du sol dotée de certains des attributs interdimensionnels. De ce fait, elle provoque des effets curatifs extrêmement puissants sur l'organisme humain. Oui, il s'agit véritablement là d'une fontaine de Jouvence. Peut-être la réputation de cette eau est-elle quelque peu exagérée, mais il existe de l'eau qui ralentit vraiment le processus de vieillissement. Ses effets sont immédiats, dès sa sortie du sol, étant donné les caractéristiques magnétiques très spécifiques des sols au sein desquels elle a voyagé jusqu'à sa résurgence.

Il existe, dans l'eau, une vie interdimensionnelle tout à fait en harmonie avec la vie interdimensionnelle cellulaire de votre ADN. Elle est en train de modifier certaines empreintes, certaines des instructions et caractéristiques de votre biologie. Je veux parler de votre horloge biologique. Il s'agit là simplement du début d'une explication que nous allons tout juste commencer maintenant à développer à votre intention – et dont nous ne pouvions vous parler en 1999 ni avant, car vos vibrations n'étaient pas assez élevées pour permettre cette réceptivité. Certains, dans cette salle, comprennent parfaitement ce que j'entends par là. Ce que nous vous révélons existe à votre portée afin de compléter le traitement de l'organisme humain. Et c'est la raison de leur existence à travers l'histoire jusqu'à aujourd'hui. Ceux d'entre vous qui comprennent et qui ont ressenti la vie interdimensionnelle dans la nature, les rochers et les plantes ont donc déjà ressenti ces formes de vie.

« *Kryeon, est-il question ici de formes vivantes ?* » Oui. « *Voulez-vous parler de la vie qui se reproduit dans un espace interdimensionnel contenu dans l'eau et l'air ?* » Oui. « *Pourquoi alors ne l'avons-nous jamais vue ?* » Parce que vous ne l'avez pas souhaité. Qui, dans votre monde scientifique, pourrait réunir suffisamment d'argent pour financer une étude sur la vie interdimensionnelle ? Il s'agit d'un domaine d'investigation tout à fait inconnu, et vos scientifiques ne disposent même pas d'un programme permettant d'étudier cette possibilité.

Cependant, voici quelque chose que vous devez savoir. Comme nous vous l'avons dit il y a quelque temps déjà, cette vie recèle des *ombres* visibles dans l'atmosphère. En d'autres termes, certains aspects de cette forme de vie peuvent être perçus, ce qui prouve leur existence, mais cela exige un regard particulier. La même chose est vraie dans l'eau, mais ce sera beaucoup plus difficile à distinguer à cause de la particularité de cet élément.

En résumé, nous introduisons un tout nouvel élément – la vie interdimensionnelle sur la Terre, à la fois dans l'eau et l'air. Et dans l'eau, son traitement magnétique modifie les caractéristiques de la vie qui y baigne, apportant, de ce fait, une énergie curative invisible au corps humain. Comme ce dernier est essentiellement constitué d'eau, l'eau traitée se mêle alors aux fluides vitaux, communiquant une guérison à base d'essences vivantes dans les cellules mêmes de l'organisme humain.

Et vous pensiez qu'il n'y avait rien de nouveau ?

J'aimerais, avant de terminer, vous donner une autre visualisation à pratiquer. Il ne s'agit pas de faire semblant mais plutôt de recourir à votre habileté à visualiser une autre réalité. Nous avons dit, au cours de channelings précédents, que le catalyseur d'une élévation du seuil vibratoire est le pardon. Nous avons parlé de l'abandon des vœux que vous avez pu faire au cours de vos vies passées – ceux qui vous engageaient envers Dieu. Nous vous avons invités à agir ainsi, d'une communication à l'autre. Il s'agit désormais d'une information connue, mais puisqu'elle est toujours importante, nous vous la rappelons à nouveau.

Parmi ceux qui sont ici ce soir ou qui lisent ces lignes, nombreux furent des chamans ou des moines dans leurs vies antérieures. Vous avez tous pris des engagements graves vis-à-vis de Dieu. Comme nous vous l'avons dit, ces promesses vous suivent à travers le voile. Peut-être ne vous en souvenez-vous pas ? Peut-être êtes-vous venus ici seuls et avez-vous l'impression que vos relations affectives sont un fiasco ? Saviez-vous que vous aviez pris envers Dieu un engagement afin qu'il en soit ainsi ? Il fallait que vous soyez seuls et purs afin de pouvoir épouser Dieu. Il s'agit là de vœux de célibat qui ont franchi le voile de vie en vie, et nous vous avons déjà fourni cette information. Certains, parmi ceux qui lisent ces lignes, ont fait vœu de pauvreté. Et vous vous demandez pourquoi vous ne menez pas une vie d'abondance ? Le moment est venu de briser toutes ces promesses.

Êtres humains interdimensionnels, vous avez franchi les lignes qui délimitaient ce que vous connaissiez auparavant. Ces lignes ont disparu, de même que les anciennes formes de pensée. Il est temps pour vous de réclamer la nouvelle énergie qui vous appartient en propre. Laissez-moi vous proposer une autre visualisation. Dans ce but, je vous demande de réunir autour de vous tous vos parents qui ont vécu sur cette planète et dont vous pouvez vous souvenir ou ressentir la présence en cet instant précis. Visualisez-vous parmi eux. Réunissez même ceux avec lesquels vous avez eu des problèmes, qu'ils soient vivants ou décédés. Entourez-vous d'eux. Durant ce processus, ils sont réellement ici présents, dans l'attente que vous agissiez sur le plan interdimensionnel.

Si vous le souhaitez, créez cette réalité. Qu'elle soit tout à fait réelle à vos yeux. Ressentez-la ! Je veux maintenant que vous regardiez toutes ces personnes droit dans les yeux et que vous déclariez à celles à qui cela s'adresse : « Je te pardonne. » Agissez de la sorte avec les gens que vous côtoyez professionnellement. Regardez les membres de votre famille droit dans les yeux et libérez-vous de cette épine qui représente des paroles dites ou des situations où vous estimez avoir été traités injustement. Je veux que vous vous entouriez de l'intégralité des membres de la famille et que vous deveniez maintenant interdimensionnels !

Que la sincérité de ce pardon se répande sur eux tous. Attendez-vous à recevoir ce pardon en retour, car cette attitude constitue en soi un catalyseur d'amour. Ce processus est indispensable si vous voulez parvenir à l'étape suivante de votre évolution spirituelle. Appelez-le épuration, si vous le souhaitez, mais il reste nécessaire. Vous ne pouvez transporter avec vous ces vieux sentiments dans une zone emplie de pureté. Servez-vous de la compassion de votre connaissance intérieure spirituelle afin de créer ce pardon. Vous éprouverez alors la joie de la libération !

La chose qui nous est le plus difficile à accomplir consiste à vous quitter. Nous ne venons ici que pour une seule raison :

permettre l'habilitation de l'être humain. Cette visite ne s'inscrit pas dans le cadre d'un programme particulier. Comme mon partenaire vous le répète si souvent, nous n'enregistrons pas vos noms afin de pouvoir vous retrouver plus tard ! (rires)

Laissez-moi vous dire quelque chose qui, rétrospectivement, semblera assez drôle. Certains d'entre vous quitteront cette salle avec davantage d'énergie qu'à leur arrivée. Certains autres, en se levant de leur chaise de lecture, se sentiront différents. Si vous avez formulé une intention interdimensionnelle pour cela, voici ce qui se passera ! Quelques-uns quitteront cette salle accompagnés de nombreux guides. Il s'agit là de quelque chose d'interdimensionnel ! Il est temps que vous compreniez qu'un guide n'est pas simplement un ange ou une entité possédant un nom et vivant à vos côtés. Savez-vous qu'une partie de vous se trouve chez vos guides ? « *Comment cela se peut-il ?* » allez-vous demander. Savez-vous qu'une partie de vous n'est pas ici ? Ceci s'explique par le fait que vous êtes un fragment interdimensionnel de Dieu ! Lorsque vous pourrez comprendre Dieu et les secrets de l'univers, vous comprendrez aussi la situation de votre guide. Ne cherchez pas à tout compartimenter ni à déterminer avec précision une énergie interdimensionnelle. Au contraire, célébrez celle qui existe dans la mesure où vous la comprenez ! Célébrez le fait que vous n'êtes jamais seuls ! Célébrez le JE SUIS !

Nous sommes venus ici prendre place parmi vous et vous enlacer, êtres bénis. Pendant quelques instants, nous avons voulu être très proches des membres de la famille et avons reçu votre affection en retour. Pendant quelques instants, nous avons voulu vous faire savoir que nous existions et nous avons peut-être effleuré vos épaules ou votre nuque afin de vous amener à comprendre que cette communication représente davantage que de simples paroles. Elle est réelle.

Lecteurs, ce message vous est destiné, ainsi qu'à ceux qui sont présents ici ce soir. Pensez-vous être seuls lorsque vous lisez cette page ? Tout un cortège vous entoure, ne souhaitant rien d'autre que vous faire éprouver du bonheur, vous voir proclamer votre divinité et votre héritage angélique. Nous vous souhaitons d'être en paix, parce que vous le méritez !

Vous n'êtes pas venus ici pour souffrir, mais pour découvrir la réalité du bonheur entourant l'être humain qui a découvert les vérités spirituelles. Vous êtes venus ici afin de trouver l'ange qui porte votre nom… et qui vit bien au-delà de vos limites !

Et il en est ainsi.

Kryeon

Note de l'éditeur En mai 2000, Lee Carroll, en compagnie de Gregg Braden, donna des conférences à Montréal, à Paris et à Bruxelles devant plus de 5000 personnes. À cette occasion, Kryeon partagea avec l'auditoire un résumé des principaux points contenus dans ce livre. Il nous dit alors : « Nous reconnaissons votre culture française, chers membres de la famille ici réunis, et le fait que notre message est traduit en un langage que plusieurs identifient à leur patrie. C'est le langage de votre naissance et celui avec lequel vous communiquez d'instinct. Kryeon le sait. Par conséquent, et par respect pour vous, nous souhaitons vous transmettre dès à présent des informations sur le passage du millénaire que mon partenaire a eu l'occasion de partager avec d'autres, sans attendre une année encore la traduction de la transcription, car il est très important que vous sachiez ce qui se passe. »

Étant donné que son message dans ces trois villes résumait les propos de ce livre, nous n'avons pas repris le contenu de ces communications dans ces pages. Cependant, vous pouvez consulter le texte du channeling de Montréal sur notre site Internet (*www. ariane.qc.ca*).

La conférence internationale sur les sciences et la conscience de l'année 2001

Nous avons récemment assisté à un très grand regain d'intérêt pour l'étude de la conscience, alors que de plus en plus de personnes vivent des expériences qui ne peuvent être expliquées par une approche scientifique traditionnelle.

À un certain moment de l'histoire, une rupture se produisit qui aboutit à l'apparition de la science et de la religion. La science limitait ses recherches au domaine matériel et l'Église se chargeait de la métaphysique.

Aujourd'hui, grâce à la science étudiant la conscience, nous sommes prêts à fusionner science et spiritualité. Au cours de cette conférence, nous explorerons les dimensions spirituelles et scientifiques de la conscience. Joignez-vous à nous afin d'explorer la frontière où science et conscience se rencontrent.

« Aujourd'hui existe un immense désir de découvrir les relations entre les différentes parties de notre société, de notre civilisation – science et religion représentant les deux grandes subdivisions devant être réunies. »

Al Gore, vice-président

(Le passage ci-dessus est reproduit à partir de la page Internet « The Message Company ».) Pour obtenir plus d'information sur ce sujet, faites le : (505) 474-0998.
Site Web (http://www.bizspirit.com/science/index.html).

CHAPITRE ONZE

Le fantôme de la mort et les nouveaux enfants sont arrivés !

Jan Tober

Quelques mots de Lee Carroll

Il y a quelques années, Kryeon nous communiqua par channeling certaines informations qui sont tout à fait d'actualité en 2000. Voici ce qu'il mit alors en lumière :

1. Il présenta « la fin des ténèbres » décrite à la page 281 de *Messages de notre famille*. Ce passage décrivait comment certains d'entre nous ont encore dans leur corps la programmation selon laquelle ils allaient mourir avec l'apocalypse prévue pour cette période-ci. Comme vous le savez, les prophéties annoncées ne se sont pas réalisées et nous sommes toujours là. C'est le sujet de ce livre.

2. Et il parla des enfants indigo. Vous pouvez trouver la première information relative à ces enfants à la page 247 de *Partenaire avec le divin*. Puis vint le livre *Les enfants indigo*, réalisé en 1999 par Jan Tober et moi-même.

Ce livre est devenu notre best-seller et il est en tête des meilleures ventes chez tous les distributeurs d'ouvrages métaphysiques depuis presque un an (au moment où j'écris ces lignes).[Le succès des ventes est similaire dans sa version française.] En outre, il a atteint un marché grand public, comme vous pouvez le constater en vous rendant dans les principales chaînes de librairies de presque tous les pays de langue anglaise, et on le trouve même dans la section des ouvrages d'éducation familiale ! Jan et moi nous amusons du fait que de nombreux lecteurs ne nous connaissent que grâce à ce livre et nous en sommes stupéfaits, bien qu'ayant été impliqués dans l'œuvre de Kryeon depuis plus de dix ans et ayant grandement voyagé durant cette même période. Des passages de l'interview qui suivra concernant les indigo montrent que c'est véritablement le cas, car l'interviewer ignorait totalement qui était Kryeon.

Dans cette nouvelle section, nous aimerions vous fournir davantage d'informations sur ces deux sujets. Jan Tober, ma partenaire spirituelle et auteure, channel et amie, a connu une expérience directe avec la fin des ténèbres dotée d'une nouvelle appellation : le fantôme de la mort – fantôme signifiant qu'il ne s'agit pas d'un phénomène réel, bien qu'il en ait toute l'apparence.

Voici la définition du mot fantôme tirée d'un dictionnaire : « Quelque chose que l'on peut voir, entendre ou ressentir, mais qui n'a aucune réalité physique[1]. » La première section de ce chapitre, « Le fantôme de la mort », a été publiée sur le site Internet de Kryeon il y a quelques mois, et les lettres que nous avons reçues nous ont appris que cette information avait permis à de nombreuses personnes de comprendre cette expérience. Notez qu'il s'agit d'une expérience que nous choisissons de vivre et non pas d'une expérience proposée par Kryeon.

Jan s'est aussi concentrée sur le problème des enfants indigo, animant des séminaires et accordant des entrevues sur ce sujet au cours des derniers mois. Nous avons pensé qu'il serait judicieux de reproduire une interview récente de Rick Martin à Las Vegas, Nevada, réalisée par le journal *Spectrum* (deux mois avant que ce livre soit publié), et de l'intégrer aux informations concernant les indigo déjà communiquées dans ce livre. En outre, certains ne connaissent peut-être pas notre livre *Les enfants indigo*. Aussi, cet article pourra-t-il les aider à mieux saisir de quoi il retourne exactement. Vous pouvez également vous reporter au site Internet : (www.indigochild.com).

1.Définition de *The American Heritage, Dictionary of the English Language,* troisième édition, 1996, par Houghton Mifflin Company. Version électronique licenciée par INSO Corporation.

Le Fantôme de la mort

Jan Tober

Un processus intéressant est actuellement en cours. Il implique beaucoup d'entre nous. Tobias, un membre du cortège de Kryeon, l'appelle le « Fantôme de la mort ». Il s'agit en fait d'une situation que nous avons créée afin de terminer la vie que nous connaissons sur le plan physique. Elle est basée sur une ancienne information selon laquelle l'âme-esprit-corps ne possède pas la force nécessaire (quelle qu'en soit la raison) pour parvenir à l'ascension et à la nouvelle énergie. Nous avons été programmés dans l'inquiétude des douze prochaines années, et tout comme dans la période de la fin de l'Atlantide, nous sommes en train de décider soit de nous téléporter, soit de mourir ou de rester sur place. Et pour beaucoup d'entre nous, la téléportation reste encore inaccessible pour l'instant.

Tobias, ma flamme jumelle et mon complément divin, m'a fait pénétrer dans le concept du Fantôme de la mort avec calme et fermeté à la fois. Cet être est un membre du cortège de Kryeon qui s'est déjà incarné, et le corps physique est en quelque sorte devenu une spécialité pour lui. Alors que nous activons notre pure intention d'intégrer l'ensemble de nos filaments d'ADN restants, un de nos buts consiste à nous débarrasser de l'hormone de mort et à activer les hormones du rajeunissement, « les chromosomes de la jeunesse et de la vitalité ». Pour certains, lorsque ce phénomène se produit, le Fantôme de la mort se trouve également activé. Je connais aujourd'hui quatre personnes (moi-même plus trois autres qui sont des amis proches) qui ont vécu cette expérience. Puisqu'il s'agit de quelque chose qui peut devenir tout un défi, je voudrais partager cette expérience avec vous.

Je réalise que ce fantôme occupe mon esprit depuis deux ans. Au printemps dernier, l'une de mes plus proches amies a subi trois crises cardiaques en deux semaines durant son séjour dans un service de soins intensifs de notre hôpital local. Au cours de cette période, j'ai téléphoné à deux groupes *très importants* de prières ainsi qu'aux membres guérisseurs de mon propre groupe, constitué d'une dizaine de personnes compétentes. Nous entamâmes alors le processus de guérison à longue distance. Nous ne nous parlâmes guère au cours de cette première semaine, restant concentrés sur l'*amour* que nous adressions à mon amie. La deuxième semaine, une nouvelle alarmante nous parvint. Une pneumonie s'était déclenchée. Nous continuâmes pourtant notre veille. Cependant, en nous remémorant cette période, nous prenons aujourd'hui conscience que nous étions tenus à distance de notre amie sur le plan énergétique.

Nous eûmes l'impression que l'âme de mon amie était véritablement en train d'examiner ses diverses options. Nous convînmes entre nous que tout ceci était différent de ce que nous avions vécu auparavant – comme si nous étions en train de la perdre. Alors que nous émettions rapidement l'intention « Que ta volonté soit faite », nous ressentîmes un serrement de cœur. (Étions-nous en train d'entendre l'âme analyser ses choix ?) Nous eûmes l'impression d'être inutiles – sentiment extrêmement différent de celui que nous avions ressenti lorsque certains d'entre nous avaient assisté à un miracle à la suite de prières et d'intention pure.

Au moment où nous nous mîmes à éprouver émotionnellement la perte de notre amie et où elle commençait à nous manquer, elle s'assit sur son lit d'hôpital et déclara : « Voilà. Je me sens bien maintenant. Je reste ! »

Mon expérience personnelle du fantôme ne fut dramatique que pour moi. Soudainement, alors que je poursuivais un traitement médical qui m'inspirait beaucoup de crainte, je ne ressentis plus la vibration de mon groupe de prières. Il s'agit là d'une sensation tout à fait anormale. D'habitude, je réussis surmonter les difficultés. J'avais alors l'impression d'avoir franchi le point de « non-retour ». Une période sombre s'installa pendant environ deux semaines. Tout cela différait de mon optimisme béat habituel. À ce point, je dois dire que le soutien de mes amis me maintint sur pied. Lorsque je fus au plus bas, un conférencier très respecté annonça, lors d'un séminaire de quatre cent cinquante personnes à Seattle, Washington, que j'étais « décédée » ! Je *sus* alors que je me trouvais au cœur même du processus du Fantôme de la mort. Parvenue à ce point, je fus capable de remonter à l'origine de cette peur (500 ans av. J.-C.). Une fois cet événement émotionnellement « digéré » et ma polarité rétablie, je réalisai alors que je m'étais trouvée « hors de mon corps » très souvent au cours de ces deux dernières années. Il s'agissait d'un mécanisme affectueux de protection offert par mon Moi divin pour me préparer à mourir et à ressusciter.

J'espère que les informations suivantes vous aideront à mieux comprendre et vous nourriront en vue du moment où vous pourriez vous aussi vous retrouver dans la même situation.

Pour résumer :

1. Il se peut que vous vous sentiez très seuls, et même séparés de l'Esprit. Cela semble faire partie du processus.

2. Si vous ressentez quelque chose comme « mon temps est venu » et que vous ignorez ce qui se passe, vous êtes probablement en train d'expérimenter le Fantôme de la mort.

3. Découvrez l'origine de ce phénomène et extirpez-le de vos vies passées ou du présent. Recherchez l'aide de guérisseurs.

4. Soyez extrêmement bons et aimants envers vous-mêmes. Ce n'est pas le moment de « brusquer les choses ». Détendez-vous. Tout ceci se passe entre vous et votre âme – personne d'autre.

5. Sachez que vous pouvez accomplir davantage de choses au sein de cette nouvelle énergie, dans votre enveloppe physique, qu'en vous trouvant dans une autre dimension, « de l'autre côté ».

6. Revoyez fréquemment les cinq points précédents. Créez un mantra tel que : « Je choisis ma vie. J'aime ma vie. » Chaque matin, je faisais de longues promenades en psalmodiant des mantras positifs empreints d'amour.

7. Recherchez la présence de personnes affectueuses ayant une affinité d'âme avec la vôtre. Aucun être humain ne peut vous retenir. Cependant, l'amour et la vitalité émis par ceux qui vous aiment peuvent enflammer votre force vitale. Donnez la main à ceux que vous aimez et aux êtres spirituellement en harmonie avec vous (le contact physique est très important).

8. Ramenez vos pensées en pleine lumière, avec amour. Maintenez votre intention pure afin de baigner dans l'amour. Prenez en toute conscience le contrôle de votre dialogue intérieur et n'oubliez

pas d'affirmer : « Je choisis la vie ! »

9. Placez votre nom sur les listes des groupes de prières. Je fais appel au groupe appelé Silent Unity (Unité silencieuse) depuis près de trente ans. (Leur numéro de téléphone est le suivant : (816/969-2000.)

10. Sachez que cette expérience peut vous paraître différente. Nous la créons au fur et à mesure que nous avançons.

11. Purifiez votre organisme – bains imprégnés de sels d'Epsom (sulfate de magnésium), méditations et exercices non violents (marche, yoga, tai-chi, etc.). Tout cela est très important, ainsi que l'alignement de la polarité de votre corps.

12. Sachez que vous vous en sortirez ! Ce fut le cas pour nous tous, et nous sommes ici pour vous aider.

13. Lorsque le processus du Fantôme de la mort sera terminé, quand vous vous en serez débarrassés, vous vous souviendrez d'avoir franchi l'initiation de la septième porte atlanto-égyptienne. Ce sera un moment extraordinaire à célébrer ! Demandez alors à vos amis de se joindre à vous. Faites également participer votre enfant intérieur (le siège de votre corps émotionnel). Il n'aura probablement pas ri autant depuis longtemps.

14. Encore plus important : vous évoluerez dans vos pensées et vos paroles beaucoup plus rapidement que vous vous en seriez crus capables. Aussi, soyez attentifs à vos visions sur un plan plus élevé. Restez conscients de tout ce que vous manifestez. Le chemin est dégagé.

15. Répétez chaque jour : « Maintenant, avec toute mon intention pure, je choisis la vie ! Je choisis la résurrection ! »

Jan Tober

Les nouveaux enfants sont arrivés !

Une interview de Jan Tober, par Rick Martin[1]

Le Grand Maître d'il y a 2000 ans a déclaré : « Bénis soient les enfants. » Ces enfants seront les guides qui ramèneront notre monde sur la voie de l'amour.

Pour quantité de gens, le fait que quelque chose de très particulier soit en train de se dérouler parmi les enfants de ce monde ne représente pas quelque chose de nouveau. Ce phénomène se déroule maintenant depuis un certain temps. Quelques-uns disent que les « éclaireurs » de ce phénomène moderne sont nés il y a une vingtaine d'années environ. Les futurologues, tel Gordon-Michael Scallion, parlent de leur apparition sur notre planète depuis quelques années déjà, et Scallion les appelle les « enfants bleus ». Quant à Nancy Ann Tappe, qui possède le don de distinguer les champs auriques du corps humain, elle les nomme tout simplement les *indigo*.

Que signifie la présence de ces « superenfants » ? Quel est leur message ? Quelle est la raison de leur présence ici aujourd'hui ? S'agit-il seulement d'une idée extravagante, ou d'une réalité ? Que sont les indigo et qu'est-ce qui les rend indigo ?

Bien qu'il me fallût plusieurs mois pour y parvenir, je réussis finalement à discuter de ce fascinant sujet avec Jan Tober, coauteure du livre provocateur intitulé *Les enfants indigo*.

Bien que ne constituant qu'une simple introduction à ce sujet, ce livre devrait être lu par tout enseignant et directeur d'école. Si vous avez un enfant à « forte personnalité » ou chez lequel un déficit d'attention ou une hyperactivité ont été décelés, alors lisez cet ouvrage à tout prix. Il devrait se trouver dans chaque bibliothèque du pays.

Il est évident qu'en une heure et demie, nous ne fûmes capables que d'effleurer le sujet. Mais s'il vous est arrivé de dés-

---

1. Certains extraits de cet article ont été révisés et modifiés. L'interview n'est pas rapportée ici dans son intégralité. Avec l'autorisation de Rick Martin et du journal *Spectrum*. Voir l'adresse Internet de *Spectrum* à la fin de cet article.

espérer de notre monde, ce livre va littéralement bouleverser votre conception des choses !

Entrons maintenant dans le vif du sujet, constitué par ces enfants merveilleux, sauvages, provocateurs et souvent exaspérants.

Martin : Commençons par une définition fondamentale. Que sont exactement les enfants indigo ?

Tober : La définition sur laquelle nous sommes tous d'accord et qui nous semble la plus proche de la vérité est la suivante : un enfant indigo présente de nouveaux et inhabituels attributs psychologiques, et son comportement nous est généralement totalement étranger.

Martin: Comment êtes-vous parvenue à l'expression « enfants indigo » ?

Tober : Elle renvoie à la couleur de l'aura qui entoure ces enfants. Depuis le milieu des années 70, j'ai une amie très chère du nom de Nancy Ann Tappe. Elle a écrit un livre intitulé *Comprendre la vie grâce aux couleurs*[2] et publié en 1982. On y trouve les premières informations documentées sur ces enfants qu'elle avait appelés indigo.

Comment arrive-t-elle à voir cette couleur ? Quelle est la précision de cette perception ? On diagnostiqua un problème chez Nancy : deux de ses systèmes neurologiques se croisent et cela lui permet, véritablement, de distinguer l'aura humaine. Elle est semblable à un appareil photographique de l'effet Kirlian, si vous voulez, et aperçoit ainsi les champs électromagnétiques, leurs couleurs et leurs fréquences. C'est une amie extraordinaire et également une conseillère, une métaphysicienne et une enseignante merveilleuse.

Très tôt, alors qu'elle était en train de travailler à son doctorat, elle remarqua qu'une nouvelle couleur aurique était associée à certains nouveau-nés. Nancy a déclaré qu'à partir de 1980, environ 80 % des enfants nés étaient des indigo. Et, depuis 1995, nous

---

2. La version originale anglaise de ce livre, *Understanding your life through color,* peut être obtenue en faisant le 1 800 352-6657.

rencontrons un pourcentage beaucoup plus élevé qui nécessite que nous soyons attentifs à ce qui est en train de se dérouler.

Nous assistons à une nouvelle génération de maîtres qui apparaissent sur cette planète, et ils ont été appelés les « enfants des étoiles », les « enfants bleus », et à partir des travaux de Nancy, on les qualifie également, à juste titre selon nous, « d'enfants indigo ». Ils représentent notre espoir pour l'avenir. Ils sont notre espoir pour le présent. Et cela, sur le plan ésotérique, correspond *exactement* à ce qui est en train de se passer.

Nous tentons de rester aussi pragmatiques que possible, car de nombreux parents se trouvent confrontés à de très *anciennes* âmes abritées par de tout petits corps qui, dans la plupart des cas, en savent davantage que leurs parents !

Et comment réagissent les parents face à cette situation ? Certains d'entre eux – métaphysiciens – ont quelques idées concernant des solutions de rechange. Cependant, dans le grand public, j'ignore ce que peuvent faire monsieur et madame Tout-le-monde, sinon se reporter à notre livre et à quelques autres qui abordent ce sujet.

Martin : Je suis sûr que l'on vous a posé un tas de questions classiques et je ne suis pas certain que les miennes s'inscriront tout à fait dans ce cadre. Une question particulière me préoccupe, et je vais plonger directement au cœur du problème : Avez-vous été surprise ou même abasourdie par la réaction que vous avez provoquée depuis la sortie de cet ouvrage ?

Tober : Oui et non. On est toujours un peu abasourdi lorsqu'on se trouve au sein de quelque chose dont le timing est parfait.

Martin : Bonne réponse.

Tober : Les informations ayant trait à ces enfants me parvinrent intuitivement au milieu des années 70, à peu près à l'époque où je fis la connaissance de Nancy, sans toutefois avoir conscience qu'elle était connectée aussi étroitement avec ces informations. À mon avis, elle ne parlait pas beaucoup des enfants indigo, car ce sujet était totalement nouveau. Cependant, j'ai fait des rêves dans lesquels les enfants venaient à moi et me disaient qui ils étaient, la raison de leur venue, qui étaient leurs parents et pourquoi ils les avaient « karmiquement » choisis.

Et tout cela était fascinant. Je me réveillais de ces rêves en me sentant attirée par de nombreux bébés et petits enfants. Je les regardais droit dans les yeux et distinguais alors ces vieilles âmes abritées dans de petits corps. Puis, je me tournais vers mes amis et leur demandais : « Avez-vous remarqué quelque chose de différent chez ces enfants ? » Et ils me répondaient : « En quelque sorte, un peu… »

Je compris alors qu'il s'agissait là d'une des raisons de ma venue sur terre. Et je sais, à partir du travail que Lee et moi accomplissons, que cela fait certainement partie de sa mission, à lui aussi. De ce fait, je ne fus pas surprise.

Je sus que ce travail devait être accompli. Comme si deux mains très puissantes me poussaient vers cette zone de ma vie. Et puis, lors de nos voyages et de nos contacts avec les gens, et ce, particulièrement au cours des quatre dernières années, des parents, des employés de garderies et des enseignants nous déclarèrent qu'ils se sentaient frustrés par certaines âmes anciennes tout à fait inhabituelles avec lesquelles ils avouaient travailler.

Et maintenant, les parents nous demandent : « Que devons-nous faire ? » Comment peuvent-ils aider leurs enfants à s'intégrer dans le système scolaire ? Nous ressentîmes tant de frustration et tant d'intérêt qu'au moment où le livre parut, nous *sûmes* qu'il sortait au bon moment.

Martin : Pensez-vous écrire une suite ?

Tober : Oh, Seigneur ! (rires) Oui, l'éditeur, Hay House, nous a demandé de rédiger un second livre. Je voudrais également expliquer la façon dont nos lecteurs peuvent nous contacter grâce au site Internet de Kryeon[3].

Martin : Et qu'est-ce que Kryeon ?

Tober : Vous voulez l'adresse du site Web de Kryeon ?

Martin : Elle diverge de l'adresse des enfants indigo ?

Tober : Oh ! (rires) Il s'agit là d'une interview complètement différente ! Avez-vous jamais entendu parler des écrits de Kryeon ?

---

3. Site de Kryeon : www.kryon.com
Site des enfants indigo : www.indigochild.com

Martin : Non.

Tober : Eh bien, Lee et moi ne parlons pas beaucoup de ce sujet durant les interviews portant sur les indigo, car le livre sur ces enfants est destiné au grand public. Nous voulons soutenir ces parents qui ont besoin d'aide et qui n'ont pour tout recours qu'une ordonnance de Ritalin. Vous voyez ce que je veux dire ?

À propos de Kryeon : Lee et moi voyageons dans le monde entier, organisant des conférences sur les enseignements et les écrits de Kryeon – un maître de l'énergie angélique. Nous avons pris la parole aux Nations unies au cours des trois dernières années. Lee transmet par channeling les paroles de Kryeon et je fais de même avec les aspects féminins du cortège de Kryeon. Je dirige les méditations. Nous pratiquons l'équilibrage et les transformations d'énergie de divers groupes. Nous avons parlé devant près de 5000 personnes cette année en France et en Belgique, et ce, en deux jours. Ce fut étonnant. Cette œuvre est principalement centrée autour du concept selon lequel « nous créons notre propre réalité », qui n'est certainement pas une nouvelle notion, mais notre tâche consiste à diffuser sans cesse cette information afin d'aider les gens à retrouver leur pouvoir – à se le rappeler.

Martin : Il s'agit ici d'un simple aparté : Avez-vous entendu parler du livre *China's Super Psychics* (Les supervoyants chinois), de Paul Dong et Thomas E. Raffill ?

Tober : De ce dont parle Drunvalo Melchizédek ?

Martin : C'est exact.

Tober : Des gens nous ont envoyé des courriers électroniques à ce sujet et Drunvalo recommande ce livre au cours de ses séminaires. C'est un merveilleux enseignant.

Martin : Oui, c'est vrai.

Tober : Et les informations que nous recevons nous indiquent que ces supervoyants sont tous des indigo.

Martin : C'est en effet ce que j'avais supposé. Et je me suis dit que la même chose devait se passer dans tout le pays, mais personne n'a jamais écrit quoi que ce soit là-dessus ; on s'est contentés de parler des Chinois.

Tober : Eh bien, la Chine (et l'Asie en général) est particulièrement intéressante. Selon Nancy Ann Tappe, tous les enfants venant au monde à Singapour seront des indigo. Je réalise que Singapour ne se situe pas véritablement en Chine ; néanmoins, cette ville n'en est pas très éloignée. Nous avons animé un très important séminaire à Singapour en 1998 au cours duquel Kryeon décrivit un portail qui s'ouvrait. Nancy m'a donné ces informations avant que je lui parle du portail. Lee et moi-même avons dû procéder à un profond nettoyage de ce pays afin de retenir l'énergie de l'endroit où nous nous trouvions, avant même de commencer notre séminaire.

Martin : Cela paraît sensé.

Tober : Nancy m'a dit : « Vous êtes à Singapour, et c'est la raison pour laquelle tout doit se produire là-bas. » Le voyage exigea beaucoup de nous sur bien des plans mais fut extrêmement enrichissant parce que nous étions sûrs d'avoir facilité la réalisation de cet événement – aider les âmes indigo à naître.

Vous savez, Rick, c'est devenu fondamentalement ce sur quoi nous travaillons. Les Maîtres sont des individus dotés d'une prédominance du cerveau droit qui arrivent dans un monde dominé par le cerveau gauche. En réalité, il s'agit d'âmes ayant intégré à la fois les cerveaux gauche et droit et, de ce fait, nous recevons davantage de conscience du cerveau droit qu'auparavant – dont une intuition beaucoup plus développée.

Martin : Cela doit être difficile.

Tober : Comprenez bien que nous parlons de la partie féminine de la divinité qui apparaît aujourd'hui – et juste à l'instant prévu ! (Comme si les 3000 dernières années avaient été celles de l'expiration de Dieu et qu'il s'agissait maintenant de l'inspiration de la Déesse.)

Les indigo et la partie féminine de la divinité marchent main dans la main. Qui peut dire où commence l'un et où finit l'autre, ou bien lequel vient en premier ? Selon mon sentiment, les indigo ont préparé la voie pour que la partie féminine du divin soit accessible et ancrée ici relativement facilement. Nous avions besoin d'une « masse critique ».

Voilà ce que représente l'œuvre de Kryeon – obtenir une

masse critique qui accepte, dans sa conscience, sa pensée, ses paroles et ses actions, l'idée de pouvoir créer sa réalité. Ainsi, nous pourrions créer le paradis sur terre.

Il était nécessaire que cette masse critique soit réunie et active à partir du moment où les indigo commençaient à naître, afin que soit créée une fréquence vibratoire suffisamment raffinée pour que ces derniers puissent venir au monde dans un véhicule physique et se retrouver dans un environnement à haute vibration où ils pourraient demeurer.

Martin : Je voudrais vous parler des erreurs de diagnostics reliées aux problèmes de déficit d'attention et d'hyperactivité et de l'usage de Ritalin par ces enfants. Avez-vous rencontré beaucoup d'indigo drogués par ce produit et victimes d'une erreur de diagnostic ?

Tober : Je répète à nouveau que mon travail est celui d'une conseillère intuitive. Et mes clients ne sont pas des gens qui font absorber du Ritalin à leurs enfants. Ils choisissent plutôt les techniques alternatives. Cependant, dans certains de nos auditoires, qui représentent un échantillonnage plus large, nous trouvons des cas où certains membres suivent cette voie en disant : « L'enfant de ma belle-sœur, ma nièce, mon neveu... », comme s'ils n'étaient pas les responsables directs de ces enfants. Pourtant, ils connaissent certainement d'autres parents d'enfants indigo, des personnes travaillant dans des jardins d'enfants, des éducateurs, etc.

Je veux citer ici les pourcentages publiés dans notre livre et qui portent sur l'accroissement de production de Ritalin : « La production de Ritalin a été multipliée par sept au cours des huit dernières années, et 90 % de cette production est consommée aux États-Unis. »

La tendance au cours des dernières années a été très nette : le nombre d'enfants souffrant d'hyperactivité ou d'un déficit d'attention et qui ressortent de chez le médecin avec une ordonnance est passé de 55 % en 1989 à 75 % en 1996. Et si la vérité était connue, ces chiffres seraient encore bien supérieurs.

Que se passe-t-il donc ? De nouveaux êtres naissent sur terre, dans une société à prédominance cerveau gauche où il est honorable d'obéir à ce type de cerveau. Partant, ceux qui sont à prédominance cerveau droit – artistes, musiciens, danseurs, peintres, écrivains, penseurs créatifs – sont considérés comme quelque peu méprisables. Tout cela est très dommage quand on sait que les indigo sont des êtres intégrés qui nous aideront à équilibrer les hémisphères de notre cerveau.

En somme, ils arrivent dans un monde à prédominance cerveau gauche. Pour parvenir à leur achèvement, à leur but, pour être *véritablement* honorés et respectés, ils doivent essayer de faire partie de l'ancien système. En leur qualité de Maîtres, ces âmes connaissent la vérité et savent que nous allons honorer le mode d'utilisation du cerveau droit ; elles représentent une partie importante de ce processus.

Aussi, les indigo ne vont-ils pas s'intégrer même s'ils choisissent de le faire. Ils sont ici afin d'accomplir une mission qui durera leur vie entière – et il s'agit là d'une déclaration très importante. *Ils sont ici pour accomplir une mission qui durera toute leur existence !* Ils ne sont pas ici pour s'adapter. Nous sommes ici pour *les* comprendre, pour apprendre d'*eux* et pour leur permettre de nous enseigner une nouvelle façon d'être.

Revenons maintenant à notre question. Parce qu'il s'agit d'enfants nouveaux et différents, que font les médecins ? Que font les parents ? Que font les enseignants ? Ces enfants semblent hyperactifs, avec une faible faculté de concentration et de la difficulté à rester tranquilles – autant de symptômes qui font penser à la problématique de la poule et de l'œuf.

En d'autres termes : qui est arrivé le premier ? L'enfant ou le déficit d'attention ? Cette question s'inscrit dans un certain schéma et les adultes ne savent pas comment agir face à cette situation.

Si le Ritalin permettait effectivement de guérir ces enfants, cela serait différent. Mais c'est un produit entraînant des effets secondaires mal documentés et il existe tellement d'autres choix extraordinaires ! Cela vous demandera peut-être un peu plus de travail, mais mon Dieu, votre enfant n'en vaut-il pas la peine ?

Si le Ritalin guérissait, ce serait parfait. Mais ce n'est pas le cas. Il s'agit simplement d'un cautère sur une jambe de bois ou, si vous voulez, d'un remède inutile. Inévitablement, les indigo finiront par cesser de prendre cette drogue et par affronter les expériences de la vie pour laquelle ils sont faits. (Et que dire du temps perdu et des expériences manquées ?)

Je tiens à recommander un livre qui traite de ces affections : *The A.D.D. and A.D.H.D. Diet!* de Rachel Bell et du docteur Howard Peiper. Je souhaite vous en citer un extrait. Bien que l'auditoire soit composée de personnes de bon sens, il serait bon que chacun d'entre nous s'arrête, prenne une profonde inspiration et réfléchisse :

« Les personnes souffrant d'hyperactivité ou d'un déficit d'attention manquent de neurotransmetteurs, en particulier la sérotonine. Cette dernière est fabriquée dans le cerveau en symbiose avec la B6 et le tryptophane, un acide aminé essentiel. Si le tryptophane et la vitamine B6 sont insuffisants, le corps ne peut produire de sérotonine.

« Par conséquent, les gens souffrant des affections ci-dessus peuvent nécessiter des suppléments de tryptophane et/ou de B6. Les protéines fournissent les acides aminés à l'organisme. Si celui-ci contient suffisamment de protéines et de tryptophane, la sécrétion d'acides aminés n'entraîne généralement aucun problème. Le ratio calcium/magnésium représente également un facteur essentiel. Une insuffisance peut provoquer une élévation du taux d'insuline, lequel réduit la sérotonine. Partant, il est donc nécessaire d'assurer à l'organisme une quantité suffisante de magnésium en plus de la vitamine B6 et des acides aminés. »
Publié par Safe Goods.

Et ceci n'est qu'un exemple. Il s'agit là de l'un des quelques livres que je vous recommande. Le texte est court, facile à comprendre et concis.

Tout d'abord, nous reconnaissons que nous nous trouvons en présence de maîtres indigo en mission qui déclarent : « Nous allons, d'une façon ou d'une autre, aider cette planète à basculer dans la divinité féminine. Pour y parvenir, nous nous présentons sous la forme d'un exemple vivant de l'amour. Nous allons vous apprendre à composer avec nous, et au fur et à mesure de ce processus, vous saurez comment vous aimer mutuellement. » Voilà un point fondamental. Lorsque nous apprenons à aimer les enfants, à être à leur côté et à nous occuper d'eux, nous apprenons à opérer vis-à-vis des autres au plus haut niveau. C'est ce qu'ils nous enseignent.

Oui, d'un côté il y a l'hyperactivité et le déficit d'attention, mais de l'autre, un nouveau paradigme fait son apparition. Voici ce que nous voulons dire aux parents d'enfants souffrant de ces affections : nous vous en prions, considérez les solutions de rechange, d'autres approches. Nous savons que cela est difficile, et c'est de cela dont il est question dans cet ouvrage. Aussi, prenez-le, examinez la liste des caractéristiques propres à ces affections, et peut-être vous rendrez-vous compte que votre enfant ne souffre de rien : qu'il fait simplement partie de ce nouveau paradigme.

Maintenant, comment travailler à partir de là ? C'est ce que ce livre enseigne – des solutions tout en douceur, depuis des régimes jusqu'à des techniques plus élaborées. Il existe une technique appelée *sleep-talk* grâce à laquelle vous parlez à votre enfant pendant son sommeil. Il s'agit d'une approche très puissante et il est nécessaire que les parents l'apprennent. Au cours des séminaires sur les indigo que j'organise dans tout le pays, je suis toujours accompagnée de quelques spécialistes qui apportent des éclaircissements sur ces choix alternatifs.

Les parents disposent d'un grand nombre de choix possibles. Votre enfant est-il sujet aux allergies provoquées par les aliments ou par la pollution de l'environnement ? Nous devons tous être très attentifs à ceci et ces enfants vont nous forcer à le devenir pour nous-mêmes également.

Martin : Puisque je suis conscient des limites de temps que nous impose cette émission, permettez-moi de vous poser la question suivante : on trouve sur votre site Internet une liste extraordinaire d'écoles Montessori et Waldorf. Vous déclarez que ce sont des endroits parfaits pour les indigo. Mais que se passe-t-il lorsque ces enfants naissent dans des familles économiquement désavantagées ? Qu'avez-vous à dire à ceux qui ne peuvent s'offrir ce genre d'éducation ?

Tober : Nous savons que certains résultats merveilleux ont été obtenus par des enfants qui ont suivi des cours à distance à la maison. À Huston, il existe un groupe – je crois qu'il comprend environ une quarantaine de familles et peut-être même davantage au moment où je vous parle –, et ces gens obtiennent de grands succès avec ce type d'éducation. Cela pourrait être une option intéressante. De plus, elle serait peu onéreuse. Chose certaine, par la suite, leurs enfants entrent sans aucun problème dans les grandes universités.

Je suis également convaincue, au plus profond de mon cœur, que d'autres formes de scolarisation vont se développer, qui ne seront pas d'un coût trop élevé pour les familles ne disposant pas d'un revenu suffisant. Et je sais que beaucoup de personnes montrent un immense intérêt pour les indigo et pour ce qui peut être entrepris afin de les aider, qu'un grand nombre d'éducateurs, qui sont également métaphysiciens, se joignent aujourd'hui à nous et s'efforcent de mettre sur pied ce type de scolarisation.

La semaine dernière, je travaillais avec une cliente qui me demandait ce que je voyais à son sujet. Je distinguais très précisément qu'elle allait travailler avec notre groupe. Cette séance faisait partie d'une session de conseils intuitifs et il se trouve que cette femme était prête à obtenir son diplôme et qu'elle connaissait déjà des directeurs et sous-directeurs d'écoles désireux de collaborer avec elle. Et lorsqu'une personne décide de faire le pas, d'autres viennent se joindre à elle.

Je sais que ce genre de livre est exaltant – il y a celui-ci, mais il y en aura d'autres. Je travaille actuellement à quatre ouvrages sur ce sujet – un en association avec Lee et trois ou quatre autres avec des collaborateurs en provenance de divers milieux : l'éducation, la santé et d'autres encore qui touchent de près ou de loin aux enfants indigo. Il nous faut publier ces volumes et attirer l'attention des gens, car nous devons faire davantage qu'une simple incursion dans ce domaine afin de faire « naître la lumière » dans le système éducatif et préparer la venue de ces enfants. Ils sont si nombreux à venir au monde aujourd'hui que ce phénomène ne peut plus être ignoré.

Martin : Existe-t-il des fondations ou des centres d'information sur les indigo autres que votre propre site Internet ? Y a-t-il par exemple un siège social ou d'autres endroits où des spécialistes étudient et travaillent avec ces enfants très spéciaux ?

Tober : Les informations à ce propos indiquent que ce n'est qu'une question de temps avant que ce genre d'organisation se mette en place. Cest là quelque chose de beaucoup trop important qui surgit juste devant nous ; et il s'agit de la prochaine étape de notre évolution. Aussi, tout cela se réalisera. Et le processus est probablement déjà en cours alors même que nous en discutons.

Martin : Vous voyagez beaucoup. Selon vous, que doivent savoir les gens ? Quelle est l'information la plus utile à transmettre à nos lecteurs sur cette question ?

Tober : En ce qui concerne l'éducation de l'enfant indigo, il y a deux mots que nous pourrions dire, à défaut de pouvoir en ajouter d'autres : « choisir » et « négocier ». Si vous ne deviez vous souvenir de rien d'autre, si vous ne lisez pas notre livre, je vous en prie, proposez des choix aux enfants et négociez toutes sortes d'approches avec eux. Je tiens toutefois à préciser qu'il s'agit de veiller aussi à leur procurer un cadre disciplinaire. Mais c'est là un principe de base de l'éducation de ces enfants que de leur donner des choix même par rapport aux choses les plus simples. Si nous pouvons nous rappeler que les indigo sont ici pour nous enseigner, cela apportera davantage d'équilibre et de sens à ces mots.

Je veux partager avec vos lecteurs ce que les parents peuvent faire afin d'obtenir un « plus ». Outre leur proposer des choix et négocier avec eux, vous pouvez obtenir ce « plus » en les guidant plutôt qu'en leur indiquant simplement des directions à suivre. Agissez avec eux comme avec votre meilleur ami, car, en vérité, c'est ce qu'ils sont. Traitez-les avec respect. Honorez leur existence dans vos familles respectives. Aidez-les à créer leurs propres règles de discipline. Vous serez étonnés, en tant que parents, de constater qu'ils aborderont fréquemment ces points. Et surtout, offrez-leur des choix. Ne les diminuez jamais, sous aucun prétexte. Il s'agit là d'un excellent conseil en éducation. Si nous souhaitions devenir des parents parfaits, nous ajouterions : « Voici la liste des principes que j'applique. » Nous vous répondrions alors : « Le moment est venu pour vous de vous entraîner à devenir de parfaits parents. Il est temps d'accomplir ceci sur cette planète. »

Fournissez-leur toujours la raison des instructions que vous leur donnez. Ne dites jamais : « Parce que c'est comme ça et ne pose pas de questions. » Au contraire, dites : « Parce que ceci m'aidera aujourd'hui. Je suis quelque peu fatigué, j'ai besoin de ton aide », sachant que cette honnêteté sera toujours payante avec eux parce qu'ils sont intuitifs. Ils savent ce qui se passe au moment où vous le pensez.

Tout en les élevant, faites-en des partenaires. Ceci est *extrêmement* important et va de pair avec les choix et la négociation. Faites-leur comprendre qu'ils peuvent constamment exprimer leur avis. Soyez *présents* avec eux. Les métaphysiciens en savent beaucoup sur cette question. Et présentez toutes les explications à votre enfant, si vous pensez qu'il ne saisit pas bien quelque chose. Sachez qu'il comprent réellement au niveau de l'âme. Et nous savons que nous pouvons communiquer avec eux avant leur naissance. Commencez très tôt – même avant leur conception !

Si certains problèmes sérieux surgissent et que vous pensez devoir faire examiner vos enfants afin de déterminer s'ils sont frappés d'hyperactivité ou d'un déficit d'attention, nous ne vous disons pas : « N'allez pas voir le médecin. » Ce que nous expliquons dans ce livre, c'est plutôt : « Considérez certaines solutions de rechange. Par exemple, des régimes alimentaires, des suppléments vitaminiques, l'homéopathie et l'inversion de polarité. » Voyez quelles sont les techniques holistiques existantes. Nous vous proposons une liste très étendue et les moyens de contacter des écrivains des domaines alternatifs et des enseignants à qui vous pouvez adresser vos questions et exprimer vos préoccupations par courrier électronique.

Que votre aide soit empreinte de sécurité. Évitez les critiques négatives à l'égard de ces enfants. Encouragez leurs efforts. Un indigo n'est pas un disciple. Laissez ces enfants décider de ce qui *les* intéresse et de ce qu'ils souhaitent faire. Ne leur parlez pas, conversez *avec* eux. Il s'agit là, fondamentalement, des informations que nous avons obtenues auprès des thérapeutes et de parents conscients de leurs devoirs, ou dans les travaux de Nancy, et qui semblent véritablement d'une grande aide pour les indigo.

Ces derniers savent qui ils sont. Ils naissent en le sachant et en le ressentant. Il ne sert à rien de tenter de les intégrer dans un schéma dont nous avons dû nous-mêmes apprendre à nous extraire, soit la façon dont nos parents nous ont élevés.

Il existe une nouvelle manière d'être, d'élever ses enfants et de se fondre dans l'amour. Le point essentiel est l'amour – être présent, aimant et compréhensif. Au cours des mois et des années à venir, nous assisterons à l'apparition de nouveaux systèmes scolaires au sein desquels parents et éducateurs travailleront de concert.

Ces âmes proviennent de dimensions plus élevées. Celles-ci sont reliées aux sons et aux couleurs et elles irradient une énergie opalescente. En y réfléchissant, ces éléments ne créent-ils pas un décor d'amour intéressant ? Cela explique beaucoup de choses concernant leur étrange énergie et leur retour afin d'honorer le cerveau droit, les arts, le processus intuitif et l'écoute des enfants. Permettez à leurs connaissances de circuler. Dites-leur que vous savez qui ils sont afin qu'ils décident de rester. Créez pour eux un foyer sacré et harmonieux en brûlant de la sauge, de l'alcool, des sels d'Epsom et certains types d'encens. Honorez votre foyer comme un temple afin que votre enfant puisse rentrer à la maison et y trouver des parents aimants dans un cadre imprégné d'amour.

Même si vous êtes fatigués, prenez le temps de leur en expliquer la raison. Réservez-leur certains moments particuliers au cours desquels vous serez totalement disponibles pour eux. Faites qu'ils se sentent toujours en sécurité et qu'en rentrant à la maison, ils retrouvent leurs meilleurs amis – vous.

Martin : À la fin du livre, vous communiquez certaines informations quant au message apporté par les indigo. Pouvez-vous nous en dire un peu plus ?

Tober : Rick, de quoi parlez-vous précisément ?

Martin : Du fait qu'ils soient porteurs d'un message d'amour.

Tober : Oh, oui ! Le message *est fait* d'amour : ils honorent cet aspect en nous. À nouveau, je mentionne la divinité féminine qui se présente et qui honore l'amour, la compassion, le processus intuitif – autant d'éléments qui nous sont indispensables afin de parvenir à rétablir le paradis sur terre –, et ces enfants sont ici pour nous montrer comment faire, d'une façon ou d'une autre.

Martin : Vous les appelez des « destructeurs de systèmes ». Qu'entendez-vous par là ?

Tober : On nous a dit, il y a de nombreuses années, que la première chose qui serait détruite serait les anciennes institutions établies et les systèmes. Vous souvenez-vous de cela ?

Martin : Oui.

Tober : On nous a également déclaré qu'en pénétrant dans ce Nouvel âge, cet Âge d'or, les vieux systèmes tels que, par exemple, le système éducatif, ne s'intégreraient plus au nouveau moule. Ils sont donc sur le point d'exploser. Et les indigo n'adopteront pas quelque chose uniquement parce qu'il en fut toujours ainsi.

Sachant qu'un important groupe d'entités arrive sur cette planète, et que celles-ci sont des « destructeurs de systèmes », vous avez là une image assez exacte de ce qui va se passer.

Dans mon esprit et dans mon cœur, il s'agit de quelque chose d'étonnant. C'est tellement étrange de constater qu'ils sont présents sur terre et qu'ils travaillent *finalement* avec nous !

Il y a des années, lorsque je faisais des rêves concernant les bébés, j'avais coutume de dire à mes amis : « Vous savez, nous qui sommes conscients représentons le pont arc-en-ciel qui relie notre civilisation, notre groupe d'âmes au nouveau groupe d'âmes qui arrivent. Nous sommes leur « pont arc-en-ciel ». Cela remplit mon cœur d'espoir et de joie.

Nous assistons à des choses étranges et nous, qui savons qui sont les indigo, pouvons certainement aider les parents qui éprouvent certaines difficultés et ne comprennent pas. Nous pouvons partager nos connaissances avec eux, jusqu'à ce que ces petits grandissent suffisamment pour pouvoir s'exprimer par eux-mêmes.

Martin : Et que se passerait-il si nous utilisions avec ces enfants les vieux concepts de culpabilité et de honte comme outils comportementaux ?

Tober : Cela ne marcherait pas ! Les indigo savent qui ils sont. Les parents seraient frustrés et effondrés. Cela créerait un champ d'énergie très perturbé parmi les parents et les enfants, ce qui annihilerait toute possibilité de discussion et toute aide véritable. Cela ne peut arriver.

Ils *savent* qui ils sont. Ils sont en mission et ils en sont conscients. Cela représente un véritable défi parce que notre culture tout entière repose sur le concept : « On verra si tu feras toujours le malin quand ton père sera de retour à la maison ! » Je suis sûre que vous avez entendu cette expression un certain nombre de fois. Moi-même l'ai utilisée, mais cela ne fonctionne plus aujourd'hui !

Je n'ai pas d'enfant. Toutefois, comme je les fréquente beaucoup, je suis à même de constater ce que les parents doivent traverser comme épreuves lorsqu'ils reviennent à l'ancienne formule et découvrent que cela ne marche pas. Les enfants les testent afin de voir jusqu'où ils peuvent aller.

Cependant, ces enfants ne sont pas de sales gosses. Ce n'est pas dans leur conscience. Ils testent leurs parents afin de voir quelles sont les règles fondamentales à adopter. Jusqu'où puis-je aller ? Quelles sont les limites ? Qu'est-ce qui est important pour mes parents ? Qu'est-ce qui ne l'est pas ? Et ils vont apprendre comment négocier avec leurs proches. Aussi, si les parents adoptent le principe de la *négociation*, ils seront tous au diapason.

Il est tout à fait ahurissant de les voir agir. Il est réjouissant de les voir confrontés à des parents consciencieux qui les aiment et qui, certainement, ont un esprit, un corps et une âme parfaitement intégrés, grâce à l'amour.

Martin : Il sera intéressant de noter, dans les quelques années à venir, le genre de professions qui seront créées grâce à l'arrivée de ces enfants.

Tober : Et les inventions, les nouvelles façons de faire les choses !

Martin : Il semble que les anciennes professions (médecins, avocats, pompiers, etc.) ne feront plus partie des choix disponibles. (rires).

Tober : En effet. Tout cela va véritablement nous amener à penser et à agir différemment.

Martin : Avez-vous été contactée par beaucoup de parents vivant avec des enfants indigo ?

Tober : Nous avons reçu un tas de lettres de parents qui furent très excités en lisant cet ouvrage et en prenant conscience que leurs enfants étaient peut-être des indigo. Lorsqu'ils commencèrent à appliquer les principes dont nous parlons, ils rencontrèrent un vif succès dans l'éducation de leurs enfants. Ils s'aident mutuellement. Ils se contactent sur Internet, échangent entre eux des solutions ou des idées, et proposent d'autres approches.

Je pense que c'est ainsi que les choses fonctionneront. Les parents vont s'engager davantage et créer des groupes de soutien au sein desquels ils pourront s'entraider mutuellement, puisque c'est ce que nous créons peu à peu qui nous permet d'avancer.

Martin : Voilà des observations pleines de bon sens.

Tober : Oui.

Martin : Remarquez-vous une plus grande prise de conscience chez les thérapeutes ?

Tober : Si ces gens honorent leur processus intuitif, oui. Et, bien sûr, dans ce domaine, quantité de conseillers honorent leur cerveau droit, siège de l'intuition.

Martin : Parlons maintenant de Kryeon. Quel est son message ?

Tober : Que nous créons notre propre réalité et que l'amour est tout. Cela résonne de façon tout à fait « inhabituelle ». Je parie que vous n'avez jamais entendu parler de ces choses auparavant. (rires)

Martin : Oh, une fois ou deux ! (rires)

Tober : Le message de Kryeon représente, fondamentalement, la Vérité universelle. Nous travaillons beaucoup avec les changements terrestres. Une bonne partie du travail que nous avons effectué consistait à nous débrouiller pour franchir le nouveau millénaire et changer la conscience que nous avions de cet événement, qui inspirait énormément de craintes.

Martin : Une grande peur.

Tober : Et il nous était nécessaire de la contrecarrer en honorant le pouvoir qui nous a été accordé par Dieu – savoir qui nous sommes et quel pouvoir nous est accordé – et en réalisant que nous pouvons créer une masse critique où l'*amour* dirige tout.

Suffisamment de personnes entendirent ce message, prièrent

sans relâche, méditèrent et visualisèrent notre planète entourée d'amour et de lumière pour que la Terre puisse traverser ces changements avec un minimum d'inconfort.

L'essentiel de la tâche de Kryeon consiste à réaligner le champ magnétique terrestre et à préparer ce que l'on appelle l'Ascension. Son œuvre vise à nous amener à prendre conscience que nous vivons sur cette planète en qualité de cocréateurs avec l'esprit. Nous sommes les grands anges d'or qui travaillent tous à un gigantesque chef-d'œuvre.

Martin : Eh bien, nos lecteurs peuvent facilement s'identifier à ce message ! Comment votre discours a-t-il été reçu aux Nations unies ?

Tober : Nous y avons été invités à trois reprises ; cela a représenté quelque chose de très surprenant pour nous. Nous avons organisé notre réunion dans l'une des plus petites salles, celle de la Société pour l'illumination et la transformation. Il s'agit là d'une des organisations créées pour les membres désirant pratiquer la méditation.

Il s'agit donc d'un groupe de moindre importance constitué de soixante-quinze personnes environ, et nous sommes toujours étonnés, lorsque nous nous trouvons au milieu de ce groupe, de constater que nous sommes dans une enceinte où les principaux traités entre États et gouvernants ont été signés. Et nous voilà donc, dans cette salle, parlant d'extraterrestres, jetant l'idée d'un Conseil des anciens des peuples autochtones du monde entier et discutant du projet HAARP (*High-Frequency Active Auroral Research Project*).

Martin : Oui, ce sujet nous est familier.

Tober : Nous fûmes honorés aux Nations unies et nous y avons toujours été les bienvenus.

Martin : Bon, revenons aux indigo. Qu'aimeriez-vous fournir comme sujet de réflexion à nos lecteurs en ce qui a trait à cette injection d'une nouvelle énergie sous la forme de ces enfants ?

Tober : Si vous entendiez frapper à votre porte, que vous l'ouvriez et aperceviez un grand Maître sur le seuil, vous seriez empli de joie et extrêmement excité ! Et vous inviteriez ce Maître à entrer. Puis, vous prendriez probablement place sur un siège. Vous le remercieriez de sa visite et lui demanderiez, plein d'espoir : « Que souhaitez-vous que j'apprenne ? Comment puis-je vous aider et comment puis-je aider notre planète ? Quelle sagesse souhaitez- vous partager avec moi ? »

Voici comment honorer les indigo !

Martin : Quelle bonne façon de terminer. Soyez remerciée pour cette interview « inspirée » et pleine de profondeur. Nos lecteurs l'apprécieront pleinement et je suis sûr que certains parmi eux vous contacteront !

The Spectrum
Interview dirigée par Rick Martin
Las Vegas, NV 89117
Tél. : (877) 280-2866
Site Web : www.spectrumnews10.com

Jan Tober est la coréalisatrice des grands séminaires mensuels de Kryeon. Elle est aussi le channel de Tobias, membre du cortège de Kryeon et du Conseil des 33.

Jan Tober
The Kryon Writings, Inc.
1155 Camino Del Mar, Suite 422
Del Mar, CA 92014
Courriel : kryonemail@aol.com
Site Web : www.kryon.com/jantober

CHAPITRE DOUZE

La recherche de la sagesse autochtone

Marc Vallée et Woody Vaspra

Quelques mots de Lee Carroll

Si vous lisez la déclaration de la page 274 faite par Kryeon aux Nations unies en 1998, vous connaîtrez le sujet de ce chapitre. Alors que tant de grands élans humanitaires semblent s'évanouir dans le temps ou sont classés dans la catégorie « Bonne idée, mais laissons les autres l'appliquer », le fait de considérer désormais les peuples autochtones de la Terre comme des aides possibles dans un monde de haute technologie est activement en marche à l'instant même où vous lisez ces lignes.

Marc Vallée et sa sœur, Martine, sont les éditeurs canadiens de la version française des livres de Kryeon publiés dans le monde entier. Ils étaient ensemble dans la salle des Nations unies lorsque ces mots furent prononcés par Kryeon. Ces mots émurent profondément Marc, qui créa la *Fondation Convergence*. Il s'agit d'une organisation encore toute jeune visant à l'édification d'un réseau de personnes motivées et dotées d'un haut niveau de conscience qui verront à proposer des choix meilleurs à la société – provoquant ainsi une masse critique qui aura des effets positifs et durables dans les domaines de la politique, de l'économie et de l'écologie.

Selon quelle méthode ? Le plan consiste d'abord à contacter les personnes les plus sages de la planète et à se connecter à elles. Marc est convaincu (tout comme moi) que ces âmes pleines de sagesse peuvent être trouvées parmi les Sages des peuples autochtones de la Terre.

La mission consiste à acquérir une partie de la sagesse de ceux qui n'ont jamais coupé leurs liens profonds avec la nature. D'après un certain dicton, lorsqu'un homme se sépare de la nature, il provoque une brisure en lui-même. Partant, afin de permettre à chacun d'atteindre la prochaine étape de l'évolution humaine, Marc cherche à faire évoluer la conscience, guidé en cela par ceux qui sont les plus proches de la nature.

Il n'est pas seul dans cette entreprise. À peu près au même moment, mais indépendamment de son action, Woody et Catie Vaspra, originaires du Colorado, décidèrent de quitter leur emploi et de consacrer leur temps à contacter les Sages de la planète. Objectif ? Créer une fondation à but non lucratif : le Conseil mondial des Sages (CMS), dont la tâche consisterait à nous aider dans un cadre identique à celui que Marc s'était donné – constituer une masse critique de conscience élevée en provenance de ceux qui ne s'en étaient jamais départis.

Ces trois personnes ont voyagé dans le monde entier à la recherche des Sages, et elles sont très intéressées par l'accueil qui sera accordé à leur démarche. La plupart de mes lecteurs sont américains et canadiens. Quelle est, à votre avis, l'opinion des Indiens américains et canadiens à propos de leurs terres ? Quel serait, selon vous, leur accueil si nous pénétrions sur leurs terres pour obtenir leur aide ?

La réponse devrait accélérer votre rythme cardiaque. Si vous lisez ces lignes, vous avez lu les déclarations de Kryeon à propos du pardon, d'une nouvelle énergie qui se répand sur cette planète, et sur les peuples autochtones de la Terre qui possèdent une connaissance quant à la façon dont ces différents éléments se mettent en place.

Marc, Woody et Catie ont déclaré que lorsqu'ils présentent leurs idées aux Sages, ces derniers leur répondent : « Vous étiez attendus. » Que ce soit au Canada, aux États-Unis, au Pérou, en Côte d'Ivoire ou dans les cercles intérieurs des peuples autochtones des îles Hawaii, la réponse a toujours été : « Vous étiez attendus. » Chez les Sages authentiques et sincères, l'essentiel de ce que nous leur avons fait et de ce que nous leur avons pris a été oublié. Leur sagesse concerne dorénavant la manière dont nous pouvons travailler ensemble et rétablir les liens avec notre mère la Terre, ce dont l'humanité a grandement besoin aujourd'hui. L'énergie que nous ressentons en prenant place à côté de ces Sages nous fait comprendre à quel point nous avons grand besoin d'eux !

Un beau jour, Woody et Catie rencontrèrent Marc. Ils partagèrent leurs idées et leurs expériences et ils travaillent désormais ensemble. Peuvent-ils créer une différence ? Cela dépend de vous.

Chers lecteurs, prenez quelques instants pour examiner le travail effectué par ces gens bien intentionnés en lisant les quelques pages suivantes. Peut-être se trouvera-t-il parmi vous quelqu'un qui souhaitera apporter sa contribution à la tâche accomplie par Marc, Woody et Catie. Peut-être attendiez-vous qu'un tel événement se produise afin de pouvoir apporter votre aide, de quelque façon que ce soit ? Et si ce n'est pas le cas, peut-être pourrez-vous les inclure dans vos méditations et visualisations lorsque vous enverrez de l'énergie à la Terre et à l'humanité. Votre énergie et vos visualisations ont une importance beaucoup plus grande que vous ne le pensez.

Il s'agit là de pionniers de la nouvelle énergie. Ce sont des explorateurs des jungles vierges de l'inconscient. Ils construisent un pont indispensable pour traverser l'abîme séparant l'ancien du nouveau – mais nous sommes ceux qui doivent traverser ce pont.

Je vous présente mes amis : Marc Vallée ainsi que Woody et Catie Vaspra.

« Jamais moment ne fut plus favorable à la création, dans ce bâtiment, d'un Conseil mondial des Sages, un Conseil consultatif formé d'autochtones de cette planète. Et nous vous déclarons que la conscience de cet immeuble le soutiendra. De même que celle des peuples. La conscience de la planète vous incite à cette réalisation. Il s'agit de l'étape logique suivante – et lorsque vous présenterez cette réalisation, présentez-la d'abord au public, car lui vous soutiendra. »

Kryeon aux Nations unies – 1998

Aider le monde à s'éveiller

grâce à la sagesse traditionnelle autochtone.

Marc Vallée

En ma qualité d'éditeur de livres portant sur la spiritualité (dont la série Kryeon en français), j'ai été amené à lire des enseignements importants ayant trait au potentiel créatif dont disposent les individus afin de façonner leur propre réalité. Ceci m'a permis de voir que l'application de ce principe sur le plan collectif inciterait l'humanité à choisir consciemment le monde dans lequel elle souhaite vivre.

Au cours des deux dernières années, j'ai été impliqué dans les activités de la *Fondation Convergence*, dont un des buts consiste à regrouper des organismes œuvrant dans le même sens en un réseau d'information à grande échelle. Il s'agit pour la Fondation d'amener une masse critique de personnes ayant une conscience élevée à exercer une réelle influence sur les choix de société actuels.

Afin d'atteindre cet objectif, la Fondation Convergence a élaboré une stratégie fondée sur une constatation : en voulant dominer la nature, l'individu se sépare du lien essentiel qui l'unit à sa mère la Terre et se coupe de lui-même et des autres. Sur le plan collectif, cette attitude est à la base d'un bon nombre de problèmes qui sévissent actuellement un peu partout sur la surface du globe. Afin que l'humanité puisse trouver l'unité et vivre en paix dans un environnement viable à long terme, il est important que ses choix s'établissent dans le cadre d'une nouvelle relation entre l'individu et la nature.

La civilisation occidentale semble avoir perdu cette capacité d'entrer en résonance avec la nature et de s'harmoniser avec elle. Par contre, les peuples autochtones ou peuples des Premières Nations ont su cultiver cette habileté et conserver cette sagesse tout au long de leur évolution. Lorsque je lus pour la première fois le channeling de Kryeon aux Nations unies, en 1998, déclarant que le moment d'impliquer les peuples autochtones au sein de l'ONU était venu, je me suis véritablement senti inspiré par cette idée. Celle-ci a fait son chemin et a pris une forme particulière au sein de la Fondation Convergence.

Les voies suivies par l'Occident ont conduit l'humanité à vivre de façon autodestructrice. À la Fondation, nous croyons sincèrement que de nombreuses valeurs et traditions en vigueur chez les peuples autochtones sont fondamentales pour notre survie. La Fondation souhaite recueillir et étudier précisément les enseignements et les traditions des peuples autochtones du monde entier qui pourraient avoir des répercussions positives dans la société moderne et sur l'environnement. Les méthodologies utilisées dans la recherche veilleront à préserver le caractère authentique et à transmettre de façon intégrale les informations reçues.

Afin de présenter la Fondation Convergence dans son contexte actuel, voici un descriptif de sa mission, des moyens d'action dont elle dispose et de ses partenaires. Nous espérons vivement que l'intention à la base de la Fondation et les buts qu'elle poursuit vous rejoindront dans votre engagement à instaurer la paix et l'harmonie sur notre planète sacrée.

Mission

La Fondation Convergence est un organisme à but non lucratif voué à la coopération entre les peuples autochtones et les sociétés industrialisées dans le but de participer au rétablissement de l'équilibre de la biosphère et à l'amélioration de la situation socio-économique et politique de tous les habitants de la planète.

La Fondation Convergence vise en particulier à revaloriser la culture et la sagesse des peuples autochtones et à donner une voix à leurs représentants par rapport aux choix de sociétés actuels.

Moyens d'action

Le Centre d'étude

Le Centre d'étude se consacre à la recherche et à l'étude des valeurs, des enseignements et des traditions en vigueur chez les peuples autochtones du Canada et du monde entier qui pourraient avoir un impact positif dans la société moderne et sur l'environnement. Le Centre verra à diffuser les résultats de ses recherches dans des publications, au cours du colloque Convergence et par l'entremise des médias et de leur réseau. Des ateliers et des stages seront également mis sur pied.

Le colloque et l'événement Convergence

Convergence est un lieu d'échanges qui réunit des conférenciers, des sages, des auteurs et des artistes en provenance des différentes nations autochtones du Canada et d'ailleurs. Des Occidentaux participent également à cet événement en témoignant de leur vécu au sein de ces sociétés dites traditionnelles. L'objectif de cet événement consiste à présenter au public les valeurs, les enseignements et les traditions en vigueur chez les peuples autochtones qui pourraient avoir un impact positif dans la société moderne et sur l'environnement.

Le réseau Convergence

La Fondation se propose de créer un réseau d'information comprenant des individus et des organisations partageant des objectifs similaires. Elle envisage par la suite de créer des liens entre ces groupes et de les réunir afin qu'ils puissent partager leurs connaissances et leurs expériences et entamer des actions communes.

Partenariat

Le Conseil de la Terre

En tant que représentante au Québec du Conseil de la Terre (*Earth Council*) présidé par Mikhaïl Gorbatchev (Russie) et Maurice Strong (Canada), la Fondation Convergence s'occupe de la diffusion et de la promotion de la Charte de la Terre, un document qui établit les principes fondamentaux d'une éthique globale qui dirige l'humanité vers un avenir durable et la motive en ce sens tout au long de son cheminement. La Charte de la Terre sera présentée aux Nations unies en 2002 afin d'être approuvée par ses membres.

L'Institut interculturel de Montréal

Partenaire de la Fondation Convergence, cet institut est un centre de recherche, de formation et d'éducation interculturelles voué, depuis 35 ans, à la promotion du pluralisme culturel et d'une nouvelle harmonie sociale.

Votre soutien financier est et sera grandement apprécié !
Vos dons ou votre abonnement d'un an (30$) au bulletin *Convergence* permettront à la Fondation Convergence de mieux poursuivre ses objectifs.

Fondation Convergence
1217, av. Bernard Ouest
Bureau 101, Outremont (Qc)
CANADA, H2V 1V7
Tél. : (514) 279-0911
Téléc. :(514) 276-4121
E-mail : fconver@cam.org

Un voyage sacré
Le Conseil mondial des Sages

par Woody Vaspra

Prologue – Rencontre avec le premier Sage

Le 21 août 1999, ma femme Catie et moi-même participions à une réunion en compagnie d'autres amis, dans les montagnes rocheuses, juste au nord de Woodland Park, dans le Colorado. Nous sortions d'un *tepee* où nous avions participé à une cérémonie des tambours et à une séance de méditation plus tôt cet après-midi-là. Soudain, on me demanda de me rendre au bâtiment principal pour prendre un appel téléphonique. Mon correspondant était un ami récent, un Indien d'origine hopi, shoshone et choctaw. Il me déclara qu'il venait juste d'avoir une conversation avec un Sage hopi (*Grand-père*) et qu'une réunion avait été organisée pour le mercredi suivant – à quatre jours de là. Je répondis immédiatement que j'y serais dès le mardi. À la fin de cette conversation, Catie et moi ramassâmes nos affaires et rentrâmes à Boulder, Colorado, afin de nous préparer pour notre nouveau voyage.

Ma femme et moi avions rencontré cet Indien en mai 1999, par l'intermédiaire de l'une de nos amies rencontrée un an auparavant à l'occasion d'une retraite organisée à Breckenridge, Colorado, sur le thème du « retour ». C'est ainsi que j'appris que j'avais un frère spirituel hopi et que je pris conscience que nous avions grandi ensemble au cours d'une incarnation précédente. Nous partageâmes une énergie très spéciale et sûmes aussitôt que quelque chose de particulier allait se dérouler dans un futur proche.

Le lundi, nous prîmes la direction de l'Ouest vers Grand Junction, Colorado, puis pénétrâmes dans la partie occidentale de l'Utah. Nous nous dirigeâmes ensuite vers le Sud, soit l'extrémité nord-est de l'Arizona. Cette journée fut longue et très chaude, et nous décidâmes de passer la nuit au camping de Devil's Canyon, à Blanding, Utah. Cet arrêt de nuit nous fut très profitable et nous permit de nous relaxer et de nous ancrer profondément avec notre mère la Terre. Les deux jours précédant ce voyage avaient été extrêmement trépidants.

Le jour suivant, nous continuâmes en direction du sud de l'Arizona, puis vers Hopiland et Hotevilla. En entrant dans Hopiland, nous suivîmes soigneusement les directions qui nous avaient été fournies par nos amis. Après avoir manqué une route et fait demi-tour, nous reconnûmes finalement leur fourgonnette grâce à leur plaque d'immatriculation. Nous nous installâmes dans une modeste demeure appartenant à une amie. Il s'agissait d'une maison très caractéristique de cette région ne possédant ni eau courante ni électricité. On puisait l'eau dans des tonneaux ayant servi à recueillir les pluies précédentes, et l'électricité était fournie par des panneaux solaires installés sur le toit. Les toilettes se trouvaient dans un autre bâtiment, à environ trente mètres de la maison. Néanmoins, il se dégageait de cet endroit une impression très spéciale. On pouvait ressentir la connexion entre notre mère la Terre et toutes les personnes de notre groupe. Nous nous sentîmes honorés d'être à Hopiland avec nos amis.

Une fois installés, nous commençâmes à parler de notre récent voyage à Hawaii. Catie et moi avions participé à la Conférence des peuples autochtones du monde sur l'éducation, à Hilo, Hawaii. Nous avions également rendu visite à ma mère et à ma famille à Oahu, et assisté à des cérémonies hawaiiennes très particulières à Pu'u Ko'hola Heiau sur la « grande île ». Nos discussions se prolongèrent fort tard dans la nuit. Nous étions excités au plus haut point et remplis d'impatience dans l'attente de notre visite du lendemain au *Grand-père*, le Sage hopi.

Le matin suivant, nous nous dirigeâmes en voiture à Hotevilla et prîmes les arrangements nécessaires afin d'organiser notre rencontre à deux heures cet après-midi-là. Ceci nous fournit l'occasion de visiter Prophecy Rock et de préparer cette réunion. Cette visite à Prophecy Rock fut très spéciale et le message sur la pierre était très clair. Il y était écrit que l'humanité peut choisir entre deux directions : l'une, représentée par la destruction de l'espèce humaine, et l'autre, qui consiste à vivre en harmonie et dans l'amour. Ce site sacré est vraiment imprégné d'une énergie spirituelle impossible à décrire.

Vers deux heures de l'après-midi, *Grand-père* fit son apparition à la maison, comme prévu. Nous effectuâmes les cérémonies habituelles qui m'avaient été enseignées un mois plus tôt par un ami de Hawaii et nous lui offrîmes des cadeaux, en signe de respect. Puis, nous nous assîmes et commençâmes notre discussion au sujet d'un voyage sacré qui devait impliquer les Sages des peuples autochtones de l'ensemble de la planète. Nous fîmes au *Grand-père* une brève description de ce voyage afin de lui expliquer la raison pour laquelle nous avions organisé cette réunion. Une fois mon message traduit en hopi, *Grand-père* nous fournit une réponse qui fut traduite en anglais et il m'apparut que l'œuvre que j'étais en train de présenter figurait dans les prophéties ! En entendant cette réponse, j'eus la confirmation extraordinaire que ce voyage sacré que nous entreprenions afin de mettre sur pied un Conseil mondial des Sages représentant les peuples autochtones était réellement justifié. Catie et moi échangeâmes un regard et sûmes tous les deux que nous allions dans la bonne direction.

Au cours des deux heures suivantes, nous discutâmes des concepts de base d'un Conseil mondial des Sages. À un certain moment, nous demandâmes au *Grand-père* s'il serait intéressé de participer à ce Conseil. Il répondit avec enthousiasme qu'il souhaitait en être membre, mais qu'il lui était nécessaire de rester près de sa terre. Il était préoccupé par le fait d'avoir à voyager sur de longues distances qui le tiendraient éloigné de chez lui trop longtemps. Tout au long de l'après-midi, cette réunion se déroula en langage hopi, traduit ensuite en anglais. Finalement, son gendre déclara que *Grand-père* considérait cette réunion comme extrêmement sacrée, raison pour laquelle elle devait se dérouler dans la langue hopi. Lorsque nous entendîmes ce propos, nous nous sentîmes honorés par cet acte spirituel. Après avoir eu une merveilleuse discussion, nous échangeâmes quelques plaisanteries et mîmes fin à notre réunion. Nous nous dîmes adieu et *Grand-père* nous quitta en compagnie de son interprète.

L'impression qui nous submergea alors dépassait tout ce que nous avions vécu. Nous étions tous euphoriques, mais, beaucoup plus important encore, cette réunion nous offrit un très puissant éclaircissement concernant la tâche à laquelle nous devions nous atteler. Nous ressentîmes tous très profondément la présence du Grand Esprit durant cette réunion et eûmes la conviction qu'une confirmation de la valeur de notre tâche nous serait adressée d'une façon ou d'une autre.

Mon frère hopi sortit sur le porche de la maison pour profiter de l'air frais. Puis, il rentra tout excité, nous demandant de venir voir ce qui se passait. Lorsque nous sortîmes de la pièce, nous aperçûmes un spectacle qu'aucun d'entre nous n'avait vu auparavant : deux arcs-en-ciel pleins offraient leurs couleurs brillantes d'un point de l'horizon à l'autre. Ils restèrent ainsi pendant trente bonnes minutes. Nous savions que le Grand Esprit nous envoyait alors un message de confirmation ayant trait à ce voyage sacré.

Le matin suivant, Catie et moi ramassâmes nos affaires, chargeâmes notre véhicule et fîmes nos adieux à nos amis, les remerciant pour cette expérience tout à fait merveilleuse. En quittant Hopiland, la police de la réserve Navajo était en train d'établir des barrages sur la route, nous rappelant qu'une lutte se déroulait toujours dans cette région entre les peuples autochtones et le gouvernement.

Que se passe-t-il et pourquoi maintenant ?

Quelles forces nous avaient permis d'organiser une réunion avec un Sage hopi ? Quelle inspiration avait déclenché un tel voyage sacré ?

Le monde entier est en train de s'éveiller, à la fois au sein de la société moderne et parmi les peuples autochtones. Ces derniers ressentent les changements majeurs d'énergie qui se déroulent – pas seulement sur cette planète, mais également dans tout l'univers. Les Sages spirituels des peuples autochtones ressentent intensément ces transformations et sont prêts à agir. Lorsque nous rendons visite aux Sages eux-mêmes, nombreux sont ceux qui nous disent d'un ton grave : « Le moment est maintenant venu pour que se réunissent les Sages et que les peuples s'unissent et guérissent notre mère la Terre. » Chaque fois que nous entendons ces paroles, nous frissonnons, mais cela nous confirme également que les prophéties et les channelings sont extrêmement précis.

D'ores et déjà, les Sages autochtones organisent de multiples activités, et ce, sur plusieurs continents. De nombreuses religions commencent à se rencontrer dans le but d'atténuer leurs différences et travaillent ensemble pour le bien de l'humanité. Quiconque examinerait notre planète actuelle avec un peu de recul se rendrait compte que Jésus et les autres grands maîtres agirent exactement de la même façon pour convaincre les êtres humains que l'amour est l'outil le plus puissant de l'univers.

Nous savons tous intuitivement que l'époque que nous vivons est très particulière, qu'elle est en soi une étonnante occasion de croissance personnelle et universelle. Nous vivons les changements de notre monde et constatons l'accélération de la fréquence des synchronicités dans notre vie. Lorsque nous écoutons avec nos cœurs, nous prenons conscience du lien qui nous unit à toutes les entités de l'univers. Le voile se lève. Chacun d'entre nous constate intérieurement un réveil de sa sagesse. Tout ceci est en complète contradiction avec ce que nous pensions être vrai et qui se désagrège peu à peu. La période de transformation longtemps attendue est là. Les peuples autochtones savent que nous ne faisons qu'un avec le Créateur et que nous sommes nous-mêmes de puissants créateurs. Les Sages peuvent nous apprendre à nous rappeler qui nous sommes ainsi que le rôle de l'humanité sur terre. Il s'agit du temps et de l'énergie dont nous avons souhaité être partie intégrante. C'est le moment de rejoindre notre famille. « *Mitakuye Oyasin* » – nous sommes tous liés les uns aux autres.

Procéder à l'instauration de la paix universelle grâce à notre sagesse intérieure et à celle des Sages, conjointement au pouvoir de cocréation, représente un défi colossal exigeant l'intention pure de chaque membre de la famille humaine. Chacun de nous doit réaliser et exercer son don de libre arbitre. C'est aussi le moment pour chaque être humain de réclamer ses potentialités individuelles et de les utiliser. Cette action doit partir du cœur de chaque être humain. Il s'agit d'une entreprise spirituelle et nous avons tous la capacité de créer une conscience spirituelle susceptible d'affecter la planète. Jamais époque ne fut plus appropriée afin que tous les peuples de la Terre s'unissent dans l'amour, la paix et l'harmonie.

Communication spirituelle grâce aux prophéties et aux channelings

L'histoire de l'humanité fut jalonnée par de nombreux événements qui annonçaient la réunion des anciens autochtones et l'unification des peuples de la Terre. Récemment, il y eut des channelings et des prophéties, comme il y en eut bien d'autres depuis plus d'un millier d'années, confirmant que le moment est venu d'organiser cette assemblée des Sages. Il est temps de former des conseils dont la tâche consistera à faciliter l'avènement de l'amour, de la paix et de l'harmonie dans le monde. Un appel à l'aide subtil se répand sur l'ensemble de la planète afin de mettre en valeur des vérités qui ont été dissimulées au cours des âges. Les peuples autochtones sont présents sur cette planète depuis des milliers d'années ; ils savent se connecter et vivre en harmonie avec notre mère la Terre et comment garder ouverte la connexion avec l'Esprit. Le monde occidental a perdu cette connexion, mais beaucoup de personnes prennent conscience que cette situation ne se prolongera guère davantage. Nous devons agir, car la réponse se trouve sur cette planète.

De nombreux peuples autochtones ont transmis des prophéties et des visions au cours des âges, visions qui nous expliquent que le moment est venu de procéder, sagement et en harmonie, à la réunification de tous les peuples de la Terre et de rétablir la connexion avec notre mère la Terre. Cette sagesse fut tenue secrète lorsque l'homme blanc mit le pied sur le rivage d'innombrables pays. Il est temps maintenant que cette sagesse réapparaisse et soit partagée par tous les peuples de la planète. Un saint homme de la tribu des Lakota (Sioux) appelé Black Elk (élan noir), eut une vision épique à l'âge de neuf ans au sein de laquelle il vit l'unification de tous les peuples de la planète. En voici un court extrait :

Le cercle sacré de mon peuple n'était que l'un parmi de nombreux cercles qui constituaient un immense cercle s'étendant de l'aube au couchant et au centre duquel se trouvait un puissant arbre en fleurs abritant tous les enfants d'une mère et d'un père.

Regardez ce cercle sacré, car les peuples lui ressembleront ; et s'ils lui ressemblent, ils posséderont la puissance parce que ce cercle est infini et qu'en son centre sont élevés leurs enfants.

(Le cercle sacré signifie que les continents du monde et les peuples de toutes les couleurs ne feront plus qu'un.)

Le message de ce Sage concerne l'amour et l'importance du cœur dans notre vie, de la paix et de l'harmonie entre les hommes et avec la Terre. Il a trait au pardon et ne porte aucun jugement. Le moment est venu de fondre la sagesse ancienne et la technologie en un équilibre harmonieux. De manière spécifique, nous comprenons que les Algonquins du Canada possèdent une prophétie reliée à cette époque particulière de choix pour l'humanité et pour la planète elle-même. Les aborigènes d'Australie, les Mayas, les Celtes, les peuples africains, les Tibétains, les Inuits d'Alaska, les Hawaiiens et les Hébreux, ainsi que de nombreux autres peuples possèdent la clé permettant de libérer l'ancienne sagesse et d'amener la vérité en pleine lumière afin que tous puissent la partager.

Ils sont les fidèles gardiens de la sagesse. Aujourd'hui, il est temps pour eux de se rencontrer au sein d'un Conseil traditionnel en vue de partager leur sagesse. À ce sujet, nous avons appris que les Anciens des peuples autochtones se rencontrent de temps à autre par petits groupes et créent des réseaux de relation dans ce but. En outre, les Hopi, qui sont considérés par de nombreux groupes comme les gardiens de la vérité à notre époque particulière, ont également, pendant longtemps, transmis des prophéties se rapportant aux problèmes de notre époque. À quatre reprises, ils ont pris la parole à la « Maison de Mica », c'est-à-dire les Nations unies.

Au cours d'événements plus récents, Lee Carroll, le channel de Kryeon, fut invité trois fois aux Nations unies à New York, afin de diffuser les messages de Kryeon. Au cours de deux de ces trois channelings, Kryeon mentionna la nécessité de former un Conseil des Sages des peuples autochtones afin que leur sagesse puisse concourir au bien de l'humanité. Ci-dessous, vous lirez un bref extrait du channeling de Kryeon de novembre 1996 aux Nations unies :

Maintenant, nous vous posons les questions suivantes : Si vous deviez à nouveau créer une organisation internationale comme celle-ci, vous semblerait-il raisonnable, en ces temps nouveaux du millénium qui approche, d'intégrer la sagesse des anciens de cette planète dans vos divers programmes ? Utiliseriez-vous leurs idées ou même leurs secrets dissimulés jusqu'à aujourd'hui ? Je pense que vous répondriez : « Oui, c'est une excellente idée. »

Pourquoi alors n'y a-t-il aucune place au sein de cette vaste organisation pour cette grande sagesse ? Avez-vous oublié qu'elle est à votre disposition ? Doutez-vous de sa valeur ? Sur ce continent même, les descendants des anciens autochtones perpétuent la compréhension des anciennes voix spirituelles de la Terre. Ils comprennent la nature spirituelle du pays et de la paix, la coexistence avec les éléments et l'énergie des quatre directions : le nord, le sud, l'ouest et l'est.

Ces anciens, qui peuplèrent toutes les îles tropicales, connaissaient parfaitement leurs propres ancêtres venus des étoiles ! Et les descendants humains de ces ancêtres stellaires enseignent toujours cette vérité de nos jours, dans un langage non écrit, et savent comment tout est relié à l'énergie de la Terre.

Ceux qui habitent de l'autre côté de la planète, qui allument des feux de bois pour se chauffer et qui se rassemblent autour de ces feux de façon primitive comprennent mieux que quiconque dans cet immeuble comment les choses fonctionnent réellement ! On trouve des descendants des anciens sur chaque continent, et leur savoir est identique. Saviez-vous cela ? Car les vérités sur la planète sont immuables et les principes fondamentaux sont souvent perdus pour les gens de votre époque.

Cependant, aucun de ces Sages n'est présent dans cet immeuble, car le pays où ils vivent ne leur appartient pas. Ils sont dépositaires de la sagesse la plus haute que la planète puisse offrir à l'humanité d'aujourd'hui, mais on les ignore, car ils ne représentent rien sur le plan politique.

Et nous disons que le temps est venu de réunir un Conseil des anciens, un conseil de la sagesse spirituelle ayant pour fonction de vous guider, un conseil validé par son ascendance planétaire et non par les lettres de créance des gouvernements. Si vous faites cela, tous vous en constaterez les résultats ! Il n'y a pas de meilleur moment pour concrétiser une telle idée. Peut-être se concrétise-t-elle maintenant dans la grande salle au bout du hall.

Lee fut à nouveau invité à prendre la parole en novembre 1998. À cette occasion, Kryeon réitéra la nécessité où nous nous trouvions de recourir à la sagesse des anciens autochtones (page 274).

Pourquoi un Conseil mondial des Sages ?

Le Conseil mondial des Sages (CMS) est un groupe en plein essor constitué des Sages des divers groupes autochtones dans le monde – réunis dans le but de conseiller et d'éduquer l'humanité en matière de paix mondiale. La mission du CMS consiste à rajeunir et à réactualiser l'ancienne sagesse et les connaissances sacrées et à les intégrer dans les cultures et les technologies modernes afin d'assister l'humanité et notre mère la Terre en réalisant l'unification, l'harmonie, et en créant une parfaite conscience spirituelle. Les peuples autochtones qui sont restés en contact avec notre mère la Terre comprennent que nous avons tous un rôle à jouer dans cette réunification. En conséquence, ils peuvent nous faire profiter de leur sagesse spirituelle et de leurs solutions concrètes afin de corriger les problèmes globaux que rencontre l'humanité.

D'une façon générale, les Sages possèdent une conscience spirituelle aiguë et sont en relation étroite avec notre mère la Terre. Ils font preuve de simplicité, d'humilité, de dignité et de beaucoup d'humour. Les Sages possèdent également une connaissance étonnante de notre personnalité, de nos origines et savent jusqu'où nous pouvons aller lorsque nous écoutons notre cœur et suivons notre propre connaissance intérieure. Cette sagesse a été préservée intacte, souvent dissimulée et transmise d'une génération à l'autre, jusqu'à ce qu'elle puisse être partagée dans l'énergie de notre époque très spéciale.

Quotidiennement, ils recherchaient les conseils du Grand

Esprit et de notre mère la Terre pour les aider à mieux saisir les principes de vie sur cette planète. À partir de ces enseignements, ces Sages spirituels comprirent quelles étaient les énergies et les vibrations propres à cette planète et le rapport étroit existant entre celle-ci et l'univers. Ces connaissances aidèrent les peuples autochtones à vivre en étroite symbiose avec les éléments terrestres. Ces derniers menaient une vie simple et élémentaire. Sur le plan historique, lorsqu'une société devenait trop complexe et perdait ses connexions avec le Grand Esprit et notre mère la Terre, elle s'autodétruisait et finissait par disparaître.

De nombreux peuples autochtones continuent d'être gouvernés par des Conseils des Anciens, et ce, depuis des milliers d'années. Ces peuples respectent la sagesse de leurs Anciens, qui ont une profonde expérience de la vie et des connaissances intérieures bien supérieures à celles des jeunes. Ils ont éprouvé les difficultés et les leçons de la vie et possèdent la connaissance intérieure qui exige du temps avant d'être acquise et transmise aux jeunes générations. L'histoire confirme que ces Conseils étaient composés d'Anciens qui gouvernaient leur peuple avec beaucoup de sagesse. Ces Conseils étaient créés pour maintenir la paix et l'harmonie au sein de leur propre peuple et dans leurs relations avec les autres peuples. Il s'agit là de la plus ancienne forme de gouvernement de cette planète.

Comment tout cela a-t-il commencé ?

Grâce aux anciennes prophéties des peuples autochtones et aux channelings rendus publics par Kryeon, la nécessité et la validité d'un Conseil mondial des Sages ont été reconnues. La destruction en cours de notre mère la Terre et le comportement atroce des humains les uns vis-à-vis des autres rendent évident le fait que la vie, telle qu'elle existe sur cette planète, connaît un équilibre précaire. Les peuples autochtones de cette planète ont vécu des changements douloureux et savent, aujourd'hui, qu'il faut agir. L'un des moyens d'éviter ces dangers consiste à créer le Conseil mondial des Sages des peuples autochtones.

En ce qui me concerne, des voix intérieures très fortes commencèrent à me donner quelques frissons, me disant que « quelque chose devait être fait ». Ma vie sur cette planète était destinée à accomplir une certaine mission. La façon dont cette tâche devait être réalisée impliqua de nombreuses personnes que j'avais contactées à certaines époques de ma vie et qui allaient devenir mes guides et mes mentors. Leur patience et leur compréhension m'aidèrent grandement à donner une impulsion à cette tâche. Je voudrais les remercier pour toute l'aide qu'elles m'ont apportée au cours de ce voyage.

Une idée récente s'appliquant au démarrage de ce projet m'apparut en août 1998 en parlant avec Lee Carroll, lors de la seconde retraite consacrée au thème du « Retour » à Breckenridge, Colorado. Notre discussion fut essentiellement consacrée au fait que je ressentais très fortement le sentiment d'être investi d'une mission, mais que j'ignorais ce que cela impliquerait et même la façon dont je devais commencer. Je précisai qu'en novembre 1997, je quittai Hawaii pour rentrer chez moi retrouver ma famille. Là-bas, plusieurs expériences spirituelles me guidèrent et je trouvai des réponses. À partir de ces expériences, je sus que je devais travailler en liaison avec les tribus autochtones, mais je ne possédais encore aucun détail à ce sujet. J'éprouvais le sentiment que Kryeon et Lee le savaient, mais qu'il leur était impossible de me le dire avant que je le découvre par moi-même. Après ma discussion avec Lee, je quittai les lieux de la retraite avec un mental beaucoup plus positif, convaincu que quelque chose se préparait et que je devais le découvrir par moi-même.

C'est au cours de cette retraite que je rencontrai Catie. Nous devînmes immédiatement amis, sans nous rendre compte que nos voies respectives allaient se croiser à nouveau dans un futur (pour se conclure par un mariage). Tout au long des deux mois suivants, je travaillai dur sur les propos que Lee et moi avions échangés. Puis, le voyage m'apparut plus évident en octobre 1998, lors d'une réunion organisée par Kryeon à Lakewood, Colorado. Lee me parla plus précisément du channeling de Kryeon aux Nations unies et m'expliqua la nécessité d'organiser un Conseil des Sages. Ce fut à ce moment que m'apparut clairement l'idée que j'avais à accomplir quelque chose ayant un lien avec ce qui venait d'être dit. Au cours des trois mois suivants, je lus et relus les channelings de Kryeon aux Nations unies et discutai avec Catie de la possibilité d'entreprendre cette mission. En janvier 1999, j'écrivis un mot à Lee en lui déclarant que j'avais besoin de réaliser quelque chose dans le cadre de l'organisation d'un Conseil des Sages autochtones du monde entier.

Lee me répondit rapidement que je devrais entrer en contact avec un Montréalais qui avait une vision similaire à la mienne. Cette personne était en train de créer une fondation visant au développement de la paix dans le monde. C'est ainsi que Marc Vallée et moi-même nous rencontrâmes. Marc et sa sœur Martine sont les cofondateurs et les propriétaires des Éditions Ariane, qui publient en français tous les livres de Kryeon ainsi que d'autres ouvrages métaphysiques du monde francophone.

Marc et moi communiquâmes par courrier électronique et au téléphone afin de vérifier si nous suivions bien la même voie. Nous acquîmes la conviction que nos idées étaient très proches, l'un de nos buts communs étant la paix mondiale. Par conséquent, il était nécessaire que nous ayons une discussion en tête-à-tête. Le 1er mai 1999, Marc et moi eûmes une réunion à Montréal au cours d'une conférence de Kryeon organisée par les Éditions Ariane. Pendant cette rencontre, nous découvrîmes que nous connaissions tous les deux la direction à prendre. Cependant, tout cela était absolument nouveau pour nous. Nous tombâmes d'accord pour officialiser nos deux voyages spirituels. Marc devait poursuivre son œuvre d'amener à l'avant-scène de nos choix de sociétés la sagesse autochtone, et je continuerais à me consacrer à mon désir d'organiser un Conseil de Sages. Cet accord finalisé, nous eûmes l'impression que chacun donnait à l'autre la permission de remplir son contrat – c'est-à-dire créer des effets positifs sur cette planète.

Avant notre rencontre à Montréal à la fin mars 1999, je rencontrai Jennifer Borchers qui, à cette époque, était présidente de la Société pour l'illumination et la transformation (SIT) aux Nations unies. Je lui rendis visite afin de savoir si elle détenait certaines informations susceptibles de m'aider à acquérir une vision plus claire de la façon dont le Conseil des Sages pourrait aider les Nations unies. En novembre 1998, durant le mandat de présidente de Jennifer, Kryeon communiqua un nouveau channeling aux Nations unies au cours duquel il exprima la nécessité de la création d'un Conseil des Sages. Je voulus rencontrer Jennifer afin de vérifier si elle avait quelque idée des problèmes que j'allais devoir affronter. Après lui avoir expliqué mes intentions au sujet de ce Conseil, sa réponse fut merveilleuse. Elle me déclara qu'il s'agissait d'une tâche considérable et que des obstacles importants devraient être franchis. Les Nations unies représentaient l'un d'eux. Bien entendu, Jennifer ne pouvait pas s'exprimer au nom des Nations unies dans leur ensemble, mais en ce qui la regardait, je recevrais l'appui de la Société pour l'illumination. Nous tombâmes tous deux d'accord pour nous aider mutuellement autant que nous le pourrions. Il y a encore tellement à faire aux Nations unies qu'un Conseil de Sages pourrait apporter une contribution considérable à leur lutte incessante pour la paix, l'harmonie et l'unité sur cette planète.

Qui sont les Sages ?

Au cours de nos recherches, nous avons remarqué qu'il y a généralement deux types de Sages. Le premier groupe est représenté par l'Ancien, généralement âgé de 70 à 120 ans. Il a acquis la sagesse de ses ancêtres grâce aux leçons apprises et aux expériences vécues. La plupart de ces sages furent choisis très jeunes afin de devenir ce qu'ils sont. Ils ressentent une étroite connexion avec notre mère la Terre par l'intermédiaire de la terre, de l'eau, du ciel et du feu, et ils vivent leur spiritualité chaque minute de leur existence. Liés aux énergies qui émanent de leur environnement local, ces Sages se sentent profondément concernés par la préservation de leurs sites sacrés. Ces énergies et la façon de se connecter à elles sont extrêmement importantes pour conserver l'équilibre de notre mère la Terre. Il s'agit d'un lien très profond qu'il leur est très difficile de rompre, même lorsqu'il leur arrive de quitter temporairement leur terre.

Beaucoup de ces Sages sont dépositaires des anciennes prophéties de leurs ancêtres. Ils savent que le moment est venu de les faire connaître aux peuples de cette planète et nombreuses parmi ces prophéties sont celles qui ont trait à notre époque particulière. Certaines prédisent des catastrophes pour notre planète et d'autres semblent extrêmement précises par rapport à la désacralisation en cours sur notre planète. Une bonne partie des ressources de notre mère la Terre sont extraites du sol sans aucune contrepartie nécessaire pour maintenir l'équilibre. Les Sages appellent cette contrepartie un *paiement*. Le monde occidental actuel n'effectue pas assez de paiements pour compenser ce qui est utilisé pour permettre le fonctionnement de notre société moderne. En fait, la plupart des Occidentaux semblent totalement déconnectés de leur nature profonde et de la façon dont les choses fonctionnent, et ils sont inconscients des déséquilibres qu'ils provoquent.

Les *paiements* concernent également chaque être humain sur cette planète. Les anciens croient fermement que nous sommes privilégiés de vivre sur la Terre. À chacune de nos incarnations sur cette planète, nous devons assumer des responsabilités afin d'en assurer le bien-être. Nous honorons cette responsabilité en respectant notre mère la Terre pour ce qu'elle nous accorde, à nous qui vivons ici. Pour cela, nous devons effectuer un *paiement* – c'est-à-dire remplacer ce que nous utilisons en vivant sur cette planète. Nous devons également passer suffisamment de temps à remercier notre mère la Terre pour ce privilège. L'importance d'une gratitude qui vient du cœur est une autre leçon que les Anciens nous proposent.

Beaucoup parmi eux ont vécu assez longtemps pour avoir subi les multiples souffrances endurées par leurs peuples. La perte de leur Terre sacrée et la haine de ceux qui la leur dérobèrent sont toujours profondément enfouies dans leur cœur. Cependant, nombreux sont ceux qui montrent la voie afin de pardonner ce qui a été accompli sur l'ensemble de la planète. Ils pensent qu'il existe une tâche plus importante – et qu'elle consiste à créer équilibre et harmonie avec notre mère la Terre et l'unité et la paix parmi les peuples. Le plus important est représenté par une connexion extrêmement étroite avec le grand Créateur. Beaucoup d'Anciens parlent de liberté dans le pardon. Ce « laisser-faire » de la vieille énergie et cette ouverture des cœurs permettent la libre circulation de l'amour et la guidance de l'Esprit qui nous unit tous.

Le deuxième groupe de Sages est plus jeune ; ils sont généralement âgés de 40 à 70 ans. Beaucoup parmi eux vivent toujours leur phase d'apprentissage et d'expérimentation. Ce sont ceux qui furent envoyés à l'école afin d'être éduqués à l'occidentale. Beaucoup de ces Sages modernes tentèrent, avec succès, de vivre dans le cadre de la société moderne. Mais rapidement, ils ressentirent un grand vide et un sentiment de séparation d'avec l'Esprit et notre mère la Terre. Ils finirent par rentrer chez eux afin de retrouver leurs racines, car c'est sur leur terre qu'ils connaissent à nouveau leur plénitude et leur joie de vivre. Lorsque ces Sages modernes retournèrent sur leur terre, ils se mirent à apprendre l'ancienne sagesse et l'ancienne spiritualité des Anciens. Certains d'entre eux se firent les gardiens des anciennes prophéties. Ils peuvent parler plusieurs langues et savent comment évoluer dans le monde moderne.

Cependant, alors que leur enseignement progressait, les Sages les plus jeunes découvrirent rapidement que les anciennes méthodes et connaissances avaient autant de valeur que les technologies modernes. Certains scientifiques modernes commencent à accepter ce fait alors que les anciennes connaissances refont surface lentement. En fait, l'essentiel de la technologie du monde occidental doit son existence aux peuples autochtones qui découvrirent et utilisèrent avec discernement les ressources naturelles fournies par notre mère la Terre. Les scientifiques modernes se servirent de ces connaissances pour établir les fondations de nombreuses fonctions de notre société actuelle.

Un certain nombre de ces Sages modernes ont également assumé la responsabilité de partager leur sagesse spirituelle avec le monde. Dans cet esprit, ils permettent aux autres de participer à leurs propres cérémonies afin de créer un puissant réseau d'énergie visant à soigner la planète et l'humanité. Par ailleurs, ils pensent également que le moment est venu pour tous les peuples de partager leurs connaissances, où qu'ils se trouvent sur la Terre, et d'aider les autres à reprendre leurs pouvoirs individuels dérobés ou délaissés à un moment ou à un autre. Tous les êtres humains peuvent reconquérir leur sagesse intérieure et leur spiritualité. Certains des Sages que nous avons visités se qualifient eux-mêmes de « passerelles ». Ils peuvent relier ces deux mondes et ont accepté la responsabilité d'aider le nouveau monde à retrouver paix, harmonie et amour. Ces Sages, semblables à tant d'individus qui s'éveillent aujourd'hui, se rendent compte qu'ils représentent des passerelles entre l'ancienne sagesse et le temps « présent » de l'intégration.

Comment un individu est-il reconnu et accepté comme Sage ?

Il existe d'innombrables façons d'être reconnu comme Sage. La plus simple est la reconnaissance par son propre peuple mais il y a aussi d'autres méthodes tout à fait légitimes, telles que la désignation par d'autres Sages, la progression dans la hiérarchie et le droit de naissance. On mérite ce statut, on ne l'obtient pas par élection. Il faut être très prudent devant un Sage qui s'est autoproclamé, permettant de la sorte à son ego de se manifester. La plupart des Sages estiment que leur reconnaissance par leur peuple est très importante. Quant aux peuples, ils sentent que le Sage sélectionné doit être tout à fait apte à ce travail, respecté et qu'il doit s'assurer de suivre la bonne voie. Tous les intéressés n'ont pas à emprunter une voie spirituelle pour devenir des Sages. Leur tâche peut se rapporter à de multiples domaines. Il y a ceux qui guérissent, qui prient, qui arbitrent, qui gouvernent, qui font du commerce, qui exploitent une ferme, qui enseignent, etc. Cependant, les individus requis pour la tâche qui attend le Conseil mondial des Sages doivent être de Sages spirituels.

Un Sage n'exige pas le respect : il le reçoit tout naturellement. Vous pouvez *ressentir* un Sage. Il est toujours entouré d'enfants parce que ces derniers savent d'instinct que la sagesse émane de lui. Le Sage connaît l'importance des enfants, car ce sont eux qui transmettront les enseignements, les traditions, la culture, le langage, l'histoire et la sagesse immémoriale de leur peuple.

Rencontres avec les Sages

Dès que notre décision fut prise d'organiser un Conseil mondial des Sages, des phénomènes de synchronicité se produisirent un peu partout et continuent encore à se produire. En juillet 1999, une présentation formelle fut donnée à la conférence d'été de Kryeon à Santa Fe, au Nouveau-Mexique. À notre grande surprise, la réaction fut chargée d'émotion, de nombreux représentants de peuples autochtones présents à cette conférence réagirent très positivement à ce qui leur fut présenté. Des larmes furent versées parce que cette œuvre vient du cœur, et tout le monde le ressentit ce jour-là.

Peu de temps après la conférence, Catie et moi allâmes à Hawaii pour assister à la Conférence sur l'éducation des peuples autochtones du monde entier à Hilo. Nous y rencontrâmes des Sages originaires de diverses parties de la zone Pacifique. À nouveau, ils reconnurent tous que le moment était venu de démarrer ce processus. À plusieurs reprises, lorsque j'approchais certains Sages, ils savaient déjà de quoi nous allions discuter. Nos cœurs vibraient à l'unisson avant même que nous nous rencontrions. Lorsque finalement je prenais la parole, ils m'interrompaient et déclaraient : « Nous savons déjà que le moment est venu de créer un Conseil planétaire des Sages. » Ce voyage à Hawaii nous confirma que nous étions sur la bonne voie. Après Hawaii, nous rendîmes visite aux Indiens Hopi, comme je l'ai déjà expliqué au début de ce chapitre.

À la mi-septembre 1999, notre réunion suivante se tint à Boulder, au Colorado, où Catie et moi vivions à l'époque. À nouveau, grâce aux phénomènes de synchronicité, nous apprîmes qu'un chaman de la cordillère des Andes en Équateur se rendait à l'université locale pour faire état d'une prophétie que son peuple connaissait depuis des milliers d'années. Catie et moi apprîmes que celle-ci était très semblable à une prophétie hopi : « Ceux qui vivent au centre nous unissent à l'aigle du Nord et au condor du Sud. Nous nous rencontrerons avec nos frères, parce que nous ne faisons qu'un. »

Nous entrâmes en contact avec ce chaman et lui expliquâmes l'œuvre du Conseil mondial des Sages. Il comprit immédiatement et nous invita à lui rendre visite, ainsi qu'aux autres Sages de sa région. Cependant, à notre grand étonnement, la concrétisation de cette prophétie devait se produire quelques mois plus tard. Ceci nous fournit un autre exemple frappant de synchronicité et nous convainquit de la maturité et de l'accélération du temps présent.

Quelques semaines plus tard, Catie et moi nous envolâmes pour Washington D.C. en vue d'assister à la veillée de prières pour la Terre qui se déroulait sur un mail près du monument de Washington. À nouveau, nous rencontrâmes des Sages en provenance des États-Unis et du Canada. Ils représentaient les Algonquins, les Choctaw, les Cherokee, les Delaware, les Lakota, les Mohawk, les Ojibwa, les Oneida et les Sahwnee, ainsi que beaucoup d'autres tribus en provenance du monde entier. Là encore, nous reçûmes la même réponse sereine nous confirmant que le moment était venu. À partir de ces introductions et de ces discussions, nous comprîmes tous qu'il s'agissait uniquement d'un début et que nous nous rencontrerions de nouveau à diverses reprises.

Quelques semaines après cette réunion, je me rendis dans le Massachusetts afin de rencontrer des Sages mayas du Guatemala. Deux personnes d'origine différente nous contactèrent Catie et moi pour nous inciter fortement à joindre ces Sages. Il s'agissait d'une réunion qui devait avoir un impact important et qui faciliterait la tâche du Conseil mondial des Sages.

Le matin suivant, je participai à ma première cérémonie du feu. L'énergie qui émanait des flammes dépassait tout ce que j'avais vécu jusque-là. Je pouvais sentir l'élévation spirituelle en train de se produire. Ce fut au cours de cette cérémonie très spéciale que je me découvris des liens très forts avec les Sages mayas. Après cette cérémonie du feu, j'allai vers eux et leur expliquai la raison de ma présence en ces lieux. Au cours de ces moments très spéciaux, je sus que j'avais fait la connaissance d'une sœur et d'un frère. Après la séance de l'après-midi, je les rencontrai une fois encore afin de discuter de la tâche qui nous attendait. Ils étaient tous deux parfaitement conscients de la signification de ce qui se déroulait et suggérèrent que Catie et moi-même assistions à une rencontre particulière devant se dérouler au Guatemala en février 2000. Cette réunion allait transformer la vie de ceux qui y assisteraient.

En novembre 1999, Catie et moi entamâmes une tournée de cinq semaines de la zone nord des États-Unis afin de rendre visite à des Sages de diverses nations indiennes d'Amérique. La plupart de ces Sages étaient jeunes et chacun se qualifiait de « passerelle ». Deux d'entre eux étaient les auteurs de livres ayant fait connaître la spiritualité indienne d'Amérique du Nord. Ils étaient guidés par des Sages spirituels très connus et avaient pris la responsabilité d'écrire ces ouvrages. Certains de ces Sages travaillent actuellement avec nous à la promotion du Conseil mondial des Sages partout aux États-Unis. Ils appartiennent à diverses nations : les Hunkpapa, les Oglala, les Teton, les Micmac, les Abénaquis, les Cherokee et les Ojibwa.

Deux semaines plus tard, juste avant Noël, Catie et moi nous rendîmes à Québec, au Canada. C'est là que nous rencontrâmes un Sage spirituel huron, membre d'un conseil constitué d'individus de son peuple, afin de développer les moyens (grâce à certains documents) permettant à son peuple de s'autogouverner selon ses traditions. Le gouvernement canadien collaborait avec eux dans ce but. Il s'agissait là d'une excellente occasion de revenir à l'autodétermination, voie éprouvée par le temps. Ces gens étaient en train de créer des conseils de base au sein du village.

Ces conseils consistaient en Sages spirituels qui chargeaient un autre Sage d'effectuer la liaison politique avec les autorités canadiennes. Cette façon de faire permettait d'ignorer autant que possible la politique. Le but de ces conseils visait à préserver leur culture, leur héritage, leur histoire, leur langue et à léguer leurs connaissances à leurs enfants. Ce mouvement était très important au Canada, particulièrement pour les Hurons. Il s'agissait de leur dernier village et de leur dernière chance de sauver leur identité à titre de Première nation. Des relations durables se développèrent à partir de ces premières réunions.

En février 2000, une importante série de réunions des Sages d'Amérique du Sud, du Nord et d'Amérique centrale se déroula dans divers sites sacrés mayas, organisée par Gerardo Barrios,

Carlos Barrios, Mercedes Barrios et Mariano. Ils étaient membres de la tribu Mam, soit les gardiens des connaissances. Les Sages se rassemblèrent afin d'observer la nouvelle année maya, de célébrer la dernière phase du calendrier sacré maya qui se termine en 2012 et de diriger les cérémonies en vue de favoriser le vol conjoint du condor et de l'aigle. La nouvelle année maya représentait la première des deux célébrations prévues cette année-là. Cela se produit parce que le calendrier sacré maya comprend deux cent soixante jours et fournit la possibilité de deux célébrations de la nouvelle année maya dans le cadre du calendrier grégorien.

Nous apprîmes que selon le calendrier sacré maya, le 21 décembre 2012 marque la jonction de trois des calendriers mayas. Le premier dont le cycle est de 3600 ans, le second dont le cycle est de 5200 ans et le troisième, de 67 600 ans. Avec la fin du calendrier sacré maya en 2012, les Mayas eux-mêmes ne considèrent pas nécessairement qu'il s'agit là de la fin du monde. Ils voient plutôt la fin de ces cycles comme un nouveau début, fournissant ainsi à la race humaine d'autres occasions d'accomplir des actions justes sur cette planète.

Outre ces célébrations, des cérémonies furent conduites par les Sages des deux Amériques afin de permettre la réalisation de la prophétie du Nord et du Sud selon laquelle le condor s'unit à l'aigle. D'après les prophéties mayas, il y aura des opportunités pour que les Américains du Sud rencontrent les Américains du Nord. Les deux oiseaux mentionnés dans les prophéties ont des caractéristiques différentes. L'aigle est agressif et fond sur ses proies. Il symbolise l'énergie du Nord, qui a tendance à mettre l'accent sur le mental, alors que le condor est patient et attend pour terminer le cycle de la vie. Le condor incarne l'énergie du Sud, qui a tendance à privilégier les sentiments. Lorsque ces deux oiseaux se rencontreront et voleront ensemble harmonieusement, ils créeront un équilibre. Cette unification des énergies est nécessaire pour rééquilibrer notre mère la Terre et les peuples qui l'habitent. D'autres groupes de Sages se forment également afin de permettre la réalisation de cette prophétie. Une urgence très subtile est nécessaire pour terminer cette tâche.

Les réunions de Sages se déroulèrent parallèlement aux cérémonies et durant ces réunions, on établit trois priorités :

1. Tout d'abord, les Sages ressentirent que la guérison de notre mère la Terre constituait une priorité immédiate. Celle-ci souffre et ses souffrances se ressentent dans de nombreux endroits du globe. On peut observer ces phénomènes par les changements climatiques qui affectent la planète, provoquant la stérilisation par la sécheresse de zones fertiles et une élévation anormale des températures dans de nombreux endroits. Le monde occidental connaît ce phénomène sous l'appellation de « réchauffement global » provoqué à la fois par les diverses interventions humaines et les cycles naturels de la Terre. Les interventions humaines peuvent causer une accélération de ces transformations. C'est la raison pour laquelle les Sages pensent que la guérison de notre mère la Terre est en soi la première urgence.

2. L'autre priorité énoncée par les Sages est la préservation des terres sacrées. Beaucoup de ces terres sont sacrées, car elles contiennent les diverses énergies de notre mère la Terre. Si l'on ne s'en occupe pas de façon appropriée et si l'on continue d'extirper leurs ressources naturelles, les changements qui surviendront au sein des énergies de cette zone créeront un déséquilibre qui finira par affecter l'ensemble de la planète. On doit prendre grand soin de ces régions et les respecter. Les Sages, qui sont étroitement connectés à ces terres, savent comment les soigner et peuvent nous enseigner la manière de vivre en harmonie avec notre mère la Terre lorsque nous serons prêts à les écouter.

3. La troisième priorité majeure consiste en la guérison des anciennes blessures provoquées par l'arrivée des sociétés dominantes sur les continents de l'hémisphère occidental. Les Sages estiment que nous devons guérir ces blessures et pardonner. Le moment est venu pour tous les peuples de se réunir et de se réconcilier, tout en préservant leurs différences. Nous devons mettre un terme aux guerres et à l'exploitation. Le génocide des races doit cesser immédiatement. Nous vivons une époque d'unification et de paix. Nous devons tous travailler ensemble afin de soigner notre mère la Terre et préparer l'avènement de l'ère spirituelle déjà prédite par de nombreuses personnes sur l'ensem-

ble du globe. Les Sages ressentent très fortement l'urgence de ces priorités. Davantage d'unification est en cours, mais ces trois priorités restent les plus importantes pour la survie de la planète et de ses habitants.

En définitive, les Sages spirituels pensent qu'il est essentiel de guérir les blessures de notre mère la Terre et d'équilibrer d'abord les énergies, en vue de préparer la nouvelle ère qui approche rapidement. Ils savent qu'une fois l'œuvre de guérison suffisamment amorcée, les énergies seront en place et les synchronicités surviendront afin d'apporter leur soutien à l'œuvre en cours qui apparaîtra comme un résultat naturel. Le Conseil mondial des Sages peut devenir une branche consultative des Nations unies ou des autres gouvernements mondiaux. Cependant, ceci ne pourra se produire qu'après une certaine période de mutation dans l'esprit de ceux qui œuvrent au sein des institutions de notre culture moderne. Cette tâche inclura des programmes d'enseignement basés sur l'expérience et dirigés par les Sages. Ces derniers sont particulièrement concernés par l'éducation de leurs enfants, spécialement de ceux qui naissent à notre époque, dotés d'une créativité et d'une réceptivité accrues ainsi que d'autres capacités leur permettant d'intégrer l'ancienne sagesse à la technologie moderne. Avec la sagesse des Sages, ces enfants seront parfaitement armés pour pouvoir manifester les véritables potentialités de l'humanité au cours de « l'âge du moment présent ».

Le voyage du Serpent à plumes

Il y a plus de vingt ans, Gerardo Barrios, un Sage maya, entama une quête en vue de comprendre et de confirmer l'exactitude des calendriers sacrés mayas. Il se rendit dans différents villages d'Amérique centrale à la recherche des Sages mayas les plus traditionnels, et ce, dans des régions tout à fait reculées. Il voulait savoir s'ils utilisaient tous les mêmes calendriers. À l'exception de certaines différences dans les noms et dans les termes employés, la plupart de ces calendriers se ressemblaient. En 1988, dans le cadre de cette quête, il se rendit, accompagné de neuf autres Mayas, dans un village extrêmement reculé où les Mayas traditionnels avaient consacré leur vie à entretenir le feu du temps depuis des milliers d'années. Ces gens-là alimentent ce feu jour et nuit et considèrent cet acte comme une prière pour la paix sur terre. Après cinq jours de marche dans la forêt dense, Gerardo et son équipe finirent par atteindre ce village. Les anciens savaient, grâce à leurs visions, que ce groupe arrivait. On offrit des séances de divination à ces dix Mayas et seuls cinq parmi eux furent admis dans le temple sacré du village. Gerardo était l'un d'eux.

Une fois à l'intérieur du temple, l'un des Sages prit Gerardo à part afin de lui parler en privé. Il commença par lui raconter l'histoire du Serpent à plumes (Kulkulkan), une énergie sacrée de la Terre représentée par un serpent et qui se déplace dans l'ensemble du pays. Il fallut deux autres visites à ce village pour que l'histoire soit racontée intégralement. Les Sages mayas du village expliquèrent comment cette énergie revient périodiquement et lui montrèrent sur la carte qu'il avait apportée avec lui où et quand elle était apparue. Plus tard, lorsque Gerardo entreprit des études historiques, il eut connaissance d'événements tels que le grand réveil spirituel du Tibet dans les années 50, le mouvement pacifiste contre la guerre du Vietnam dans les années 60 et l'existence de leaders tels que Martin Luther King.

Ces Sages déclarèrent que ce Serpent à plumes a l'intention de descendre vers le sud du continent américain, le long de la colonne vertébrale de notre mère la Terre, jusqu'au lac Titicaca dans les Andes, où il sera présent en 2012. Si on devait consulter une carte de l'hémisphère occidental et repérer les chaînes de montagnes s'échelonnant de l'Alaska en Amérique du Nord jusqu'au Chili en Amérique du Sud, on découvrirait qu'elles dessinent une ligne continue se déroulant du nord au sud. Cette chaîne de montagnes fut décrite comme l'épine dorsale de notre mère la Terre. Ce mouvement d'énergie doit être terminé afin de maintenir l'équilibre de notre mère la Terre. L'énergie possède également un cycle qu'elle doit suivre et respecter afin de créer l'équilibre nécessaire pour maintenir l'harmonie sur cette planète.

Cependant, ce mouvement a rencontré une barrière qui a

stoppé son avance et qui reflue vers le canal de Panama, là où le sol fut creusé et où de l'eau fut déversée en travers de l'épine dorsale des continents. Lorsque cette énergie sera bloquée, il en résultera peut-être des désastres semblables à ceux pouvant survenir lors de la fracture d'une colonne vertébrale, ce qui affecte alors le fonctionnement de l'ensemble du corps humain. Gerardo apprit que des cérémonies spirituelles devaient être organisées afin d'aider à l'écoulement naturel et harmonieux de cette énergie du Serpent à plumes. Lorsqu'il exprima son souci concernant l'ampleur de la tâche, les Sages lui dirent de ne pas s'en faire à ce sujet et que des aides apparaîtraient afin de mener ce travail à bien : celles-ci arrivèrent peu à peu au Guatemala, en novembre 1995.

La guérison de notre mère la Terre

D'autres peuples ont également exprimé leurs soucis quant à la guérison de notre mère la Terre. La tribu Witoto d'Amérique du Sud s'est trouvée en harmonie avec l'énergie du Serpent à plumes et a organisé des cérémonies dans le but de l'honorer. Ses membres sont profondément convaincus que le Serpent à plumes doit terminer son déplacement de façon à équilibrer l'ensemble de la planète.

Les Tairona, ces peuples qui habitent la sierra Nevada de Santa Marta, en Colombie, sont représentés par les Kogui, les Arahuaco, les Arsarios et les Cancuamos. Ces peuples ont tout récemment révélé leur existence et sont descendus des montagnes de la sierra Nevada afin de lancer des messages très importants sur la destruction de l'environnement de notre mère la Terre. Tout cela fut présenté dans un documentaire de la BBC réalisé par Alan Ereira en 1993 et intitulé *Du cœur du monde – l'avertissement des frères aînés*. Les Tairona se disent eux-mêmes les « frères anciens » et appellent les Occidentaux leurs « jeunes frères ». Ils pensent qu'il est de leur devoir de surveiller les montagnes qu'ils nomment le « cœur du monde ». Ils sont très inquiets parce qu'ils sentent que leurs jeunes frères sont en train de détruire l'équilibre de la planète. Leur tâche pour maintenir cet équilibre s'avère de plus en plus difficile à cause des destructions en cours. Les Tairona peuvent se rendre compte que quelque chose ne va pas dans leurs montagnes, le cœur du monde. En effet, les rivières y sont asséchées et des zones entières deviennent arides là où, auparavant, régnaient verdure et fertilité. Lorsque la montagne est malade, alors l'ensemble du monde connaît de graves problèmes.

Même lorsque la vérité aveugle les jeunes frères, ceux-ci ne comprennent généralement pas ce qu'ils sont en train d'accomplir. Sous différents aspects, les sociétés actuelles ne progressent pas mais, au contraire, régressent. Il suffit seulement d'avoir une vue d'ensemble de ce qui se passe. Jetez simplement un regard sur les guerres, les atrocités, l'avidité, les oppressions, la domination, la haine, les discriminations raciales, les mauvais traitements infligés à notre mère la Terre… Vous verrez que tout ceci dresse un tableau extrêmement sombre.

Cependant, un courant sous-jacent se fraye un chemin parmi de nombreux individus, aussi bien dans le monde moderne que dans l'univers des autochtones. Nombreux sont ceux qui estiment maintenant de leur devoir de prendre soin de ces montagnes appelées « le cœur du monde ». Ils commencent à réaliser ce qui est en train de se passer et souhaitent apporter une contribution positive. Il y a encore tant de choses positives à accomplir sur cette planète. N'est-il pas temps d'agir ?

Le voyage collectif continue

Le voyage menant à l'instauration du Conseil mondial des Sages est véritablement sacré. Il s'agit d'un voyage spirituel qui s'est déroulé pendant des milliers d'années, et chacun de nous doit provoquer sa manifestation. Il est temps de réunir les Sages spirituels autochtones de tous les continents afin d'énoncer les vérités universelles dont ils sont dépositaires. Le moment est venu de découvrir en nous cet espace de paix afin d'écouter tout simplement ce que nous savons être vrai et qui réside dans notre cœur. Il est temps de nous rappeler qui nous sommes, pourquoi nous sommes ici, et de mettre en pratique des enseignements anciens afin de restaurer équilibre, harmonie et paix au sein de l'humanité et sur notre précieuse mère la Terre.

De nombreuses personnes en provenance du monde entier s'éveillent et réagissent petit à petit aux changements qui se présentent au cours de cette extraordinaire époque. L'humanité a « franchi le seuil » et la lame de fond constituée par une énergie positive d'amour et d'espoir grossit de façon exponentielle. Pour la première fois dans l'histoire, le moment est venu pour chacun de nous de revendiquer son pouvoir et d'exercer son libre arbitre afin de soutenir la tâche de guérison pleine d'amour accomplie par les Sages. Le moment est maintenant venu pour l'humanité et notre mère la Terre de prendre leur véritable place en qualité de partenaires spirituels conscients de l'univers et de toute la création.

Ce que vous pouvez faire

Nous sommes extrêmement reconnaissants envers ces personnes formidables et courageuses qui soutiennent le Conseil des Sages en donnant de leur temps, de leur énergie et de leur argent. Bien sûr, cette tâche monumentale que nous entreprenons nécessite l'amour, les prières, l'intention pure, l'engagement sincère et l'appui financier de quantité de personnes éclairées. Une organisation sans but lucratif a été créée pour gérer les fonds ainsi que les éléments logistiques consistant à réunir les Sages et à faciliter l'expression de leur sagesse.

N'hésitez pas à contacter Catie ou moi-même pour avoir davantage d'informations concernant le Conseil mondial des Sages. Il s'agit d'un voyage du cœur activé par l'énergie d'événements synchrones et par nos contacts avec des gens comme vous. Nous aimerions beaucoup recevoir de vos nouvelles et, bien sûr, vos contributions financières seront les bienvenues et grandement appréciées.

Pour plus de renseignements, veuillez contacter :
World Council of Elders
P.O. Box 5640
Woodland Park, CO 80866
Répondeur/téléc. : (877) 750-4162
Courriel : wcoe4peace@earthlink.net

Les donations sont déductibles de vos impôts et doivent être adressées à *World Council of Elders Fund*. De même, vous pouvez visiter notre site Web : www.worldcouncilofelders.org

Woody Vaspra

P.-S. : De Lee…

Le 16 juillet 2000, à midi, à Santa Fe au Nouveau-Mexique, Jan et moi eûmes l'honneur d'assiter au mariage de Catie Johnson et Woody Vaspra, en présence des participants à la Conférence annuelle de Kryeon.

CHAPITRE TREIZE

Science

Lee Carroll

Comme vous pouvez le constater, tout un chapitre est consacré à la science dans ce livre de Kryeon. Comme pour les autres sujets, il s'agit d'une brève discussion ayant trait à ce qui s'est passé dans le domaine de la science depuis l'apparition du dernier livre et qui confirme les annonces faites par Kryeon. Comme je l'ai déjà dit, je ne suis pas un scientifique. Aussi les discussions qui vont suivre ne seront pas exprimées dans ce langage (si rassurant aux yeux de ceux qui évoluent dans ce domaine). Au contraire, il s'agit d'une tentative visant à montrer les relations entre ce que Kryeon nous a annoncé au cours de ses channelings et ce qui se passe dans le monde réel qui nous entoure. J'ai toujours beaucoup apprécié la synchronicité existant à ce sujet, et, au cours de l'année passée, la distance séparant les paroles de Kryeon des confirmations scientifiques s'est singulièrement raccourcie, ces dernières se produisant souvent après quelques mois seulement au lieu de quelques années.

Si vous avez lu les précédents livres de Kryeon, vous savez que certains channelings de haute portée concernaient des potentialités scientifiques bien précises qui furent confirmées par la suite dans ces pages. Certaines de ces communications incluaient : les *jumeaux* plus rapides que la lumière (tome IV, page 354) ; la découverte de la bactérie *Deinococcus radiodurans*, qui dévore les déchets nucléaires (tome V, page 412) ; les commentaires de Kryeon sur le big bang (qui n'en fut pas un, tome IV, page 359) ; les réflexions courantes portant sur l'activité des rayons gamma et leur signification (tome IV, page 352 et tome V, page 132) ; la façon dont se déclenchent les maladies (tome IV, page 361) et les mathématiques entourant les « glyphes dans les champs » (tome IV, page 350). Depuis onze ans maintenant, Kryeon nous rappelle sans cesse « la façon dont les choses fonctionnent » et nous invite à la découvrir.

Voici certaines des plus récentes informations depuis la publication du dernier livre de Kryeon. Je pense que les lecteurs seront particulièrement intéressés par les quatre thèmes suivants : l'ADN, la physique et le Treillis cosmique, l'anthropologie et des choses tout à fait étonnantes dorénavant reconnues par la science (mon sujet favori). Vous trouverez dans ce chapitre davantage de citations en provenance de sources scientifiques autorisées que n'importe où ailleurs montrant de plus en plus qu'en effet, chaque jour, les faits jusque-là étranges se transforment en faits scientifiques.

La recherche de l'ADN magnétique

L'ADN (acide désoxyribonucléique) est une molécule constituée de deux chaînes – des filaments de composés chimiques appelés nucléotides. Ces chaînes sont disposées comme une échelle en colimaçon ou une sorte de double hélice (spirale).

Les chromosomes sont presque entièrement faits de protéines et d'acides nucléiques et, en 1944, le bactériologiste canadien Oswald Theodore Avery prouva que l'ADN est la substance qui détermine l'hérédité. En 1953, le généticien américain James Watson et le généticien anglais Francis Harry Compton Crick travaillèrent sur la structure de l'ADN. Ils découvrirent que la molécule d'ADN est formée de deux longs filaments enroulés comme une double hélice, ressemblant, en quelque sorte, à une longue spirale. Pour faire une copie parfaite de cette molécule, les deux filaments se déroulent et se séparent. De nouveaux filaments correspondants se forment avec chaque filament séparé. La molécule d'ADN fut, en réalité, découverte par Rosalind Elsie Franklin, qui la photographia au début des années 50*.

---

* *Encarta 98 Desk Encyclopedia* et 1996-1997 Microsoft Corporation.

Ce modèle de l'ADN est resté tel quel depuis sa découverte initiale et a toujours été bien accepté par les biologistes et les biochimistes depuis presque cinquante ans. Maintenant, nous savons qu'au sein de l'ADN chimique se trouvent des « instructions vitales », et au cours de l'année 2000, nous avons finalement pu définir le génome humain, et nous sommes en train de découvrir le fonctionnement intérieur et les codes de ce puzzle merveilleux. Mais selon Kryeon, il y aurait beaucoup plus que des chromosomes et des codes vitaux génétiques au sein de cette structure.

Il y a onze ans, Kryeon nous déclara que le champ magnétique terrestre « parlait », en quelque sorte, à l'ADN. Dans ses livres suivants, il indiqua certains des mécanismes de ce transfert et nous informa que l'ADN est une sorte de machine magnétique sensible aux influences magnétiques extérieures. Il nous indiqua ensuite que des instructions magnétiques peuvent être fournies à l'ADN, de façon à littéralement éveiller les potentialités cachées qui « dorment » là, dans l'attente d'être réactivées. En 1994, il nous révéla même comment, dans le passé atlantéen, on réalisa certains ajustements magnétiques en recourant au Temple du rajeunissement d'Atlantis afin d'allonger la durée de notre existence – en utilisant l'influence du magnétisme sur l'ADN (Kryeon, tome II, *Aller au-delà de l'humain*).

À l'époque, cette information fut accueillie par des hurlements de rire en provenance du monde scientifique et fournit le prétexte à diverses attaques et à des messages provoqués par la peur de la part des métaphysiciens de l'ancienne énergie. Lorsque le premier livre de Kryeon fit son apparition sur le marché en 1993, nous nous découvrîmes, Kryeon et moi-même, de nombreux ennemis des deux côtés de la barrière – la science et la métaphysique. Comme je l'ai précédemment écrit, je m'attendais à être ridiculisé par des scientifiques, mais je ne pensais pas être attaqué par d'autres travailleurs de la lumière pour la simple raison que Kryeon parlait d'ADN et de magnétisme.

À ce jour, il existe encore certains vieux enseignements basés sur la crainte et selon lesquels la grille magnétique de la Terre représente quelque chose de maléfique par nature, le résultat d'une sorte de bataille entre le bien et le mal dans le passé. Chaque fois que je suis confronté à ce genre de réaction, je me demande si ces gens-là considèrent également que la nourriture est diabolique, que la Terre est satanique ou que la ionosphère de la planète fomente un complot des forces du mal contre l'humanité. Selon moi, ces éléments semblent n'être que la base de cette planète, et ils nous furent fournis naturellement pour nous permettre de progresser et de vivre une existence équilibrée. Je ne les considère pas comme le résultat de telle ou telle bataille mystique ni comme une fable quelconque à l'origine de la création de notre planète.

À mon avis, créer des scénarios basés sur la peur concernant les éléments de base de la Terre est un mauvais service à rendre à Gaïa elle-même et une insulte pour les peuples autochtones de la planète qui honorent la Terre régulièrement et célèbrent les champs magnétiques terrestres – l'est, l'ouest, le nord et le sud. Kryeon nous déclare que la grille magnétique terrestre fut créée à notre intention, qu'elle nous aide à composer avec notre dualité et notre illumination, et qu'elle comprend même les attributs astrologiques. Je considère l'ensemble de la nature comme quelque chose qui nous fut confié avec le plus grand amour. Mais pour certains, Kryeon doit représenter le mal cosmique du fait qu'il travaille sur la Grille magnétique terrestre (soupir).

Le monde scientifique fut beaucoup plus tendre avec Kryeon – ignorant tout bonnement chacune des choses qu'il annonçait. C'est toujours le cas aujourd'hui, et c'est la réaction attendue de la part de sources scientifiques crédibles. Après tout, les channelings ne sont-ils pas bizarres, des trucs bidon ? Ils ne sont apparemment fondés sur aucune base factuelle réelle ni sur aucune base scientifique. Même lorsque certaines des informations que nous avons annoncées commencent à se transformer en réalité, il n'est pas toujours très prudent pour les biologistes, les physiciens ou les diplômés de haut niveau de publier quoi que ce soit qui puisse être associé au nom de Kryeon. Je comprends parfaitement ceci et je l'accepte tout à fait.

La partie la plus intéressante de notre travail actuel est que nous attirons maintenant de plus en plus de diplômés et de scientifiques dans les séminaires de Kryeon, partout dans le monde ! Ce sont également des travailleurs de la lumière, vous savez – simplement, ils ne peuvent en parler à leurs pairs. Nombreux parmi ces professionnels sont ceux qui apprécient les communications de Kryeon, tout comme vous. Il m'arrive d'apprendre que certains de ses livres sont cachés au fond d'un tiroir d'un commandant de base de missiles à Huntsville (Alabama), dans les laboratoires Livermore en Californie et dans les laboratoires de recherche de l'ensemble du pays. La raison ? De nombreux possesseurs de ces ouvrages ont assisté à des séminaires de Kryeon et me l'ont dit, et la plupart d'entre eux avaient des diplômes impressionnants sur leur carte de visite.

Avant de vous faire part des dernières découvertes concernant l'ADN, je veux réactualiser deux des recommandations fondamentales de Kryeon : restez éloignés des champs magnétiques terrestres là où vous vivez et travaillez, et soyez très prudents quant à l'emploi des couvertures chauffantes (Kryeon, tome I, *La graduation des temps*, page 27).

Lorsque ces deux conseils vous furent adressés en 1989, la communauté scientifique affirma qu'il ne s'agissait pas là de problèmes réels. Comme je l'ai écrit précédemment, ces deux avertissements sont des simplifications à outrance de ce que Kryeon a expliqué à propos du magnétisme. Tous les champs magnétiques ne sont pas néfastes pour vous, mais vous devez au moins être conscients de votre environnement nocturne ou quotidien. Il faut tenir compte de nombreux types de champs magnétiques et de multiples caractéristiques.

Affirmer que les champs magnétiques sont néfastes revient à dire que l'eau l'est également. Elle l'est en effet si vous vous noyez ou si vous buvez de l'eau polluée. Autrement, elle peut également vous guérir, hydrater votre organisme et étancher votre soif. Les champs magnétiques rentrent dans cette catégorie. Vous ne pouvez aucunement généraliser et prétendre qu'ils sont mauvais en soi. S'agit-il de champs actifs ou passifs ? Puissants ou faibles ? De champs rencontrés par hasard ou sélectionnés ?

Les lignes à haute tension peuvent vous affecter de manière très grave ou pas du tout. Selon le voltage du courant qu'elles transportent et leur schéma – c'est-à-dire la façon dont les champs se combinent à l'endroit où vous vivez ou travaillez. Chaque cas est différent, mais, en général, nous sommes prévenus de la possibilité d'un problème lorsque les champs magnétiques qui entourent l'être humain sont suffisamment puissants pour faire bouger l'aiguille d'un compas.

En 1989, cette information diffusée par Kryeon fut considérée comme suspecte par le monde scientifique et beaucoup d'entre vous éprouvèrent de grandes difficultés à trouver confirmation de tout cela. Il n'existait aucune expérimentation scientifique se rapportant à la sagesse diffusée par Kryeon. Aujourd'hui, tout a changé. Je vous présente la preuve des sujets sur lesquels se penche la science. David A. Savitz, un épidémiologiste de l'université de Caroline du Nord, et Antonio Sastre, de l'Institut de recherche du Middle West à Kansas City, ont tous les deux publié les résultats de travaux passionnants :

Les deux chercheurs et leurs équipes déclarent que les personnes qui, dans le cadre de leur travail, sont exposées à des fréquences électromagnétiques élevées – des poseurs de lignes électriques ou des employés dans des centrales électriques – sont beaucoup plus sujettes aux décès par crises cardiaques provoquées par des rythmes anormaux ou des arythmies que les personnes exposées à des champs électromagnétiques de basse fréquence. De plus, les risques de décès provoqués par ces conditions augmentent proportionnellement à la durée d'exposition à ces fréquences. Savitz note également que les fréquences électromagnétiques auxquelles ont été soumis des hommes du groupe à risque le plus élevé sont au moins deux fois supérieures à celles que l'on rencontre en général dans nos maisons.

*Les chercheurs conclurent, dans l'*American Journal of Epidemiology *du 15 janvier, que ces faits « suggèrent une possible association entre les champs magnétiques et les maladies cardiaques en rapport avec l'arythmie*[1] ».

Vous souvenez-vous du conseil de Kryeon ayant trait aux couvertures chauffantes ? Bien qu'aucun fondement scientifique solide ne confirme que ces couvertures soient néfastes à votre

1. *Science News.* Janet Raloff ; volume 155 ; 30 janvier 1999 ; « Electromagnetic fields may damage hearts » ; page 70.

santé, les fabricants ne prennent cependant aucun risque. Voici un extrait du magazine *Science News*, en réponse à la question suivante : « Les effets biologiques des champs magnétiques sont encore imprécis. Quelqu'un a-t-il vérifié très précisément les couvertures chauffantes électriques[2] ? »

Plusieurs équipes de recherche ont étudié les risques susceptibles d'être encourus au cours de longues périodes d'utilisation des couvertures chauffantes. On nous a rapporté que les fabricants étaient en train de modifier le système électrique de ces couvertures afin de réduire le temps d'exposition de l'utilisateur à l'électricité et au champ magnétique.

En définitive, le magnétisme affecte-t-il la structure cellulaire ? Il semblerait que ce soit le cas, selon certains articles scientifiques déjà publiés. J'ai ignoré cette formidable question de l'ADN pendant dix ans, tout simplement parce qu'il n'y avait pas de preuve de l'impact du magnétisme sur la structure moléculaire de l'ADN. Mais l'année dernière, mon cœur a battu la chamade lorsque j'ai pris connaissance de deux découvertes différentes annoncées dans divers organes d'information. On y expliquait enfin scientifiquement comment l'ADN pouvait disposer d'une composante magnétique ou, à tout le moins, de quelle façon il possédait les caractéristiques d'un appareil de réception magnétique (Kryeon l'avait annoncé, et même dans ce livre).

Je me suis également rendu compte que je ne suis pas seul dans cette quête. Le monde scientifique recherche également les mécanismes biologiques susceptibles d'expliquer comment le magnétisme affecte les cellules :

Bien que les informations liant l'électricité et les champs magnétiques à l'apparition de cancers et autres maladies soient rares, une nouvelle revue fédérale affirme que l'exposition à ces champs « ne peut être considérée comme totalement sans danger ».

Il y a sept ans, le Congrès américain a créé un programme de recherche sur les champs électromagnétiques chargé de répandre dans le public les informations recueillies afin de découvrir les

2. *Science News.* Janet Raloff ; volume 156 ; 28 août 1999 ; « No blanket answer on EMFs » ; page 131.

mécanismes biologiques susceptibles d'expliquer l'épidémiologie liant les champs magnétiques au cancer.

Le rapport conclut que les études épidémiologiques réalisées sur des populations humaines exposées à des champs magnétiques élevés ont montré « des prédispositions constantes à un petit risque s'accroissant selon la durée d'exposition », et ce, à la fois chez les enfants leucémiques et les adultes souffrant de leucémie lymphocytaire chronique[3].

Ce que je découvris ensuite était dissimulé depuis 1998 ! Les scientifiques ont toujours été très sceptiques en ce qui concerne l'influence néfaste des champs électromagnétiques sur l'ADN. Le fait de souffrir d'un cancer à la suite d'une exposition aux champs électromagnétiques était un concept tout à fait inacceptable. Ceci s'expliquait par le fait que les scientifiques ne pouvaient admettre que les champs pouvaient provoquer des dommages dans une cellule, et ce, à distance et avec une énergie aussi faible (gauss). Aujourd'hui, on comprend enfin ce que Kryeon a toujours affirmé. Le magnétisme et les champs magnétiques terrestres n'endommagent pas les cellules ! Les champs électromagnétiques donnent des instructions aux cellules à un niveau très bas, grâce à l'ADN, et ces instructions peuvent être dangereuses. Il s'agit là de choses connues depuis longtemps par les lecteurs de Kryeon, mais soudain, la science adhère à ce concept.

Depuis six ans environ, le pédiatre oncologiste Faith M. Uckun de l'Institut Wayne Hughes de St. Paul, Minnesota, a révisé des demandes de subventions destinées à l'Institut national pour la santé de groupes étudiant l'impact des champs électromagnétiques sur la santé. Mais sans l'utilisation d'appareils de détection précis des risques provoqués par les champs électromagnétiques, elle déclare : « Je pensais qu'il s'agissait de vaudou. »

Elle avoue aujourd'hui être hantée par cette déclaration. En effet, ses dernières études montrent que les champs magnétiques d'une fréquence de 6 Hz et d'une puissance de 1 gauss provoquent une cascade d'événements créés par les enzymes des cellules. Ces

---

3. *Science News.* Janet Raloff ; volume 156 ; 3 juillet 1999 ; « EMF – Doubts linger over possible risks » ; page 12.

communications à courte distance permettent aux cellules de coordonner leur direction opérationnelle vers leur ADN[4].

Cela peut-il être plus clair ? Cet article répète exactement ce que Kryeon a toujours dit. Des événements provoqués par les cellules ? Directions opérationnelles vers l'ADN ? Il ne s'agit pas de dommages provoqués par les champs électromagnétiques, mais bien plutôt de communication interne !

Permettez-moi de vous expliquer précisément ce que je recherchais et, jusqu'à un certain point, ce que les citations ci-devant prouvent également. Au sein de l'ADN, j'ai toujours voulu trouver le « moteur » magnétique. J'ai besoin de montrer la possibilité de l'inductance (comme l'appelle Kryeon). En ma qualité d'ingénieur audio, je connais l'importance de l'inductance au sein des circuits électriques.

Je vais vous expliquer cela de façon simple. Lorsque vous avez deux champs magnétiques qui s'entrecroisent, vous vous trouvez devant une situation unique où les caractéristiques électriques peuvent être transférées par l'intermédiaire du champ magnétique, sans toucher aucun fil. Deux bobines situées l'une près de l'autre peuvent se transmettre du courant sans contact physique. Ce processus est appelé inductance. Tout ceci n'a rien d'ésotérique, car chaque jour, dans le monde, des transformateurs de toutes sortes et de toutes tailles appliquent ce principe dans des millions d'appareils. Tout ceci est bien connu et se trouve dans de nombreux appareils que vous possédez, de votre grille-pain à votre ordinateur.

Récemment, la science a accordé de plus en plus de crédit au magnétisme et aux caractéristiques électriques de notre organisme. Brusquement, elle soutient le principe de la guérison par le magnétisme (bien que pour certaines raisons, elle n'admette pas que le magnétisme non contrôlé soit mauvais pour vous !). Je recherche très attentivement les preuves scientifiques de l'inductance et les ai trouvées à diverses reprises.

---

4. *Science News.* Janet Raloff ; volume 153 ; 21 février 1998 ; « Electromagnetic fields may trigger enzymes » ; page 119.

De nombreuses informations concernant les champs électromagnétiques ont souligné l'importance des émanations en provenance des lignes à haute tension, des circuits électriques des bâtiments et des appareils électriques. Elles mettent en évidence les controverses permanentes se rapportant aux éventuels effets nocifs des champs magnétiques tels que les perturbations du sommeil, les altérations du rythme cardiaque et les cancers. Cependant, alors que ces risques ont fait les grands titres, les champs magnétiques et électromagnétiques sont négligés par la médecine.

Au cours des vingt dernières années, la FDA (Food and Drug Administration) a approuvé le recours aux générateurs de champs électromagnétiques pour deux usages médicaux. Les appareils sont fréquemment utilisés pour traiter les fractures des os qui ont cessé de guérir. Le traitement par champs électromagnétiques est également de plus en plus appliqué pour souder des vertèbres chez les personnes ayant des problèmes dorsaux incurables.

Les plus récentes techniques permettent à ces champs d'être délivrés dans des électrodes en contact avec le corps. « Il s'agit là de la plus importante avance thérapeutique de ces dernières années », rappelle Arthur A. Pilla, un biophysicien de l'École de médecine du mont Sinaï, à New York. Il explique que les plus récents appareils transfèrent l'énergie d'un champ magnétique dans l'organisme à partir d'une bobine enroulée autour de l'organisme, sans être en contact avec la zone traitée[5].

Comment ? Sans toucher le corps ? Comme c'est étrange ! Appelez vite un prêtre et un exorciste ! Oups, il faut laisser faire, c'est de la science maintenant. (Je plaisante… ne m'envoyez pas de lettres de protestation.) C'est exactement ce que je recherche – une bobine entourant une zone blessée. C'est cela, l'inductance ! Mais alors, comment le corps peut-il recevoir ces soins ? Il est absolument nécessaire que quelque chose au niveau moléculaire reçoive l'information en provenance de la bobine située à l'exté-

5. *Science News.* Janet Raloff ; volume 156 ; 13 novembre 1999 ; « Medicinal EMFs » ; page 316.

térieur du corps. Y en a-t-il parmi vous qui utilisent ce potentiel d'inductance (confirmé dans l'article de la page précédente) dans leurs pratiques métaphysiques ? La prochaine fois que vous le ferez, souvenez-vous de la technique de guérison ci-dessus au cours de laquelle les champs électromagnétiques fonctionnent en laboratoire *sans toucher* l'être humain ! Et ils disaient que *nos* propos étaient bizarres ?

Tout en cherchant l'inductance au sein de la structure cellulaire du corps humain, je suis également tombé sur un phénomène biologique connu qui m'a véritablement secoué ! Je n'avais jamais réalisé que le fonctionnement des synapses est basé sur l'inductance ! Nous possédons l'ordinateur le plus puissant du monde dans notre crâne et nous comprenons maintenant qu'aucun des « fils conducteurs » (les nerfs du cerveau) de ce grand ordinateur n'est connecté directement aux autres ! Les terminaisons nerveuses qui véhiculent nos pensées et nos souvenirs – que l'on appelle synapses – transportent des dizaines de millions d'instructions par jour dans notre cerveau, et aucune d'entre elles ne touche aux autres (l'information passe par l'intermédiaire des molécules entre les synapses).

Nous connaissons bien les caractéristiques électriques du cerveau. Tout ceci est bien établi et mesurable avec un appareil EKG. Aussi (suivez-moi bien), voici le cerveau humain, un ordinateur utilisant le courant électrique et dont les fils ne se touchent pas. Il s'agit là d'un merveilleux exemple d'inductance au sein du système humain. L'information est transférée d'un nerf à l'autre par le biais de l'inductance.

Ceci indique également qu'un champ magnétique doit entourer chaque terminaison nerveuse. Ceci est conforme aux principes de base de l'électricité et reste compréhensible. En outre, cela nous aide à bien saisir comment notre cerveau peut fréquemment « s'autoréparer » en cas de blessure ou de traumatisme. Fréquemment, il se reconditionne lui-même automatiquement afin d'employer certains composants lorsque d'autres sont endommagés. Du fait que les nerfs ne sont pas directement connectés, il peut alors dérouter les itinéraires électriques – et c'est ce qu'il fait !

Je vous parle de ceci afin que vous puissiez comprendre qu'il existe dorénavant un protocole concernant ce que je recherche au cœur même de l'ADN et qui représente une partie connue de la façon dont fonctionne l'organisme. De ce fait, il n'est pas si étrange, après tout, d'explorer ce même processus dans d'autres parties de notre constitution. Les nerfs transportent aussi de l'énergie électrique. Il est donc compréhensible qu'ils puissent posséder un champ magnétique. L'ADN n'est pas connu pour ses caractéristiques électriques. Aussi ai-je encore beaucoup à faire avant de trouver son générateur magnétique.

Cependant, j'ai découvert un petit article que j'espérais trouver depuis des années, reconnaissant l'importance des caractéristiques électriques dans l'ensemble de notre organisme (c'est-à-dire également dans l'ADN) :

L'élément qui lie la vie moléculaire est finalement découvert : de la vingtaine de millions de substances chimiques recensées par les scientifiques depuis les plus simples, comme les molécules d'eau, jusqu'aux très grandes compositions, tel l'ADN, presque toutes sont constituées d'assemblages d'atomes liés les uns aux autres par des connexions électroniques. La quête pour comprendre ces minuscules connexions – la véritable colle des constituants de la vie matérielle – est le cœur de la science chimique[6].

Ma quête – en ma qualité de non-scientifique – afin de découvrir une caractéristique magnétique de l'ADN fut quelque peu stimulée à la lecture de cette conclusion. Les scientifiques commencent à parler comme Kryeon. Mais il me manque toujours certaines choses indispensables pour énoncer un postulat à propos de quelque chose d'aussi étrange que l'ADN magnétique. Je dois prouver l'existence de courants électriques naturels au sein de l'ADN. C'est très compliqué ! D'abord, en ce qui concerne le courant, il nous faut une boucle. Ensuite, il est notoire que les chromosomes sont de très mauvais conducteurs d'électricité ! Depuis dix ans, il semblait que je ne parviendrais jamais à trouver les informations indispensables que je recherchais... jusqu'à

6. *The New York Times.* Malcolm W. Browne ; 7 septembre 1999 ; « The Glue of Molecular Existence is Finally Unveiled » ; Science Desk.

aujourd'hui. En avril dernier, quelqu'un m'adressa par courrier électronique le premier paragraphe d'un article scientifique extrêmement alléchant qui m'impressionna profondément :

L'ADN est un bloc de la vie. Mais il se pourrait également qu'il se transforme un jour en un bloc de la vie utilisé dans de minuscules assemblages électroniques. C'est la possibilité extrêmement intéressante énoncée par les récentes recherches qui montrent que l'ADN est conducteur d'électricité[7].

Je ne pus en croire mes yeux ! Je retrouvai l'intégralité de l'article sur Internet et l'imprimai. Voici la suite :

L'étude fit apparaître qu'alors que l'ADN ne sera jamais un substitut aux filaments de cuivre, il n'en est pas moins aussi bon conducteur d'électricité qu'un bon semi-conducteur.

Un semi-conducteur ? Cet élément se trouve au cœur de presque tout appareil électronique que vous ou moi possédons (d'accord, peut-être pas dans votre grille-pain). Je continuai mes recherches et trouvai d'autres informations à ce sujet :

« L'ADN conduit le courant électrique à peu près de la même façon qu'un semi-conducteur », déclarent les physiciens Hans-Werner Fink et Christian Schoenberger de l'Université de l'institut de physique de Bâle, en Suisse. « Il ne s'agit pas d'une version inférieure d'un filament, mais de caractéristiques très différentes », déclare Fink. Avec l'ADN, la largeur du conducteur est comparable à la longueur d'onde de l'électron. Nous pourrions l'utiliser dans le transport balistique de l'électron. Balistique signifie qu'il n'y a aucune dispersion ni aucun ralentissement des électrons. Cela pourrait vouloir dire des connexions plus rapides, et libérées des impuretés que l'on trouve même dans les meilleurs semi-conducteurs[8].

Transport balistique de l'électron ? Soudain, après tout ce temps, l'ADN est conducteur d'électricité... et d'une façon encore jamais vue ! Ce qui est étrange, c'est que les chromosomes, eux, ne

---

7. *The New York Times.* Henry Fountain ; 13 avril 1999 ; « Observatory » ; Science Desk.

8. *Popular Science.* Hank Schlesinger ; août 1999 ; « DNA Conductors » ; electronics section.

le sont pas ! Donc, bien que l'ensemble soit conducteur, ce n'est pas le cas de ses parties! Cependant, la boucle est toujours absente. Vous devez disposer d'une voie circulaire pour que les électrons puissent circuler continuellement afin de créer du courant. Hélas, les chromosomes et l'ADN sont construits comme un filament, pas comme une boucle. Ou bien alors est-ce le cas ? Après cinquante ans, pourrait-il encore y avoir quelque chose d'important à apprendre au sujet de la forme d'un élément aussi connu que l'ADN ? Oui ! J'ai découvert cette information un mois après avoir lu l'article sur la conductivité de l'ADN.

Cela fut presque aussi surprenant que de découvrir un nouvel os dans le corps humain. Des biologistes rapportent que les chromosomes – les longues molécules d'ADN chargées de nos instructions génétiques – se terminent par des boucles soigneusement réalisées. Les biologistes ont dû scruter des milliers de fois leur microscope afin d'examiner les quarante-six chromosomes situés dans le noyau de toute cellule normale de l'être humain sans toutefois apercevoir ce qui vient aujourd'hui d'être découvert : les extrémités du chromosome – ces molécules extrêmement longues d'ADN chargées de nos informations génétiques – sont soigneusement nouées en de larges boucles fermement nouées.

Les boucles fournissent la réponse que personne n'avait trouvée : les chromosomes normaux n'ont pas d'extrémité comme telle et présentent en fait la définition topologique parfaite d'un cercle[9].

La revue *Science News* fit également état de cette découverte et fournit d'autres détails à propos des télomères.

Les scientifiques pensaient que les télomères étaient constitués d'une molécule linéaire d'ADN dont l'un des filaments de la paire est légèrement plus long que l'autre. Cette saillie télomérique posait un problème : les cellules ne tolèrent pas les monofilaments de l'ADN. Pourquoi les biologistes n'ont-ils pas observé ces « boucles » auparavant ? Les télomères ne représentent qu'une petite partie de l'ADN du chromosome. « À moins que quelqu'un

9. *The New York Times.* Nicholas Wade ; 14 mai 1999 ; « Chromosomes End in Tied Loops, Study Finds » ; National Desk.

n'ait recherché précisément une boucle, cela aurait été extrêmement difficile à découvrir », déclare Jack D. Griffith[10].

Je possède maintenant mon moteur électrique d'ADN ! En l'espace de quelques mois, des recherches de diverses origines montrent que l'ADN est conducteur d'électricité et inscrit ses boucles dans un cercle. Bon, d'accord, d'accord – personne n'a dit que l'ADN était magnétique et personne n'a encore découvert de courant magnétique dans les boucles d'ADN.

Mais permettez-moi de paraphraser les déclarations scientifiques ci-dessus à ma façon : « Pourquoi les biologistes n'ont-ils pas observé de champs magnétiques auparavant ? À moins que quelqu'un n'ait recherché précisément un champ magnétique, cela aurait été extrêmement difficile à découvrir. » Si la science n'a pu observer cette boucle évidente au cours des quarante dernières années, qui sait ce qui a pu leur échapper ? À la vitesse où se déroulent les choses, nous pourrions même avoir une déclaration cette année ou au moment où ce livre sera imprimé.

À mon avis, l'ADN montre aujourd'hui qu'il a la possibilité de conduire le courant électrique à peu près de la même manière que le cerveau. Peut-être existe-t-il un petit champ magnétique qui entoure chaque chromosome, qui sait ? Toutefois, je suis fermement convaincu que nos découvertes scientifiques nous fourniront rapidement la confirmation que le postulat étonnant de Kryeon – selon lequel l'ADN est magnétique – est devenu une réalité scientifique.

Lorsque cela se produira, nous saurons pourquoi les lignes à haute tension et les couvertures chauffantes électriques peuvent affecter notre santé, de même que les chaises et les matelas magnétiques… et, ah oui, comment ce que l'on appelle le champ magnétique terrestre peut « s'adresser » à la structure cellulaire de l'ADN humain. L'étrangeté d'hier est sur le point de devenir la réalité d'aujourd'hui.

---

10. *Science News.* J. Travis ; volume 155 ; 22 mai 1999 ; « Closing the loop on the end of a chromosome » ; page 326.

La physique et le Treillis cosmique

Je ne m'attends pas à ce que les physiciens ou les astronomes découvrent un jour l'énergie dissimulée dans l'obscurité de l'espace et que l'on nomme le « Treillis cosmique ». Il s'agit là du nom donné par Kryeon à une énergie équilibrée qui s'étend dans l'espace et qui fut expliquée dans le tome V de Kryeon – *Messages de notre famille*.

Cependant, je m'attends à des découvertes scientifiques qui seront tout à fait conformes aux déclarations de Kryeon. Sans entrer dans des explications détaillées du Treillis cosmique, je vous dirai que je recherche dans le monde scientifique la description de Kryeon quant à cette unique et insaisissable « constante cosmologique » représentée par le Treillis cosmique. En outre, toute allusion à propos de champs magnétiques ou d'une énergie dissimulés dans l'espace serait magnifique.

J'ai trouvé des passages sur ces deux concepts dans des articles scientifiques écrits en 1999 et 2000 ! J'attends depuis longtemps que quelque chose de semblable se produise et, soudain, ces concepts surgissent un peu partout en quelques mois au cours des deux années 1999 et 2000. Coïncidence ? Peut-être nous a-t-on fourni une merveilleuse énergie nous permettant de faire ces découvertes à une époque où nous sommes également libérés de la « fin des temps » !

Dans le numéro d'octobre 1999 de la revue *Astronomy* parut un merveilleux article de James Glanz sur la constante cosmologique et une nouvelle découverte ayant trait à l'énergie manquante. Cet article est bien écrit et vaut la peine d'être lu si vous souhaitez une description complète. Vous souvenez-vous de la constante cosmologique originale ? Albert Einstein la posa comme principe en 1917 et la considéra comme un « additif » à sa théorie de la relativité. Évidemment, cette théorie ne fonctionna pas bien pour les sujets aussi vastes que l'univers entier, et en appliquant sa constante cosmologique, il devait rééquilibrer l'ensemble de sa théorie. Plus tard, il reconnut que cette idée fut une erreur.

Ce que M. Glanz rapporte, c'est qu'Einstein avait raison et que la constante cosmologique est aujourd'hui redécouverte. Ce que l'on a découvert a secoué aussi bien les astronomes que les physiciens. Et, selon l'article de Glanz, cela n'a pas été facile à admettre. Cette découverte est simple : l'univers en expansion s'étend au-delà du potentiel de l'énergie qui l'a créé ! En d'autres termes, la gravité devrait agir comme un frein avec le temps, faisant lentement décroître l'accélération et l'expansion pour finalement les arrêter (c'est ce que fait la gravité, vous savez). La découverte que l'on vient de faire montre au contraire qu'elle s'accélère ! Afin d'obtenir un cosmos en accélération, il doit y avoir de l'énergie cachée à l'œuvre contre la gravité – et il s'agit là du sujet « *de l'un des plus importants développements dans le domaine scientifique du XXe siècle*[11] », déclare Glanz.

« Cela serait une découverte magique », déclare Michael Turner (qui avait prédit que la constante cosmologique serait découverte). « *Cela signifie qu'il existe une forme d'énergie que nous ne comprenons pas*[11]. »

Le scientifique renommé Stephen Hawking, cosmologiste de l'université de Cambridge, a d'abord déclaré que les découvertes en cours concernant la constante cosmologique étaient « *trop récentes pour être considérées sérieusement*[11] ».

Et maintenant, Glanz rapporte la déclaration suivante du professeur Hawking : « *J'ai eu davantage de temps pour affûter mes observations – je pense maintenant qu'il est tout à fait raisonnable de penser qu'il existe une constante cosmologique*[11]. »

Glanz fait la synthèse de cet article en déclarant :

Quelle est l'énergie physique qui crée cette constante ? Personne ne le sait. La prétendue « drôle d'énergie » pourrait être constituée de n'importe quoi, depuis des particules évanescentes qui, d'après la mécanique quantique, apparaissent et disparaissent, jusqu'à une substance bizarre apparemment sous forme de fluide et appelée quintessence. Ce qui est étrange, c'est que maintenant que les théoriciens des particules commencent à penser à toutes ces choses intrigantes, leurs calculs démontrent de plus en plus l'existence de cette énergie[11].

J'aime beaucoup l'expression « drôle d'énergie ». Elle est

beaucoup plus appropriée que le nom que Kryeon lui a attribué : le Treillis cosmique ! Hé, Kryeon, pourquoi ne pas l'avoir appelée la « drôle d'énergie » ? Une autre découverte intéressante concernant ce qui se trouve dans l'espace et faite grâce à nos instruments de plus en plus perfectionnés, confirme tout à fait la théorie du Treillis cosmique de Kryeon. Celui-ci a parlé des forces électromagnétiques qui maintiennent l'équilibre de l'énergie à zéro – ce que nous appelons un état « neutre ». Il a également parlé de certains déséquilibres réguliers du Treillis cosmique que nous pourrions apercevoir, y compris le fait que les trous noirs en sont partie intégrante. Si c'est le cas, nous devrions alors nous attendre à découvrir de l'énergie magnétique en dehors de l'influence des galaxies ou des autres matières « visibles ». Cela permettrait de montrer certaines forces électromagnétiques en action, et qui ne sont pas reliées à la gravité. En mai 2000, il fut rapporté ceci :

En tentant de découvrir de l'énergie magnétique dans l'espace intergalactique, les chercheurs ont trouvé, de façon tout à fait inattendue, une veine principale d'énergie magnétique. Une équipe de scientifiques déclare que les champs magnétiques sont remarquablement puissants, à la fois entre les groupements galactiques et dans les zones plus isolées autour de ces groupements.

« Ceci est la preuve d'une énorme source d'énergie que les astronomes ont négligée », commente le théoricien Stirling A. Colgate du laboratoire national de Los Alamos.

« Cela nous indique qu'il existe une énergie importante dans l'espace contenu au sein des champs magnétiques (intergalactiques) », déclare Philipp P. Kronberg de l'université de Toronto, responsable de recherches depuis une dizaine d'années.

« Je suis surpris, très surpris », déclare Russel M. Kulsrud de l'université de Princeton, ajoutant qu'il éprouve certains doutes quant à la puissance de ce champ magnétique, selon la déclaration de Kronberg. « Mais même si ces champs sont un petit peu plus petits, ajoute-t-il, ils n'en demeurent pas moins très difficiles à

---

11. *Astronomy.* James Glanz ; octobre 1999 ; « Accelerating the Cosmos – Cosmologists have discovered a new kind of energy that is speeding up the universe's expansion » ; page 44.

expliquer[12]. »

Ainsi, il semblerait que la science découvre certaines des caractéristiques les plus étonnantes du Treillis cosmique. Presque tous ces rapports comprennent les mots *inattendu* ou *surprenant*. (J'aime toujours l'expression « drôle d'énergie » !)

Une autre révélation très surprenante de la part des physiciens renforce l'information que nous avons apprise de Kryeon, presque depuis le début, et qui traite de l'essence même de l'atome. Kryeon nous a enseigné à plusieurs reprises (au cours de ses channelings) bon nombre de choses sur l'interdimensionnalité de la matière. Il nous a dit qu'une grande partie de cette dernière nous est dissimulée et que, tel l'ADN, il s'agit simplement de choses à l'œuvre mais invisibles.

L'idée que toutes choses puissent être interdimensionnelles a toujours été reléguée au rayon des fantasmes ou de la science-fiction. Considérer la matière ou un organisme humain comme interdimensionnel revient à « pousser les choses un peu loin ». Donc, lorsque je lus ce concept dans le *Science News* de février 2000, je fus très surpris.

Il y a deux ans seulement, l'idée de l'existence d'autres dimensions occupait une zone quelque peu nébuleuse entre les sciences physiques et la science-fiction. De nombreux physiciens avaient déjà commencé à se pencher sur cette théorie et à la considérer comme l'étape suivante de la physique théorique. Selon cette dernière, toute chose dans l'univers est composée de petites boucles ou de petits chapelets d'énergie vibrant dans une dimension spatio-temporelle qui disposerait de six ou sept dimensions supplémentaires d'espace et d'une seule dimension de temps. Ces dimensions supplémentaires sont compressées, froissées comme disent les physiciens, dans un espace si petit qu'il est inobservable.

L'idée que ces dimensions supplémentaires puissent être plus grandes – peut-être même détectables – était discutée par les scientifiques « tard dans la nuit, après avoir bu beaucoup de vin »,

12. *Science News.* Peter Weiss ; volume 157, 6 mai 2000 ; « Intergalactic Magnetism Runs Deep and Wide » ; page 294.

déclare Gordon L. Kane, un théoricien de l'université du Michigan à Ann Arbor. Kane se sentait quelque peu aventureux lorsqu'il écrivit un texte à propos d'un expérimentateur découvrant d'autres dimensions.

Même lorsque son article parut, cette possibilité ne semblait plus aussi surprenante qu'elle l'avait été quelques mois auparavant lorsqu'il avait écrit cette histoire. Entre le moment où Kane proposa son texte et le jour de sa publication, deux études théoriques étaient sorties qui, soudain, propulsaient en pleine lumière l'idée de l'existence de dimensions supplémentaires de grande ampleur[13].

Selon l'article, ces deux études ont mis en évidence des découvertes inattendues. L'une d'entre elles fut conduite au Laboratoire européen pour l'étude des particules physiques, à Genève, et l'autre fut menée par une équipe mixte de l'université de Stanford et du Centre international de physique théorique d'Abdus Salam à Trieste, en Italie.

Aujourd'hui, des équipes d'expérimentateurs, aussi bien aux États-Unis qu'en Europe, recherchent les preuves de dimensions supplémentaires. Une telle recherche indique « certainement l'une des meilleures chances de réaliser une spectaculaire découverte au cours des deux prochaines années », déclare Joseph Lykken du Fermi National Accelerator Laboratory, à Jakarta[13].

Désormais, la boucle est bouclée et nous revenons au début de ce livre, là où je vous explique l'interdimensionnalité de la vie dans le chapitre 1 intitulé « Quelques concepts ardus ». Maintenant que nous arrivons à la fin de ce livre, je dois souligner le fait que la science commence à faire la même chose ! J'aimerais aussi mettre en exergue la page 68 de ce livre où le pape Jean-Paul II parle des « ultimes réalités du ciel et de l'enfer », expliquant que celles-ci ne sont pas telles qu'elles furent définies à l'origine. Tous ces éléments montrent que nous comprenons petit à petit que *nous* sommes des créatures interdimensionnelles évoluant dans un monde tout aussi interdimensionnel. Je ne m'attendais pas à ce que

13. *Science News*. Peter Weiss ; volume 157 ; 19 février 2000 ; « Hunting for Higher Dimensions » ; page 122.

la science et la religion officielles déclarent la même chose en même temps que nous ! (Voir page 338)

Depuis deux ans, les grands titres font état de découvertes en matière de lois physiques en ce qui a trait à l'ADN et prouvant les enseignements de Kryeon, mais je ne m'attendais vraiment pas à ce qui va suivre. Je désire ici vous parler d'anthropologie – l'étude de l'origine de l'espèce humaine.

Les humains d'aujourd'hui ne sont pas le produit d'une évolution normale !

Reportez-vous au channeling relaté au chapitre 5 de ce livre, page 121. Il eut lieu en Californie, en décembre 1999, et Kryeon y traite de l'organisation de l'humanité. Le sujet est le suivant : « Les interventions passées de la biologie humaine ». En résumé, Kryeon y déclare que nous autres humains ne représentons qu'un seul type d'humanité et que ce concept va tout à fait à l'encontre de ce que nous savons au sujet de la sélection naturelle et du principe évolutionniste accepté sur cette Terre.

Voici ce qu'il disait précisément :

Chers êtres humains, vous qui vous situez au sommet de la chaîne de l'évolution, pourquoi dites-vous qu'il n'existe qu'un seul type d'être humain ? Vous pouvez vous demander : « Kryeon, que voulez-vous dire ? Il existe des différences entre les humains. » Écoutez : nous souhaitons que vous réfléchissiez à toutes les autres formes de vie sur cette planète. Penchez-vous sur les ordres, les espèces et les variétés. Vous occupez le sommet de la chaîne, mais il existe différentes familles de mammifères, différentes catégories de baleines, différents groupes de singes. Chacune de ces espèces possède de nombreuses variétés, jusqu'à l'être humain. Puis survint une anomalie anthropologique et une seule sorte d'être humain se trouva placée au sommet de l'échelle[14] *!*

Quelque part devait se trouver une preuve de cette anomalie évolutionniste et je me demandais si quelqu'un s'en était jamais

14. Kryeon parlant de la race humaine ; chapitre 5 de ce livre ; page 121.

rendu compte ou avait véritablement compris les propos de Kryeon. Après tout, c'est effectivement un sujet très spécial à aborder. Nous sommes tout à fait habitués à l'idée qu'il n'y a qu'un seul type d'humains, et la plupart d'entre nous ne remettent d'ailleurs jamais en question cette conception.

Jamais je n'eus une aussi rapide confirmation des révélations de Kryeon – et sur un sujet qu'il n'avait encore jamais abordé. Au début de l'année, j'examinai la couverture du numéro de janvier 2000 de la revue *Scientific American*[15] dans un aéroport et je fus stupéfait en lisant cet article :

Nous n'étions pas seuls. Notre espèce comprenait au moins quinze cousins. Nous sommes les seuls à exister encore aujourd'hui. Pourquoi ?

*Aujourd'hui, nous acceptons le fait que l'*Homo sapiens *soit le seul hominidé sur terre. Cependant, pendant au moins quatre millions d'années, de nombreuses espèces d'hominidés ont partagé cette planète. Qu'est-ce qui nous rend différents ?*

*L'*Homo sapiens *a possédé cette Terre à lui tout seul au cours des 25 000 dernières années environ, libre et sans aucune compétition de la part des autres membres de la famille des hominidés. Cette période a été suffisamment longue pour nous inciter à développer un sentiment très profond qu'être seul dans* le *monde est un état tout à fait naturel et normal.*

*En dépit de notre très riche histoire – au cours de laquelle les espèces d'hominidés se développèrent, vécurent ensemble, entrèrent en compétition les unes avec les autres, puis disparurent – l'*Homo sapiens *est le seul hominidé à avoir survécu. Les raisons de cette particularité sont en général inconnues*[15].

Aujourd'hui (et ceci s'adresse particulièrement à vous, fans de Kryeon qui possédez tous ses ouvrages), celui-ci vous a donné un avant-goût à ce sujet dans son livre intitulé *Aller au-delà de l'humain*. Voici ce que Kryeon disait en 1994 à ce propos :

Les limites de l'histoire de l'homme sur la Terre. *Votre lignée sur la planète est magnifique ! Elle remonte à trois cent*

15. *Scientific American*. Ian Tattersall ; volume 282 ; numéro 1, janvier 2000 ; « Once we were not alone » ; page 56.

mille ans. Soyez cependant prévenus : si vous voulez étudier l'histoire pour découvrir qui vous étiez, ne remontez pas à plus de cent mille ans. Pourquoi ? Parce que si vous employez votre énergie à rechercher des informations qui datent de plus longtemps encore, vous étudierez des humains qui ne sont pas à votre image, car il s'est produit, à cette époque (il y a cent mille ans), un changement majeur. Les hommes que vous connaissez sont conformes à ceux qui existaient il y a cent mille ans tout au plus. Au-delà de cette époque, le scénario est différent. Bien que cela soit intéressant, nous n'en parlerons pas ce soir. Nous avons déjà discuté de votre histoire avant la période glaciaire (lors de conversations antérieures) et du germe de votre espèce. La différence se trouve dans l'ADN. C'est ainsi que vous pouvez reconnaître votre type humain particulier[16].

Kryeon nous entretint de cette question dès 1994. De quelle façon la période à laquelle il fait ici référence correspond-elle au récent article de la revue *Scientific American* ? Je cite à nouveau M. Tattersall :

*Bien que l'origine de l'*Homo sapiens, *en qualité d'entité physique, soit obscure, la plupart des éléments découverts la situent en Afrique, entre 150 000 et 200 000 ans. Les schémas comportementaux modernes n'apparurent que beaucoup plus tard. La meilleure preuve nous vient de la région d'Israël, où l'homme de Neandertal vécut il y a 200 000 ans environ et peut-être même encore plus tôt. Il y a environ 100 000 ans, il fut rejoint par l'homme moderne : l'*Homo sapiens[15].

La période considérée est tout à fait la même selon l'article et tout concorde parfaitement... avec ce que nous avons dit au cours de notre channeling il y a plusieurs années de cela.

Ainsi, nous voici au sein du nouveau millénaire, commençant à mieux connaître notre histoire à partir de sources scientifiques qui s'alignent désormais peu à peu sur les écrits de Kryeon. Vous pensez que c'est important ? Attendez que nous ayons trouvé ce que Kryeon nous a indiqué dans ce livre concernant la carte

16. *Aller au-delà de l'humain.* Chapitre 10, « Ne pensez pas comme un humain » ; 1996 ; Lee Carroll ; page 119.

humaine. Vous vous souvenez du channeling de Kryeon au chapitre 4 de ce livre (page 105) ? Il y parle des révélations ayant trait au génome humain. Il est exact que nous avons terminé la carte cette année (2000), mais il ne s'agit pas d'une carte décodée. Nous avons encore à déchiffrer les informations, comme si nous avions trouvé le script complet d'un film dans un langage étrange. Maintenant, nous devons comprendre ce que les mots signifient. D'après Kryeon, des surprises nous attendent – certaines révélant une intervention ou du moins une curiosité défendable et une évolution. Peut-être serai-je capable de citer certaines découvertes scientifiques se rapportant à cela dans le prochain livre ?

L'étrange et le bizarre – confirmés par la science

Cette partie sera brève... car cette section est nouvelle, mais j'espère qu'elle s'étoffera avec le temps. Je pense que je l'appellerai *L'incroyable s'arrête ici**. Ci-après figurent certains articles glanés dans des magazines grand public à la fois scientifiques et d'intérêt général sur des sujets qui nous ont le plus étonnés.

Depuis quand Kryeon annonce-t-il (ainsi que la plupart des physiciens) que le fait de nous concentrer sur notre Moi divin augmentera la durée de notre existence et nous apportera la guérison ? En fait, il nous a parlé de cela depuis le début. L'un de ses messages fondamentaux est que nous pourrons vivre beaucoup plus longtemps lorsque nous trouverons la sérénité accompagnant la découverte de notre être réel. La fin des soucis, la réduction du stress et l'équilibre général en seront les résultats, de même que des changements biologiques directs. Considérez ce que la science « découvre » aujourd'hui... au cours de l'année 2000.

Mantra médical

Même si le fait que la méditation transcendantale réduit le stress ne constitue plus une surprise, des chercheurs démontrent

* L'incroyable étant défini comme l'inconcevable, l'impensable, l'inimaginable, l'étonnant associé aux channelings et autres phénomènes étranges.

aujourd'hui que recourir à cette technique afin de parvenir à un état de conscience plus élevé peut aider à déboucher les artères. Les Afro-Américains qui souffraient d'une tension sanguine élevée et qui pratiquèrent cette méditation pendant six mois constatèrent une diminution de 0,098 mm des graisses obstruant les parois artérielles. Ceci est à comparer avec l'accroissement de 0,054 mm constaté chez ceux qui tentèrent simplement de modifier leur régime alimentaire et leur style de vie. Il est nécessaire de fournir certains efforts pour obtenir des résultats. D'abord, vous devez apprendre comment méditer, ce qui peut prendre des heures, et il vous faudra pratiquer cette technique vingt minutes chaque matin et chaque soir[17].

Comment ? La page santé du magazine *Time* recommande de pratiquer la méditation pour déboucher les artères (surprenant…) ? C'est vrai ! Et que dire alors d'augmenter sa longévité en utilisant la spiritualité comme guide ? Vous pensez que cela ne sera jamais considéré comme un fait scientifique ? Réfléchissez-y à deux fois…

La pratique religieuse associée à une plus grande longévité

L'implication régulière dans des activités religieuses s'accompagne d'une meilleure santé physique et d'une vie plus longue, selon une analyse scientifique de quarante-deux études indépendantes menées depuis 1977.

« Les scientifiques doivent maintenant examiner la cause intrigante reliant l'activité religieuse à la mortalité », affirme une équipe menée par le psychologue Michael E. McCullough du National Institute for Healthcare Research à Rockville, Maryland.

« Il s'agit là d'un phénomène qui requiert davantage d'attention qu'il n'en a reçu traditionnellement », souligne McCullough[18].

---

17. *Time magazine.* Your health – « Good news – Medical Mantra » ; 13 mars 2000 ; page 98.
18. *Science News.* B. Bower ; volume 157 ; 3 juin 2000 ; « Religious commitment linked to longer life » ; page 359.

Réalisez-vous bien ce que vous êtes en train de lire ? Ceci fut publié dans l'un des plus importants magazines scientifiques ! Une relation entre l'activité spirituelle et la durée de la vie ? Bon, d'accord, je serai franc. Dans ce même article, après que l'on eut montré cette corrélation scientifique à la suite de ces quarante-deux études menées sur une période de vingt-trois ans, cela en fut trop pour George Kaplan, un épidémiologiste de l'université du Michigan à Ann Arbor. Celui-ci déclare : « *Il n'existe absolument aucune base permettant de recommander la pratique religieuse dans le cadre d'une stratégie préventive de la santé*[17]. »

D'accord, George (surprenant, surprenant...). Personne n'a l'intention de vous transformer en être étrange ou spirituel si vous ne le souhaitez pas. Cependant, ce scientifique, ainsi que beaucoup d'autres, doivent détester cette tendance à vérifier ce qui était auparavant risible et qui s'insinue peu à peu dans leur vie professionnelle et dans leurs périodiques. Étrangement, je peux également ressentir que tout ceci représente une partie du message diffusé dans ce livre. Je me souviens, en ma qualité d'ingénieur ayant plus de vingt ans d'expérience, de la façon dont je combattais toutes ces notions sur la spiritualité. Aujourd'hui, ces notions ont contribué à mon ouverture d'esprit. Je n'ai rien abandonné au cours de cette période transitoire, et je suis aujourd'hui toujours doté de la même mentalité d'ingénieur. Simplement, ma vision s'est élargie par rapport à ce que l'univers peut inclure dans l'imbrication des éléments qui constituent l'ensemble dont nous faisons partie.

À propos de ceux qui ne changent pas d'avis : nieront-ils l'évidence jusqu'à la fin ou entreprendront-ils des recherches avec honnêteté ? Seul le temps nous le dira et, selon Kryeon, ils devront décider d'accepter ou non l'inacceptable. Tout ceci fait partie des prises de décision abordées dans le chapitre 8 de ce livre.

Êtes-vous prêts à accepter quelque chose que vous n'auriez jamais cru possible au cours de votre vie ? Vous souvenez-vous de l'émission télévisée *20/20* diffusée il y a quelques années et au cours de laquelle on « prouva » que la guérison par l'imposition des mains était une imposture ? Ou encore, des informations nationales présentées par une jeune femme qui *prouvèrent* que cette technique « étrange » n'était pas viable ?

Ces deux exemples, issus des organes d'information nationaux et portant sur la capacité de l'être humain à pouvoir exercer une influence sur un autre être humain avec un certain type d'énergie, furent tout à fait suspects. Les détails et les procédures de ces « études » furent pris à partie par de nombreuses personnes. Mais, apparemment, le mal était fait et certains d'entre nous pensèrent que cette technique bizarre était condamnée à tout jamais... sa réputation continuant d'être ternie et dévalorisée, bien que la technique d'imposition des mains soit pratiquée par toutes les grandes religions et par les cercles métaphysiques du monde entier (et par les autochtones). Aujourd'hui, voici ce que l'on dit.

Tenir la distance

Voici un élément susceptible de rendre un sceptique mal à l'aise. Après avoir examiné les résultats de deux douzaines d'études, des chercheurs affirment que la « guérison à distance » possède certains fondements, ce qui inclut la prière pour quelqu'un de malade et la « thérapie par imposition des mains » au cours de laquelle les guérisseurs effectuent certaines passes au-dessus du corps du patient sans le toucher. Dans 57 % des études réalisées, ces pratiques semblèrent accélérer la convalescence ou réduire la douleur. En ce qui concerne la distance à laquelle une telle guérison peut être efficace, ce sera à une autorité plus compétente de la déterminer[19].

Je vais maintenant prendre une profonde inspiration...

Que puis-je ajouter ? Enfin, quelqu'un ne craint pas d'attester scientifiquement la réalité de certaines idées plus qu'étranges – qui étaient auparavant reléguées dans les zones non scientifiques ou, du moins, qualifiées de pseudosciences par certains. En effet ! Peut-être ces sujets devraient-ils être conservés ou catalogués dans une zone à part, mais ils devraient néanmoins être respectés comme tout autre domaine d'investigation. Ceux qui procèdent à ce genre

---

19. *Time Magazine.* Your health – « Good News – Going the Distance » ; 19 juin 2000 ; page 145.

d'étude ne devraient plus avoir besoin de dissimuler les ouvrages qu'ils lisent ou les expériences qu'ils mènent... et ces études ne devraient plus être dites paranormales. Elles sont absolument normales. Voilà le problème, n'est-ce pas ?

Finalement, je vous demande ceci : s'agit-il de surnaturel ? Non. S'agit-il de choses étranges ? Je le pense – étranges à mes yeux, de toute façon. Pendant de nombreuses années, nous avons tenté de briser le mode de pensée établi qui nous apportait beaucoup d'ennuis si nous mettions en doute sa véracité. Aujourd'hui, les choses apparaissent d'elles-mêmes. Le moment est venu, et j'honore le courage de ceux qui furent suffisamment hardis pour franchir le pas et faire état de ces événements. Kryeon nous a communiqué beaucoup de choses à propos de l'univers et des lois physiques. Certaines sont toujours considérées comme des faits étonnants, mais une d'entre elles représente le « Graal » de la pensée scientifique.

La vitesse de la lumière est si bien acceptée comme la vitesse absolue dans l'univers que nous mesurons les distances universelles grâce à elle. Ce concept est dorénavant intégré dans des formules physiques et mathématiques. Il est même devenu une « référence standard » depuis plusieurs années et risque ainsi de devenir une notion sacrée. Ce concept a défini nos pensées et limité nos possibilités.

Kryeon nous a déclaré il y a longtemps que la vitesse de la lumière n'était pas la vitesse absolue. Il affirme que le Treillis cosmique transmet des vibrations beaucoup plus rapidement que tout ce que nous pouvons concevoir. (Tome II, page 222 ; tome IV, page 356 ; tome V, page 258.)

Voici un autre pan des croyances actuelles qui commence à se lézarder, alors que les possibilités physiques remplacent les conceptions traditionnelles – certains ne nous déclarent-ils pas que la structure atomique est désormais une structure interdimensionnelle ? (Étonnant...) J'honore ceux qui nous apportent ces informations !

La distorsion de la vitesse

Vous vous souvenez de ce Einstein – un homme intelligent, n'est-ce pas ? Voilà un petit problème à résoudre pour lui. La semaine dernière, deux groupes de chercheurs indépendants, l'un aux États-Unis et l'autre en Italie, déclarèrent chacun de leur côté avoir découvert un moyen de faire voyager la lumière plus rapidement que sa vitesse normale de 300 000 kilomètres à la seconde. Selon la théorie de la relativité, il est impossible d'excéder cette vitesse ; la vitesse de la lumière est supposée être la vitesse cosmique limite que rien ne peut dépasser. Cependant, le physicien Lijun Wang de la NEC Research Institute de Princeton, dans le New Jersey, déclare qu'il est parvenu à multiplier par trois cents la vitesse normale d'un rayon lumineux en utilisant une chambre spéciale remplie de césium, un gaz. Maintenant, voyons s'il parviendra à prouver ce qu'il affirme[20].

Trois cents fois la vitesse de la lumière ? Et deux chercheurs qui l'affirment, chacun de son côté ? Je pense qu'une découverte capitale est sur le point d'être faite. Je l'espère. Je ne souhaite pas que ceci soit vérifié uniquement pour confirmer les déclarations de Kryeon – je le désire pour la science. J'aimerais que nous parvenions à un stade où la science n'aurait pas à entrer en conflit avec la spiritualité. Je suis fermement convaincu que ces deux matières peuvent et devraient se compléter l'une l'autre de façon à rendre la position de certains individus défenseurs de l'ancienne énergie extrêmement inconfortable (voir page 337).

Interdimensionnalité ? Vivre plus longtemps grâce à une pratique spirituelle ? Confirmation des guérisons par imposition des mains et à distance ? ADN magnétique ? Quoi encore ? Une science et une spiritualité responsables forment une équipe imbattable. Le meilleur de chacune d'elles consiste en la recherche de la manière dont l'univers fonctionne et qui est certainement, et de très loin, beaucoup plus grandiose qu'on nous l'a enseigné. Nous pouvons changer la réalité, modifier la durée de notre vie et

---

20. *Time Magazine*. Your technology – « Warp Speed » ; 12 juin 2000 ; page 94.

peut-être même transformer une très vieille conscience terrestre en une profonde sérénité. Il s'agit d'un changement de millénaire tout à fait différent des autres et, personnellement, je suis très heureux d'avoir pu vivre ce moment et écrire ce livre afin, une fois encore, de pouvoir présenter les channelings de Kryeon, tous pleins d'instructions et remplis d'amour.

Merci mes amis de votre soutien permanent et de votre amour.

Lee Carroll

P.-S. : Cet ouvrage est le premier auquel ont participé mes deux animaux favoris – Mini, mon maltais de 3,17 kilos toujours présent à mes côtés, et Blondie, mon petit perroquet constamment perché sur mon épaule – et ce, chacun à sa façon. Les feuilles tachées et les notes mâchouillées sur mon bureau attestent du rôle essentiel que ces deux petits êtres ont joué dans l'élaboration de ce livre de Kryeon. Ils souhaitaient vous faire savoir que les animaux comptent, eux aussi !

D'autres informations à propos du dépassement de la vitesse limite de la lumière !
(Et peut-être même de la barrière du temps linéaire !)

Science : Deux nouvelles expériences semblent suggérer que multiplier par trois cents la vitesse de la lumière est aujourd'hui possible.

Rien ne peut excéder la vitesse de la lumière, selon les manuels de classe de tout étudiant. Si cela était possible, alors la théorie de la relativité d'Einstein s'écroulerait et les lois de la physique théorique sombreraient en pleine confusion.

Cependant, en utilisant une combinaison d'effets atomiques et *électromagnétiques*, des chercheurs ont produit en laboratoire des rayons lumineux qui semblent se déplacer plus rapidement que la vitesse de la lumière. La théorie d'Einstein est toujours d'actualité, déclarent les physiciens, mais les résultats de ces expériences, ajoutent-ils, sont très perturbants.

Au cours d'une nouvelle expérience tout à fait étonnante, une impulsion lumineuse expédiée à travers une chambre transparente remplie de césium semble se déplacer trois cents fois plus vite que la vitesse normale de la lumière. Il s'agit là d'une telle vitesse que dans ces conditions particulières, *l'essentiel de l'impulsion électrique quitte la chambre d'expérimentation avant même d'y entrer.*

The New York Times
Par James Glanz
30 mai 2000

D'autres informations sur la dimensionnalité scientifique
(Onze fils dimensionnels !)

L'Esprit supérieur à la matière. Des physiciens travaillent sur la théorie des « fils » – l'idée que l'ensemble de la nature est mû par l'harmonisation de onze fils dimensionnels vibrant à l'unisson. Les mathématiques fonctionnent si bien selon ce principe que de nombreux physiciens considèrent qu'il s'agit de magie ou presque. En fait, ils ignorent comment cela fonctionne, pourquoi il s'agit de fils, pourquoi onze dimensions, ou tout simplement ce que sont les fils.

L'ignorance n'est pas une faiblesse pour la science, mais au contraire une grande force. De plus, une ignorance totale est, de façon surprenante, extrêmement répandue, spécialement parmi les scientifiques qui effectuent leurs recherches jusqu'aux limites extrêmes de la connaissance.

« La vérité est que la recherche sur la matière est presque toujours effectuée dans le vague », déclare le physicien Johann Refelski de l'université d'Arizona, dont la spécialité est la physique du vide – ou des espaces vides.

« La physique n'exige pas de quelqu'un qu'il soit intelligent. Elle exige simplement de ne pas tenir pour acquis les phénomènes qui se produisent autour de nous. »

Los Angeles Times
Par K.C. Cole
8 juillet 1999

Dans 90 % des cas, les êtres humains agissent dans une structure à quatre dimensions. Cependant, nous vous demandons ici de vous transporter dans cinq, six ou même sept dimensions, en élevant votre seuil vibratoire. Lorsque vous vous placez dans le « maintenant », vous accomplissez le saut interdimensionnel.

Comme nous l'avons déjà déclaré, c'est le véritable sujet de cette transmission – vivre au-delà de votre dimension apparente, vivre dans le « maintenant ». Nous avons expliqué que ce concept de l'instant présent est une nécessité que vous devez assimiler en votre qualité de travailleurs de la lumière – en votre qualité d'êtres humains ascensionnés. Toutes ces notions vous aideront à effectuer votre transition dans la nouvelle énergie qui, en fait, se répand parmi vous alors que nous vous parlons.

Kryeon

Lee Carroll, Jan Tober

en compagnie de Gregg Braden
(auteur de *L'éveil au point zéro,*
Marcher entre les mondes
et *L'effet Isaïe*)

seront à Montréal
le samedi 28 avril 2001.
Veuillez contacter :
Ariane Éditions
1209, av. Bernard O., bur. #110
Outremont (Québec) H2V 1V7
Tél. : (514) 276-2949 * Téléc. : (514) 276-4121
courriel : ariane@mlink.net

seront en France
les 5 et 6 mai 2001.
Veuillez contacter :
Claudine Oudin : 03.83.24.99.17
Agnès Odile : 03.83.24.99.58
Librairie Les Cent Ciels (Paris) : 01.48.87.66.26
Espace Harmonie (Paris) : 01.64.40.35.89

sites Internet :
ariane.qc.ca
kryon.com

Quelques exemples de livres d'éveil
publiés par ARIANE Éditions

Marcher entre les mondes
L'Ancien secret de la Fleur de vie, tomes I et II
L'Effet Isaïe
Les Enfants indigo
Les Dernières heures du Soleil ancestral
Le Futur de l'amour
Famille de lumière
Lettres à la Terre
Série Conversations avec Dieu
L'Amitié avec Dieu
Pratiques de Vie
Communion avec Dieu
L'Émissaire de la lumière
Le Réveil de l'intuition
Sur les Ailes de la transformation
Le pouvoir du moment présent
L'Éveil au point zéro
Les Neuf visages du Christ

Série Kryeon :

Graduation des temps
Allez au-delà de l'humain
Alchimie de l'esprit humain
Partenaire avec le divin
Messages de notre famille